本书为国家社科基金项目"企业社会责任价值创造机理研究"（编号：13BGL058）的最终成果。

企业社会责任价值创造机理研究

易开刚 著

中国社会科学出版社

图书在版编目（CIP）数据

企业社会责任价值创造机理研究／易开刚著．—北京：中国社会科学
出版社，2017.9
ISBN 978 – 7 – 5203 – 0518 – 1

Ⅰ.①企…　Ⅱ.①易…　Ⅲ.①企业责任 – 社会责任 – 研究 – 中国
Ⅳ.①F279.2

中国版本图书馆 CIP 数据核字（2017）第 135665 号

出　版　人	赵剑英	
责任编辑	宫京蕾	
责任校对	秦　婵	
责任印制	李寡寡	

出　　版	中国社会科学出版社
社　　址	北京鼓楼西大街甲 158 号
邮　　编	100720
网　　址	http：//www.csspw.cn
发 行 部	010 – 84083685
门 市 部	010 – 84029450
经　　销	新华书店及其他书店

印刷装订	北京市兴怀印刷厂
版　　次	2017 年 9 月第 1 版
印　　次	2017 年 9 月第 1 次印刷

开　　本	710×1000　1/16
印　　张	18.75
插　　页	2
字　　数	308 千字
定　　价	78.00 元

序　言

经过改革开放三十多年的发展，我国社会经济水平得到显著提升，社会转型进入质变时代，经济发展也全面进入了"新常态"。中国想要继续创造经济发展的奇迹，就必须有众多优秀企业作支撑，尤其是在商业伦理和社会责任领域有突出表现的企业。应该说，经过最近十余年企业社会责任教育、活动、项目等的推进，全国企业社会责任水平有了明显的改善，已经涌现出了在各个行业、不同规模、不同发展阶段社会责任表现优异的企业，它们不仅能创造出卓越的经济价值，同时兼顾了社会价值、环境价值和文化价值。

然而，我们也必须正视，现阶段我国企业的社会责任推进工作仍然存在着认识不清、行动不力、效果不佳、管理不善问题。在我国不断推进的企业社会责任大潮中，有的企业战略性地承担企业社会责任，但也不乏企业盲目跟风的被动式参与，不乏企业对社会责任的推卸与质疑。认识总是行动的前奏和起点，企业社会责任行为推进的滞缓，关键还是对企业社会责任及其价值创造认识不清，不能深刻认识到企业社会责任的承担不仅是国家社会治理视野下的一种任务和义务，更是一种企业提升竞争能力和可持续发展的战略选择。世界上无数著名企业的实践表明，承担企业社会责任是做强做优企业、培育世界一流企业的必然选择，没有一个著名的长寿型企业是靠减少社会责任承担来实现的。

为此，本课题以企业社会责任的价值创造为研究起点和主线，力求解释和解答以下三大核心问题：第一，企业社会责任承担能否创造价值？第二，企业社会责任承担如何创造价值？第三，企业社会责任承担创造什么价值？显然，这三个问题之间存在逻辑上的递进性，能否创造价值是前提，如何创造价值为过程，创造什么价值为结果。然而，从理论研究现状看，当前研究对"能否创造价值"一问的结论始终莫衷一是，致使企业社会责任价值创造研究尚处于对第一个问题的探讨阶段。为此，课题组以"企业社会责任价值创造机理研究"为主题，探讨了企业社会责任承担与企业价值创造之间的影响关系，深入分析了企业社会责任承担与企业价值创造的作用机理，全面解答以上三个核心问题。

基于"企业通过多重责任的承担，并内化为企业的关系与能力，借此实现多元价值的创造"这一核心观点，课题组主要开展了五大篇章的工作：基础篇（研究背景、意义、思路）、理论篇（文献基础、变量设计、模型构建）、实证篇（模型验证与个案研究）、实践篇（管理应用、保障机制、评价体系）、展望篇（结论、启示、展望）。其中，关键性研究如下：

厘清了三个变量，即4R、2C、4V。课题组按照"企业社会责任——影响路径——企业价值"的思路对企业社会责任价值创造过程进行了关键变量的提取。设企业社会责任为自变量，细分维度为"4R"即经济责任（Economic Responsibility，ER）、法律责任（Legal Responsibility，LR）、伦理责任（Moral Responsibility，MR）、慈善责任（Discretionary Responsibility，DR）。设企业价值为因变量，基于企业社会责任承担创造多元价值的理念，细分维度为"4V"，即经济价值（Economic Value，EV）、社会价值（Social Value，SV）、环境价值（Natural Value，NV）、文化价值（Cultural Value，CV）。引入中介变量"关系改善、能力提升"，用以明确企业社会责任承担与企业价值之间的转化机理：2C，即关系改善（Connection，CN）、能力提升（Competence，CP）。

构建了一个模型，即企业社会责任价值创造的"4R+2C+4V"模型。基于"企业通过多重责任的承担，并内化为企业的关系与能力，借此实现多元价值创造"的思路，课题组对三个变量之间的关系进行了模型化。对责任承担与价值创造、责任承担与影响路径、影响路径与价值创造之间的关系提出了四组研究假设。"4R+2C+4V"企业社会责任价值创造模型的根本特征是全局性，具体表现在以下三个方面：一是责任承担内容的全面性，二是价值创造目标的综合性，三是管理视角的全局性，企业社会责任价值创造"4R+2C+4V"模型要求企业立足于发展全局，基于企业与内外部利益相关者的关系强化与互动，将企业社会责任价值创造理念融入企业使命、战略和文化当中，企业通过优化资源配置等形式提升企业创新、研发与管理能力，共同推进企业与社会的可持续发展。

　　明确了一个机理，即企业社会责任价值创造机理的循环演进过程。本书进一步探索企业社会责任价值创造的内在作用机理，将企业社会责任价值创造过程划分为社会责任价值认知、社会责任价值沟通、社会责任价值创造、社会责任价值分配四个环节。企业社会责任价值认知要求企业鼓励员工通过学习、培训、实践等方式树立正确的社会责任观；企业社会责任价值沟通要求企业与各利益相关者建立有效的价值沟通机制，及时传递信息，促进相互合作；企业社会责任价值创造要求企业通过承担社会责任创造出经济、社会、环境、文化综合价值，并及时向利益相关者进行信息披露；企业社会责任价值分配要求企业对创造的价值实行全员共享。

　　构建了一套体系，即企业社会责任综合价值的评价体系。基于企业社会责任价值创造的"4R + 2C + 4V"理论模型，本书提出企业社会责任价值创造评价三级层次指标法，选取了经济价值、社会价值、环境价值、文化价值4个一级指标，细分为16个二级指标，36个三级指标，共计80个评估细项，得出企业社会责任总价值（CSRV）＝经济价值（EV）＊40％ + 社会价值（SV）＊30％ + 环境价值（NV）＊20％ + 文化价值（CV）＊10％的计算公式，以期对"企业承担社会责任能创造多少价值"做出回应，从而增强企业履责动机，推动企业社会责任运动发展。

　　为推动企业社会责任价值创造工作的有序推进，课题组从管理应用与保障机制两方面重点探讨了对策与建议。可以说，企业履行社会责任是我国全面建设小康社会的题中之意，是建设和谐社会的重要保障。企业通过承担社会责任，有助于解决就业问题，减少社会就业压力，保障劳动者的切身利益，激励他们创造更多的价值，通过这种管理可以为企业树立良好的形象，获得美誉度和信任度，实现企业长远经营目标；企业履行社会责任有助于保护环境与节约资源，实现可持续发展。作为社会公民的企业，其发展的同时对资源和环境的可持续发展也有着不可推卸的责任。企业通过履行社会责任，进行技术革新，尽可能减少各个生产环节对环境造成的破坏；同时也可降低能耗，节约资源，降低成本，提高企业竞争力；企业通过公益事业和社区环保设施建设，达到净化环境、保护社区公民利益的目的；优秀企业可集中资本、管理和人力资源等优势对欠发达地区进行开发，不仅可以扩展生产和经营范围、获得企业新的经济增长点，而且可以弥补欠发达地区资金不足、劳动力与资源闲置等问题；企业也可通过公益行为帮助落后地区发展社会事业，这也可以达到显著的事件营销效应，树立良好的企业形象，得到消费者认可，提升自有品牌的市场占有率。

本书在写作的过程中得到了全国哲学社会科学规划办公室的大力支持，他们为本书的成形提供了丰富的观点与宝贵的意见，在此表示由衷感谢！笔者在写作中还得到了博士研究生厉飞芹、黄慧丹，硕士研究生钱钰玲、王闻超、刘威、王艳、江露、李解语、卢雨芳、方波、李超等的大力协助，他们在收集整理资料、梳理文献、文稿撰写和文字校对等方面付出了大量的努力和工作；还需要感谢的是为我们的案例研究提供大力支持的企业，如浙江吉利控股集团、杭州阿里巴巴集团、杭州三替集团、杭州海康威视数字技术股份有限公司、浙江盾安控股集团、浙江鼎尊商务咨询有限公司等。同时还要感谢所引用文献的作者，没有他们的研究作为基础，也不可能有本书的成果。此外，由于实证调研与研究中的不足，本书在成形过程中也会有一些缺点，希望未来的研究者能够进行更加深入的研究，为我国企业社会责任价值创造贡献自己的力量。

2017 年 2 月 18 日于杭州

目　　录

第一章　绪论 ……………………………………………………（1）

　第一节　研究背景 ……………………………………………（2）

　第二节　研究意义 ……………………………………………（5）

　第三节　研究的思路与框架 …………………………………（8）

　第四节　研究方法 ……………………………………………（12）

　第五节　研究的重点与难点 …………………………………（13）

第二章　企业社会责任价值创造的研究基础 ………………（15）

　第一节　企业社会责任价值创造的研究历程 ………………（15）

　第二节　企业社会责任价值创造的理论假说 ………………（18）

　第三节　企业社会责任价值创造的假说验证 ………………（22）

　第四节　企业社会责任价值创造研究存在的问题 …………（27）

　本章小结 ………………………………………………………（32）

第三章　企业社会责任价值创造的变量设计 ………………（33）

　第一节　自变量界定与维度分析 ……………………………（33）

　第二节　因变量界定及维度分析 ……………………………（39）

　第三节　中介变量界定及维度分析 …………………………（43）

　本章小结 ………………………………………………………（47）

第四章　企业社会责任价值创造的模型构建 ………………（49）

　第一节　"4R＋2C＋4V"模型构建 …………………………（49）

　第二节　"4R＋2C＋4V"假设梳理 …………………………（53）

　第三节　"4R＋2C＋4V"机理分析 …………………………（63）

　本章小结 ………………………………………………………（68）

第五章　企业社会责任价值创造模型的实证研究
　　　　　——以我国食品行业为例 ……………………………（70）
　第一节　"4R＋2C＋4V"的测量指标设计…………………………（70）
　第二节　"4R＋2C＋4V"的实证研究
　　　　　——以我国食品行业为例 …………………………（72）
　本章小结 ………………………………………………………（89）

第六章　企业社会责任价值创造的个案研究 ……………………（91）
　第一节　聚焦研发战略，世界领先技术创造巨大经济价值
　　　　　——基于杭州海康威视数字技术股份有限公司的社会
　　　　　责任实践考察 …………………………………（91）
　第二节　于平凡之处显不凡，领军家政服务业创造社会价值
　　　　　——基于杭州三替服务集团的社会责任实践考察……（103）
　第三节　争当绿色低碳经济标兵，创造显著环境价值
　　　　　——基于盾安控股集团有限公司的社会责任实践
　　　　　考察 …………………………………………………（114）
　第四节　打造"新商业文明"，电商平台体系塑造深远文化价值
　　　　　——基于阿里巴巴集团的社会责任实践考察…………（127）
　第五节　中国心、责任心，红色引擎发力创造综合价值
　　　　　——基于浙江吉利控股集团的社会责任实践考察……（142）
　本章小结 ………………………………………………………（158）

第七章　企业社会责任价值创造的管理应用 ……………………（160）
　第一节　责任研发 …………………………………………………（160）
　第二节　责任采购 …………………………………………………（169）
　第三节　责任生产 …………………………………………………（179）
　第四节　责任营销 …………………………………………………（192）
　本章小结 ………………………………………………………（203）

第八章　企业社会责任价值创造的保障机制 ……………………（204）
　第一节　企业社会责任价值创造的理念变革与战略制定………（204）
　第二节　企业社会责任价值创造的管理创新与制度落地………（210）
　第三节　企业社会责任价值创造的法律保障和文化支撑………（218）
　本章小结 ………………………………………………………（232）

第九章 企业社会责任价值创造的评价体系 ……………………（234）

第一节 企业社会责任价值创造评价体系构建 …………（234）

第二节 企业社会责任综合价值评价指标说明 …………（240）

第三节 企业社会责任综合价值评价评估细则 …………（247）

第四节 企业社会责任综合价值评价指标计算示例 ………（254）

本章小结 ………………………………………………（256）

第十章 企业社会责任价值创造的研究结论与展望 ……………（257）

第一节 企业社会责任价值创造研究的结论 ……………（257）

第二节 企业社会责任价值创造研究的展望 ……………（261）

附录1 食品行业 103 家上市企业样本信息 ………………（270）

参考文献 ………………………………………………………（274）

第一章　绪论

　　企业社会责任（Corporate Social Responsibility，CSR）最早于 1923 年由英国学者欧利文·谢尔顿（Oliver Sheldon）提出，20 世纪中后期在西方得到普遍实践。进入 21 世纪，社会责任思潮和运动在全球的蓬勃发展，推动了我国企业社会责任理论研究与企业实践的积极进行。企业作为社会经济运行的微观主体，其存在的意义与核心目标就是创造价值。但是，如何定义价值，以及什么是正确且高效的价值创造方式，人们的认知却一直处于动态变化之中。企业社会责任理论与实践的发展，为企业价值创造提供了一种新的研究视角。[①] 从制度理论的逻辑来看，企业社会责任本质上是一种制度安排，能够在一定程度上影响企业整体和个人的行为，从而对企业的价值创造过程和结果产生影响。而企业作为逐利的经济主体，在承担社会责任的同时，自然也关注社会责任对企业经济效益的影响。[②] 尤其在迈入社会经济发展的新常态阶段，从国家到地方、从政府到社会、从组织到个人，都面临着发展理念变革和行为实践的挑战和考验。作为创造价值和推进社会发展的企业而言，走"承担社会责任与实现企业价值互动共赢、平衡发展"的新型发展道路，是企业层面践行科学发展观，实现党中央提出的"包容性增长"目标的第一甚至是唯一选择。

　　为此，厘清企业社会责任与价值创造之间的逻辑关系，提高企业履行社会责任的积极性，实现经济效益和社会效益的共同提升，已成为我国企业社会责任发展现实而迫切的需求。本研究以"企业社会责任价值

[①] 王欣：《社会责任融合视角的企业价值创造机理》，《经济管理》2013 年第 12 期。

[②] 刘建秋、宋献中：《社会责任、信誉资本与企业价值创造》，《财贸研究》2010 年第 6 期。

创造"为主题,重在揭开企业社会责任价值创造过程的"黑箱",解答"企业社会责任是否创造价值、创造什么价值、如何创造价值"三大问题。为此,本研究从理论层面厘清了企业社会责任价值创造的关键变量,依据变量之间的内在机理与逻辑关系构建了企业社会责任价值创造模型;然后从实证层面验证了模型框架下各个变量之间的关系假设;最后从实践层面探讨了企业社会责任价值创造的管理应用与保障机制。本章作为开篇章节,对本次研究进行了整体构思和设计,构建了研究的总体框架。

第一节　研究背景

"企业社会责任价值创造研究"课题的研究背景主要包括理论背景和现实背景。一般认为,企业社会责任是指企业除了要为股东负责、追求利润以外,还应该考虑其他利益相关者,即要承担对员工、消费者、社区和环境的社会责任,具体包括遵守商业道德、生产安全、职业健康、保护员工合法权益、保护环境、捐助社会公益和慈善事业、保护弱势群体等。发展至今,国内外学者已围绕企业社会责任的基本内涵、理论基础、责任边界、动力机制、标准制定、推进政策等视角开展了卓有成效的理论探索,总体呈现四大趋势,即从单一维度向综合视角转变、从组织层面向宏观层面和个体层面转变、从工具理性向价值创造转变、从企业社会责任影响效应到影响机理的转变,但总体来看仍然缺乏对"企业社会责任价值创造"更深层次、系统性的机理研究。同时,社会责任在我国企业的实施情况尚不尽如人意,"地沟油""瘦肉精""毒血燕""塑化剂",形形色色的企业社会责任缺失事件令公众触目惊心,社会责任还未能内化为企业的常态价值观,我国的企业社会责任践行之路还任重道远。[①] 大量企业还在"承担与不承担"的十字路口徘徊,急需进行深刻反思和规律总结。

---

① 易开刚:《企业社会责任研究:现状及趋势》,《光明日报(理论版)》,2012 - 04 - 20。

一　理论背景

企业价值创造理论主要解释"什么是价值"以及"价值如何产生"等问题。从早期的劳动价值论、要素价值论开始，国内外专家学者从不同视角重新解读企业的价值创造目标与活动，并呈现出三大趋势：从只承认劳动单一要素到价值源泉多元化、从局限于企业内部的价值创造过程到关注外部利益相关者的作用、从财务绩效反映的单纯经济价值到重视企业的社会责任。

目前，由于研究视角和研究方法存在差异，国内外学者就企业社会责任与企业价值之间的关系得出正相关、负相关、无显著关系、U 形曲线关系等观点，[①] 结论缺乏一致性和说服力。大部分学者在研究企业社会责任与企业价值之间的逻辑关系时，主要采用评价盈利能力的财务指标对企业价值进行量化衡量，如分析企业社会责任与净利润、销售净利率、净资产收益率等指标之间的相关性。[②] 但必须看到的是，将企业社会责任价值创造聚焦于经济价值（如企业绩效、财务业绩、经济效益等）虽易于量化与理解，但过于片面化，忽略了企业社会责任价值的丰富内涵。

事实上，企业社会责任承担创造的价值远不止经济价值这一项，其社会价值、环境价值和文化价值对企业本身和社会的可持续发展也有着重大的战略意义。而且，这一"只有有利于企业经济价值的提升才承担社会责任"的惯性思维还会危及整个社会"企业社会责任观"的树立与弘扬。在整个生态环境受到严重破坏，部分工业发达地区甚至出现不能居住的情况，在整个社会秩序受到严重挑战，尤其是社会公众对部分行业和企业的信任已跌入谷底的情况下，我们急需在全社会树立"企业社会责任是企业的内生责任，是企业的应有责任，是企业的本职之义"这样的责任观，让整个社会形成"企业踏实经营，员工本分做事，顾客放心消费，生态山清水秀，社会和谐有序"的和美环境，让"天人合

---

① 刘建秋、宋献中：《社会责任与企业价值创造研究：回顾与展望》，《中南财经政法大学学报》2010 年第 3 期。

② 王晓巍、陈慧：《基于利益相关者的企业社会责任与企业价值关系研究》，《管理科学》2011 年第 6 期。

一"美美与共"成为现实。因此，本研究认为亟须从理论上构建企业社会责任价值创造的机理、机制和模型，为解开企业社会责任与企业价值之间关系的"黑箱"之谜，提供系统性的分析框架，在企业与利益相关方的多重价值博弈过程中，凭借企业社会责任的有效管理实现价值创造，提升企业竞争力，促进企业的可持续发展。

二　现实背景

世界经济发展进入了一个新的时期，世界各国政府、企业、社会公众对社会责任的关注与日俱增。环境友好和资源节约是世界经济可持续发展的现实要求，企业作为整个社会的经济主体，需要承担起社会责任，推动社会的和谐发展。

从国内企业的社会责任践行现状看，自20世纪70年代引入"企业社会责任"以来，社会各界对企业社会责任的认识逐渐加深，部分企业尤其是大型国有企业、上市公司和先进的民营企业已成为承担社会责任的标兵。但企业社会责任推进的总体状况仍不容乐观，多种企业社会责任缺失现象时有发生：有的企业仍然认为企业社会责任可有可无，与企业的发展关系不大，不能深刻领会"企业社会责任是科学发展观在企业层面的综合体现"的含义；有的企业表面上也非常认同企业社会责任，甚至把它写入公司的规章和文化纲领中，但实际表现出来的结果却违背社会责任观，"伤害员工、危害顾客、污染环境"等问题仍时有发生；有的企业确实承担了一些社会责任，比如慈善公益责任，却没能承担好最基本的带领企业发展的经济责任，甚至出现"左手借款，右手捐款""一边做慈善，一边危害社会"等情况。

更加值得警惕的是，企业社会责任缺失问题不再局限于单个企业，行业性、产业链式、集群性的责任缺失情况不断涌现，更大范围、更强力度地冲击着社会的道德底线，以更大的破坏力动摇着整个社会的诚信机制，甚至直接威胁产业安全。种种责任缺失情况的存在，昭示着我国企业的社会责任承担还存在着认知不清、理解有误、行动不力、动力不强等问题。例如部分企业经营者认为"履行企业社会责任会增加企业的成本"，部分企业经营者同意"企业社会责任是企业发展到一定阶段后才能顾及的"。随着企业社会责任运动的不断开展，企业家的社会责任意识不断提高，逐渐成为积极推进和履行社会责任的主力军，但仍难以根除"责任＝成本"的思维定式。诚然，承担社会责任短期来看确实会带来一定的成本，如给员工提供更加完善的工作和生活环境，引进更好的机器设备处理企业的废水废气，增加更多的检验程序确保出厂产品的质量从而减少顾客的投诉和抱怨等等。然而，从长期来看，这些投入正是企业生存和发展的立足之本，试想如果我们的产品连顾客都不能认同，员工都无法安心工作，工厂所处的环境也是一团糟，这样的企业会有发展前景吗？如何谈可持续发展，如何谈基业长青？事实上，这种"短期利益与长期利益""投入与产出""有形与无形"之间的辩证关系正是企业经营的商业智慧，只有真正理解它并持续践行，才能实现企业的可持续发展。

上述调查结论和现实情况引发了我们对企业社会责任更深层次的思考：企业承担社会责任到底能否创造价值？创造了什么价值？如何创造价值？企业承担社会责任能否成为企业的常态行为和生存方式？如何找到一种真正促使企业承担社会责任的长效机制？等等这些问题，需要进行理论探究和深入思考。

第二节　研究意义

尽管"企业社会责任"自提出之日起就是一个充满争议的话题，但经过20世纪30年代和60年代两次激烈的争论之后，人们对于企业应当承担社会责任已经形成较为广泛的共识。[①] 然而，对于企业社会责任价值创造的机理、机制和模型，并没有系统化、规范化的研究与结论。除此之外，虽然企业、政府以及社会公众越来越重视企业社会责任，企业社会责任缺失现象仍是频频发生，究其根本，模糊或错误地理解企业社会责任与价值创造之间的关系，进而错误认知企业利益与社会利益之间的关系是社会责任缺失的主要原因之一。因此，本研究拟从理论和本质上建构企业社会责任价值创造的机理、机制和模型，厘清企业社会责

---

① 李伟阳：《基于企业本质的企业社会责任边界研究》，《中国工业经济》2010年第9期。

任与企业价值创造之间的逻辑关系，这具有一定的理论意义和实践意义。

一　理论意义

基于前期的文献梳理，本研究发现当前有关企业社会责任价值创造主题的研究成果有两个特征：一是关注企业社会责任与企业价值关系的验证，对企业价值的理解侧重于经济价值，王欣（2013）则认为企业社会责任承担过程中创造的价值包括经济价值、社会价值与环境价值，可见对"企业社会责任承担创造什么价值"还存在争议或疑惑。二是关注企业社会责任承担与企业价值创造之间的转化过程，例如引入声誉资本、技术创新投入等中介变量等，可见对"企业社会责任承担如何创造价值"还存在非常大的研究空间。

在以上两点理论思考下，本研究按照"企业社会责任——影响路径——企业价值"的逻辑思路，一方面对企业价值进行了多维度解构，另一方面引入了中介变量分析企业社会责任与企业价值的内在转化机理，由此构建了企业社会责任价值创造"4R + 2C + 4V"模型，丰富和完善了企业社会责任和企业社会责任价值创造的内涵。因此，本研究的理论意义如下：

第一，对企业价值的多维度分解，解答"企业社会责任承担创造什么价值"的疑惑。本研究将企业价值划分为"4V"，即经济价值（Economic Value，EV）、社会价值（Social Value，SV）、环境价值（Natural Value，NV）、文化价值（Cultural Value，CV），一定程度上完善了企业社会责任情境下的企业价值内涵。

第二，探索性地引入中介变量，解答"企业社会责任承担如何创造价值"的疑惑。本研究设"关系改善、能力提升"为中介变量，用以明确企业社会责任承担与企业价值之间的转化机理：2C，即关系改善（Connection，CN）、能力提升（Competence，CP）。企业承担社会责任可以改善与利益相关者的关系，降低交易成本，由此获得更大的价值空间；企业承担社会责任"倒逼"企业提升各项能力，由此创造更大的价值。

第三，厘清关键变量基础上，构建了企业社会责任价值创造"4R +

2C + 4V"模型。其中，"4R"即经济责任（Economic Responsibility，ER）、法律责任（Legal Responsibility，LR）、伦理责任（Moral Responsibility，MR）、慈善责任（Discretionary Responsibility，DR）。这一模型显示，企业社会责任的承担，可以推动企业关系的强化及能力的提升，由此获得多元价值的实现。这一模型的构建是对企业社会责任价值创造研究的重要理论探索。

二 实践意义

虽然社会各界都在提倡企业要积极、主动承担社会责任，但侵犯消费者权益、拖欠员工工资、偷税漏税、环境污染而导致生态失衡等企业社会责任缺失的事件屡见不鲜。如何使经济主体——企业从被动承担社会责任变为主动承担社会责任，就成为现实而迫切的需求。因此，本研究的实践意义有如下几点：

1. 有助于企业提高承担社会责任的意识

目前，社会上大量企业仍旧没有承担社会责任的意识，而造成这一现象的重要原因之一就是对社会责任创造综合价值的不了解。企业承担社会责任意识的高低，是决定企业行为活动对社会整体产生正面影响程度大小的重要因素。承担社会责任意识越强，企业在自我发展与促进社会繁荣的同步推进这方面表现得越主动；反之，企业承担社会责任意识越低，越容易只顾自身利益，最终不仅会阻碍社会的进步，更可能危及企业自身发展。本研究通过对社会责任价值创造机理的剖析，并辅以多个案例的有力证明，有益于推动企业对承担社会责任能够创造综合价值的充分认识，从而提高企业践行社会责任的意愿和动力。

2. 有助于引导企业社会责任价值创造实践

企业具备承担社会责任的意识还远远不够。在思想改变的基础上，对行动加以有力指导，才能真正使企业学会如何更有效地通过承担社会责任来创造价值。本研究通过介绍社会责任价值创造模型在管理上的应用及其保障机制的运行，为企业提供了一系列值得参考借鉴的有效手段。企业可以在其引导下，根据自身实际情况进行实践应用，也可以根据本研究提供的综合价值评价体系来衡量自身的企业社会责任践行方向和效果，因而本研究对引导企业社会责任价值创造的实践能够产生积极影响。

第三节　研究的思路与框架

围绕研究目标，本课题对企业社会责任价值创造的机理与模型、对策与建议进行深层次挖掘。本课题的研究内容共分为十章，逻辑如下：

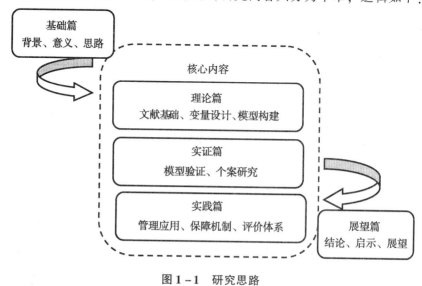

图 1-1　研究思路

一　基础篇（第一章）

第一章为绪论，系统梳理本研究的背景与意义、研究思路与框架、研究方法、研究重点与难点、研究的创新与不足，对本次研究起到一个统领作用。

二　理论篇（第二、三、四章）

第二章为企业社会责任价值创造的研究基础。本章重点梳理了企业社会责任价值创造研究的发展历程、假说基础和实证结论，以此总结该领域研究的现状、特点、趋势以及存在的问题，为本次研究奠定了良好的理论基础，并提供了研究的切入点。本章第一节根据阶段性的研究重点将企业社会责任价值创造的研究历程基本分为了三个阶段：研究命题的提出阶段——研究假说的明确阶段——研究假说的验证阶段。在此基础上，第二节系统回顾普雷斯顿和班农（Preston&Bannon，1997）总结的有关企业社会责任和企业价值之间关系的六种理论假说：社会影响假说、权衡假说、提供资金假说、机会主义假说、正协同效应及负协同效应，为第三章厘清4R、2C和4V的交互关系奠定基础。第三节为企业社会责任价值创造的假说验证研究综述，从责任维度划分和不划分的角度系统梳理了企业社会责任与企业价值的关系研究，为第三章的变量设计与维度分析以及第四章的模型和假设提供理论指导。第四节总结了目前企业社会责任价值创造研究存在的问题，为本研究提供了新的研究视角。

第三章为企业社会责任价值创造的变量设计。为解开企业社会责任承担"能否创造价值""创造什么价值""如何创造价值"三大核心问题，本章将"企业社会责任"设为自变量，"企业价值"设为因变量，"关系改善""能力提升"设为中介变量，并对它们进行了概念界定与维度分析，阐述了企业社会责任价值创造模型的假设前提与适用范围。本章第一节结合中国经济社会发展的具体情境对企业社会责任的概念进行了重新理解，并在卡罗尔（Carroll）金字塔模型的基础上，结合国外学者对经济责任、法律责任、伦理责任与慈善责任的内涵理解，对上述四个维度的关系和内容进行了重新界定。第二节在企业价值矢量论的基础上对因变量即企业价值进行了概念界定，同时根据企业价值的源泉将其划分为经济价值、社会价值、环境价值和文化价值。第三节引入关系改善和能力提升作为中介变量，深入研究企业社会责任承担价值创造的内部作用机制，力图揭开企业社会责任价值创造过程的"黑箱"。

第四章为企业社会责任价值创造的模型构建。本章将"企业通过多重责任的承担，并内化为企业的关系与能力，借此实现多元价值的创造"这一思路理论化、模型化，在第三章变量设计及概念厘清的基础上，构建企业社会责任价值创造的模型，明晰企业社会责任价值创造的内在机理。本章第一节通过回顾企业社会责任价值创造的现有研究框架，在第三章变量关系厘清的基础上构建了"4R+2C+4V"的企业社会责任价值创造模型。第二节通过梳理自变量、因变量、中介变量三者间的关系逻辑，并对责任承担与价值创造、责任承担与影响路径、影响路径与价值创造之间的关系提出了四组研究假设。第三节从"生产可能性边界扩大效应、协同效应、耦合效应"三大效应分析了企业价值的来源，并构建了企业社会责任价值创造机理的循环演进模型。

三　实证篇（第五、六章）

第五章为企业社会责任价值创造模型的实证研究。本章重点对企业社会责任价值创造"4R＋2C＋4V"模型进行了验证和修正。本章第一节首先对自变量、中介变量、因变量进行了核心测量指标的设计。在此基础上，第二节选取食品行业103家企业进行了实证分析，分析过程中暂时剔除了文化价值这个隐性指标。通过数理统计分析，本研究得出以下主要结论：企业社会责任承担在对企业价值创造的影响上，除法律责任承担外，企业经济责任、伦理责任、慈善责任对企业价值创造影响呈正相关；企业社会责任承担对关系改善的影响上，除法律责任承担外，企业经济、伦理、慈善责任对关系改善在影响上呈正相关；企业社会责任承担对能力提升影响上，除伦理责任承担外，企业经济、法律、慈善责任对能力提升在影响上呈正相关；企业社会责任通过影响路径的关系改善和能力提升对企业价值创造影响呈正相关。在这些结论基础上，第三节修正了"4R＋2C＋4V"模型。

第六章为企业社会责任价值创造的个案研究。本章通过五个典型企业案例对"4R＋2C＋4V"模型进行了验证分析，详细分析了每个企业在社会责任的主要实践，以及每个企业通过承担社会责任实现价值创造的具体经历和经验。本研究的案例选取具有一定典型性和代表性，力求从全方位各视角深入分析企业社会责任价值创造的过程和机理，以验证"4R＋2C＋4V"模型。因此，本章从综合价值与价值体系中的侧重价值出发进行了案例分析，杭州海康威视数字技术股份有限公司侧重经济价值创造，杭州三替服务集团侧重于社会价值创造，盾安控股集团侧重环境价值，阿里巴巴集团则侧重于文化价值，而浙江吉利控股集团以"红色引擎"和"元动力"工程为核心，承担多元责任，创造综合价值。

四　实践篇（第七、八、九章）

第七章为企业社会责任价值创造的管理应用。本章在已有的"4R＋

2C + 4V"理论模型基础上，对企业社会责任价值创造的管理应用进行具体阐述。根据实证结论和企业实践经验，本章从责任研发、责任采购、责任生产、责任营销四个方面切入，通过回答"为什么、是什么、怎么做"三个问题，将企业社会责任价值创造的应用落到实处。本章第一节在明确责任研发的重要性及什么是责任研发的基础上，从经济、法律及环境三个方面对责任研发的内容与边界进行了分析。第二节描述了责任采购的必要性及意义，并从企业与供应商、企业自身、企业内部三个方面的博弈角度，强调责任采购过程中需要注重基于社会责任的供应商管理、价值与质量权衡、与内部各职能部门之间的协作。第三节介绍了责任生产的重要性与内涵，同时从生产现场管理五要素：人、机、料、法、环五个方面研究责任生产的具体落实措施。第四节探讨了责任营销的必要性与概念，并以产品、价格、渠道、促销"4P"为导向，分析了企业开展责任营销的方法。

第八章为企业社会责任价值创造的保障机制。为保障企业有效推进企业社会责任价值创造的效益与效果，本章主要通过"理念变革与战略制定——管理创新与制度落地——法律保障与文化支撑"这三步来实现构建企业社会责任价值创造的保障机制。本章第一节强调了企业社会责任理念变革的方向："经济组织"向"复合型组织"转换；"成本增加"向"绩效改善"转换；"物本管理"向"人本管理"转换；"对立思维"向"统一思维"转换。然后从顶层设计的角度分析了基于企业社会责任价值创造的战略制定过程和方向。第二节研究了基于企业社会责任价值创造的管理创新：治理理念创新、组织架构创新、运营流程创新以及绩效考评创新。然后思考了企业社会责任制度建设与落实的路径。第三节按照"立法——执法——守法"的逻辑思考了法律保障，并从"对内企业文化的塑造——对外企业文化的传播"的角度探讨了文化保障的实施。

第九章为企业社会责任价值创造的评价体系。本章从经济价值、社会价值、环境价值、文化价值四方面构建企业社会责任价值创造评价体系，以细化企业社会责任承担与价值创造的内在关系，并为企业的社会责任管理实践提供参考依据，使企业在承担社会责任的同时可直观认知其创造的综合价值。本章第一节通过对国内外学者代表性的企业社会责任评价方法研究的梳理与回顾，明确企业社会责任价值创造评价体系的依据、目的与原则。在第一节的基础上，第二节进一步对企业社会责任综合价值评价指标选取的思路进行了说明，并对评价体系中一级、二级指标进行了赋权，进而对 36 个三级指标进行了细化。第三节则对企业社会责任综合价值评价指标的评估与计算方法进行了充分的界定。第四节在前三节基础上得出企业社会责任总价值（CSRV）＝经济价值（EV）＊40％＋社会价值（SV）＊30％＋环境价值（NV）＊20％＋文化价值（CV）＊10％的计算公式，以对"企业承担社会责任能创造多少价值"做出回应。

五　展望篇（第十章）

第十章为企业社会责任价值创造研究的结论、启示与展望。本章在整理全文的基础上，系统梳理了本次研究的重要结论，并从理论与实践双重视角分析了本次研究的启示，同时根据当前研究存在的不足，对企业社会责任价值创造研究这一主题进行了展望。本研究认为，在未来研究中，需要加强理论研究的深入性、实证研究的规范性和对策研究的应用性。

第四节　研究方法

本研究采取规范分析与实证分析相结合的方法，运用多种现代经济学分析技术，采用多层次的数据（宏观统计数据、微观调查数据以及典型案例资料），借助现代计算机工具完成研究任务。主要应用的研究方法如下：

一是文献研究法。本研究通过阅读和梳理国内外相关文献成果，按照"关键性、时效性、逻辑性"原则，梳理国内外企业社会责任价值创造机理的相关文献，把握研究现状与趋势。一方面为本研究中企业社会责任价值创造模型提供可借鉴的理论基础；另一方面为推动企业社会责任价值创造发展的保障机制提供可操作性的思路。在文献研究法运用过程中，本研究侧重把握三个方面：一是关键性，即选择与本研究密切关联的四个关键词"企业社会责任""价值创造""评价体系"与"保障机制"，进行代表性文献的梳理；二是时效性，即选择最新的文献资料以把握学界的前沿成果和研究趋势；三是逻辑性，通过"理论基础——模型构建——评价体系——保障机制"的文献梳理思路，系统把握核心变量的内涵与关系研究。

二是模型构建法。本研究通过充分的理论分析和论证，重点构建了企业社会责任价值创造的"4R+2C+4V"模型，明确了三个变量的内涵与边界并系统梳理了三个变量之间的关系。在此基础上，本研究构建了企业社会责任价值创造机理的循环演进模型，从企业社会责任价值认知、沟通、创造与分享四个角度分析了企业社会责任与企业价值之间的内在机理。

三是实证研究法。为验证企业社会责任价值创造的"4R+2C+4V"模型及提出的四组假设，本研究以我国食品行业为例，选取103家上市的食品企业作为样本，对其企业社会责任承担——影响路径——价值创造的过程进行了验证。研究过程中主要应用了SPSS分析工具，对各变量之间的关系进行了较为详尽的验证与说明。在验证过程中，若干假设未得到证明，因此根据验证结果，又对企业社会责任价值创造的"4R+2C+4V"模型进行了修正。实证研究法的应用一定程度上保障了本次研究的科学性。

四是案例研究法。为切实了解企业社会责任价值创造的发展现状，本研究充分应用了实地访谈与描述性案例分析的方法，走访了部分食品行业龙头企业以及吉利集团、三替集团、华立集团、传化集团、海康威视、盾安集团、阿里巴巴集团等相关企业，并对各个企业的社会责任分管人员进行了深入的访谈。这些访谈和调研部分以案例的形式进行呈现，期望通过这些案例的总结与提升对其他企业如何践行社会责任提供借鉴和启示。

第五节 研究的重点与难点

一 研究重点

厘清企业社会责任与价值创造之间的逻辑关系，促进企业积极主动地承担社会责任，已成为企业社会责任的推进现实而迫切的需求。因此，本次研究的重点主要在于：

构建企业社会责任价值创造机理模型。厘清企业社会责任承担与企业社会责任价值创造之间的逻辑关系，清晰解答以下问题：当前企业需要承担哪些责任？承担这些责任创造了什么价值？责任承担与价值创造之间的互动机理？企业社会责任承担过程中企业面临哪些价值选择与博弈？如何更好地推动企业社会责任价值创造？以此一步步揭开企业社会责任价值创造过程的"黑箱"。

基于理论模型进行企业社会责任价值创造实证研究。该部分重在对前期的理论研究进行实证，为此，本研究通过实地走访、案例分析等方式，获取相关数据。鉴于当前食品行业社会责任缺失现象的频发，本研究选择以食品行业为例，通过实证分析，进一步修正企业社会责任价值创造的机理模型，并借此深入把握当前食品行业的企业社会责任践行现状和存在的问题。

二 研究难点

企业社会责任价值创造是一项系统工程，本研究希望通过对企业社会责任价值创造机理、评价体系、保障机制的探讨，真正助力于企业承担社会责任，创造经济价值、社会价值、环境价值和文化价值。因此，本次研究的难点主要在于：

如何更加深入地厘清企业社会责任行为与企业价值创造之间的逻辑关系，以科学地解答企业社会责任价值"是什么""为什么""怎么做"三个核心问题。

变量如何进行科学选取、界定。如在引入文化价值这一因变量时，主要用以描述文化引导及文化认同，与普遍认同的、将文化价值等同于企业文化的观念是有较大差异的。如何将本研究的文化价值解释清楚是研究进行时面临的问题之一。

如何保证企业社会责任内化对策的合理性与可操作性。企业社会责任内化对策是指通过承担社会责任而使企业自身内部的能力和关系增强式转化。实际中，并不是承担每一类社会责任都能提升关系和能力，也不是关系改善、能力提升就一定能创造某一类价值，如何描述其中复杂的转换过程，是较为艰难的工作。

第二章　企业社会责任价值创造的研究基础

　　自欧利文·谢尔顿于1923年明确提出"企业社会责任"概念以来，"是什么、为什么、怎么样"成为该领域研究的三个基本问题。在不断推进的企业社会责任运动中，有的企业战略性地主动承担企业社会责任，但也不乏企业盲目跟风的被动式参与，不乏企业对社会责任的推卸与质疑。承担社会责任究竟对企业是利是弊？如何来衡量这些利弊？对上述问题的反思，成为企业社会责任价值创造的研究起点。多年来，在对于这些问题的研究不断深入的同时，对企业社会责任价值创造的研究也向更为科学、量化的方向发展。本章通过对企业社会责任价值创造的文献研究进行梳理，把握当前研究的主要成果和研究趋势，为企业社会责任价值创造关键概念的厘清和模型的构建奠定理论基础。

第一节　企业社会责任价值创造的研究历程

　　以企业社会责任价值创造的研究起点为基，与企业社会责任研究的三大基本问题相呼应，企业社会责任价值创造研究的重点在于解答以下三大核心问题：第一，企业社会责任承担能否创造价值？第二，企业社会责任承担如何创造价值？第三，企业社会责任承担创造什么价值？显然，这三个问题之间存在逻辑上的递进性，能否创造价值是前提，如何创造价值为过程，创造什么价值为结果。企业社会责任承担能够创造价值是后者的默认前提，然而当前研究对"能否创造价值"一问的结论始终莫衷一是，致使企业社会责任价值创造研究尚处于对第一个问题的探讨阶段。综观现有文献，能否创造价值一问聚焦于企业社会责任与企业价值之间的关系研究，学者们试图通过验证两者的相关关系方向来说明第一个问题。这一阶段的研究经历了典型的从实践到理论再到实践的过程：

第一阶段（20 世纪 70 年代—20 世纪 90 年代）：企业社会责任价值创造研究命题的提出。这一阶段是企业社会责任价值创造研究的缘起，该阶段研究的基本特点是，在研究内容上，学者们关注企业社会责任与财务绩效的关系分析；在研究对象和结论上，学者们注意对同一研究案例的长期性观察和比较，但得出了差异性较大，甚至完全相左的研究结论。例如莫斯科维茨（Moskowitz，1972）在对 14 家企业社会责任表现较好的企业进行为期半年的观察后，发现企业股价的上涨水平高于同期大盘的上涨水平，由此他认为具有良好社会表现的企业是好的投资选择。① 而后，万斯（Vance，1975）也对同一批企业展开了长达 3 年的长期追踪，但得出了完全相反的研究结论。② 此外，罗曼（Roman），海伊博（Hayibor），阿格尔（Agle，1999）对格里芬（Griffin）和马洪（Mahon，1997）选取的 51 篇和新增 4 篇有关企业社会责任与财务绩效的实证研究进行了数据的再次分析，得出正相关结论的研究数量一致（33 篇），负相关（19 篇），无相关关系（9 篇），差异较大。③④ 这一阶段研究的主要贡献是开始将探索方向聚焦于企业社会责任价值创造这一主题，同时明确了企业社会责任和财务绩效这两个变量，并从两变量因果关系分析视角探索企业社会责任能否创造价值这一问题。

第二阶段（20 世纪 90 年代中旬—21 世纪初）：企业社会责任价值创造研究假说的明确。这一阶段学者们重点针对上一阶段同一批案例研究得出的不一致结论问题，进行了具体情境下的大胆假设，分析了企业社会责任与企业价值不同因果关系下的影响方向，从而夯实了企业社会责任价值创造的理论研究基础。其中，代表性研究是普雷斯顿，班农（1997）等人总结的企业社会责任与企业价值之间的三类因果关系及两

---

① Moskowitz, Milton. Choosing Socially Responsible Stocks. *Business and Society Review*, 1972, (01): 71 – 75.

② Vance, S. C. Are Socially Responsible Corporations Good Investment Risks? *Management Review*, 1975, 64 (08): 18 – 24.

③ Roman R M, Hayibor S, Agle B R. The Relationship Between Social and Financial Performance Repainting a Portrait. *Business & Society*, 1999, 38 (01): 109 – 125.

④ Griffin J J, Mahon J F. The Corporate Social Performance and Corporate Financial Performance Debate Twenty-five Years of Incomparable Research. *Business & Society*, 1997, 36 (01): 5 – 31.

者之间的方向：一类关系，企业社会责任为自变量，企业价值为因变量，用社会影响假说解释两者的正相关关系，用权衡假说解释两者的负相关关系；二类关系，企业价值为因变量，企业社会责任为自变量，用提供资金假说解释两者的正相关关系，用机会主义假说解释两者的负相关关系；三类关系，企业社会责任与企业价值互为因果，用正/负协同假说分别解释两者的正/负相关关系。[①] 这一阶段企业价值替代财务绩效成为主要变量，这是对企业社会价值创造研究关系的进一步明确。此外，以上六个相关假说的提出，既是对上一阶段研究结论差异化现象的本质把握，又为后续研究提供了较为全面的理论依据，是企业社会责任价值创造研究进程中的重要环节。但是，这六个假说仅是对企业社会责任与企业价值显著关系的说明，在无相关关系或其他关系分析上尚存在不足。

第三阶段（21 世纪初—至今）：企业社会责任价值创造研究假说的验证。这一阶段侧重于用理论指导实践研究，以实证的方式检验企业社会责任与企业价值的相关关系，主要有两个显著的贡献点。首先，在两变量相关关系的方向上，除正相关、负相关、无相关关系之外，希尔曼（Hillman），凯姆（Keim, 2001）提出了倒"U"型关系，即企业在刚开始承担社会责任时会抑制企业创造价值，随着社会责任承担的推进，企业价值不断上升，达到某一阈值后，又会反转向下；[②] 而巴塔查里亚（Bhattacharya），森（Sen, 2004）的研究则出现相反结果，承担企业社会责任与企业价值创造之间呈现"U"型关系；[③] 但该阶段主要的研究结论仍以正相关关系为主。另一个贡献是对企业社会责任变量的细致化思考。针对前期研究中将企业社会责任作为整体考量的情况，有学者指出企业承担不同责任会对企业价值产生不同程度和方向影响的假设。当前研究对社会责任的划分以企业利

① Preston, Lee E. and O'Bannon, Douglas P. The Corporate Social-Financial Performance Relationship: A Typology and Analysis. *Business and Society*, 1997, 36 (04): 419–429.

② Hillman Amy J, Keim Gerald D. Shareholder Value, Stakeholder Management, and Social Issues: What's the Bottom Line? *Strategic Management Journal*, 2001, 22 (02): 125–139.

③ Bhattacharya C B, Sen S. Doing Better at Doing Good: When, Why, and How Consumers Respond to Corporate Social Initiatives. *California Management Review*, 2004, 47 (01): 9–24.

益相关者责任为主。但与上一阶段一样的是，该阶段企业价值的测量仍以经济指标为主，忽视了企业社会责任创造的多元价值。

企业社会责任价值创造议题的提出是企业社会责任研究从工具理性走向价值理性的重要体现。当前的研究仍聚焦于企业社会责任与企业价值关系的探讨，即处于"企业社会责任能否创造价值"的前提验证阶段，财务指标能否全面代表企业社会责任创造的价值？企业社会责任与企业价值关系的差异结论是否源于缺乏对两个变量间内在转化机理的分析？可见，企业社会责任情境下企业价值的正确解读、两者之间的影响方向、影响机理都应是企业社会责任价值创造的研究重点。

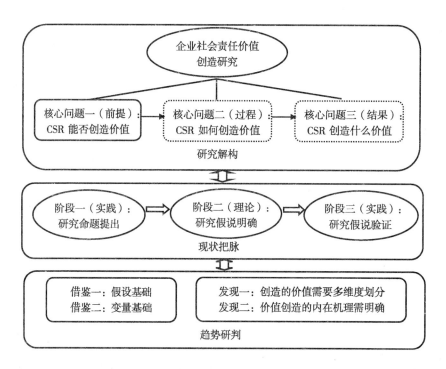

图 2 - 1　企业社会责任价值创造的研究解构和现状把脉

第二节　企业社会责任价值创造的理论假说

对企业社会责任和企业价值之间关系的关注和争议持续了多年，例如弗里德曼（Friedman，1970）认为管理者关注创造利润以外的事会损害股东利益;① 弗里曼（Freeman, 1984）认为企业承担社会责任是企业合法性的要求，在长期看来与企业价值呈正相关;② 奥佩勒（Aupperle, 1985）对比研究了非常复杂的社会绩效指标后，发现企业社会责任和企业价值之间没有任何关系③，这个结论随后被奥佩勒和彭（Pham, 1989）证实。④ 在企业社会责任价值创造研究的起步阶段，尚缺乏权威、系统的理论假设和分析，该阶段的研究侧重于对实际案例的经验性总结，由此导致研究结果的较大差异。此后，普雷斯顿和班农（1997）等人通过对企业社会责任与企业价值之间的因果关系及关系方向的探讨，归纳出了六种理论假说：社会影响假说、权衡假说、提供资金假说、机会主义假说、正协同效应及负协同效应（见表2－1）。⑤ 这六种假说提供了不同情境下分析企业社会责任与企业价值关系的研究视角。

表2－1　　　　　　企业社会责任与企业价值关系假说的梳理

因果关系	方向	
	正相关	负相关
企业社会责任——→企业价值	社会影响假说	权衡假说
企业社会责任←——企业价值	提供资金假说	机会主义假说
企业社会责任←——→企业价值	正协同假说	负协同假说

一　企业社会责任对企业价值影响的关系假说

该类因果关系以企业社会责任价值为自变量，以企业价值为因变

---

① Friedman, Milton. The Social Responsibility Is To Increase Its Profits. *The New York Times Magazine*, 1970, (September 13): 32 – 33.

② Freeman, R. Edward. A Stakeholder Approach of Strategic Management. *Boston: Pitman*, 1984.

③ Aupperle K E, Archie Carroll, John D. Hatfield. An Empirical Examination of the Relationship Between Corporate Social Responsibility and Profitability. *The Academy of Management Journal*, 1985, 28: 446 – 463.

④ Aupperle K E, Dean Van Pham. An Expanded Investigation in the Relationship of Corporate Social Responsibility and Financial Performance. *Employee Responsibilities and Rights Journal*, 1989, 22: 63 – 74.

⑤ Preston, Lee E. and O'Bannon, Douglas P. The Corporate Social-Financial Performance Relationship: A Typology and Analysis. *Business and Society*, 1997, 36 (04): 419 – 429.

量，解释的是企业社会责任承担对企业价值的影响。

正相关关系理论假说——社会影响假说。该假说的核心观点是企业承担并履行社会责任与企业价值之间存在正相关，即社会责任的承担能为企业创造价值，反之则对企业价值产生负面影响。科内尔（Cornell）和夏皮罗（Shapiro，1987）认为满足利益相关者（员工或顾客等）的预期，有利于提高公司的声誉并对其经济效应产生积极影响；反之，无法满足则会产生市场的担忧情绪，反过来会增加市场风险溢价，最终导致成本增高或利润下降。[①]

负相关关系理论假说——权衡假说。该假说的核心观点是企业承担并履行社会责任与企业价值存在负相关关系。该假说认为，由于资源的有限性，企业在分配资源时需要在不同利益相关者之间进行权衡。企业如果履行对其他利益相关者的社会责任，则会影响到股东的经济利益，具体表现为企业财务成本的增加、财务绩效的降低等。哈里森（Harrison），杰弗里（Jeffrey S，1999）等学者得出的研究结论证实了权衡假说的观点，该研究表明：企业前期的社会责任表现会影响到其当期或后期的财务绩效，履行社会责任越好（差）的公司，其财务绩效越差（好），从而影响企业价值。[②]

二　企业价值对企业社会责任影响的关系假说

该类因果关系以企业价值为自变量，以企业社会责任为因变量，解释的是企业价值对企业社会责任表现的影响。

正相关关系理论假说——资金支持假说。该假说的核心观点是企业价值与企业社会责任之间存在正相关关系，即企业承担和履行社会责任的大小取决于企业能力的高低和自身资源的多少。麦奎尔（McGuire，1988）发现经济效益的提升会对企业社会责任的承担产生正向影响，这

---

① Cornell, Bradford, Alan C. Shapiro. Corporate Stakeholders and Corporate Finance. *Financial Management*, 1987, 16: 5 – 14.

② Harrison, Jeffrey S, and Freeman, R. Edward. Stakeholders, Social Responsibility, and Performance: Empirical Evidence and Theoretical Perspectives. *Academy of Management Journal*, 1999, 42（05）: 479 – 485.

一观点随后被普雷斯顿等人（1991）所证实。①② 此外，李海舰（2004）、沈洪涛（2005）等学者认为，前期的财务业绩会影响后期的社会责任表现，同时，由于财务业绩在短时间内具有一定的延续性，后期的财务业绩会与前期相类似，这容易使人们产生当期的社会表现影响了后期的财务业绩的错觉。③④

负相关关系理论假说——管理者机会假说。该假说的核心观点认为企业管理者可能出于对自身利益的追求，从而对股东和其他利益相关者造成损害 [韦登鲍姆(Weidenbaum)，沃格特(vogt)，1987；威廉森(Williamson)，1967，1985]⑤⑥⑦。普雷斯顿和班农（1997）等人指出，当管理者的薪资与短期利润和股票价格挂钩时，管理人员为了保证个人收益导致企业价值和社会责任呈现出负相关的现象。导致负相关的原因在于当企业财务状况良好的情况下，管理者为了追求财务报表上利润数值的最大化，逃避承担企业社会责任；相反当企业财务状况糟糕的情况下，管理者会试图通过承担一系列的企业社会责任来模糊财务焦点。⑧

三 企业社会责任与企业价值相互影响的关系假说

在有关企业社会责任与企业价值关系的研究中，有相当一部分研究缺乏理论基础，尤其是早期的实证研究，只对数据进行了简单的统计分

① McGuire, Jean B. , Alison Sundgren, Thomas Schneeweis. Corporate Social Responsibility and Firm Financial Performance. *Academy of Management Journal*, 1988, 31: 854 – 872.

② Preston. Lee, Harry Sapienza, Robert Miller. Stakeholders, Shareholders, Managers: Who Gains What From Corporate Performance? *Socio-Economics: Toward a New Enthesis*, 1991.

③ 李海舰：《从经营企业到经营社会——从经营社会的视角经营企业》，《中国工业经济》2008 年第 5 期。

④ 沈洪涛：《公司社会责任与公司财务业绩关系研究——基于相关利益者理论的分析》，《厦门大学管理学院》2005 年。

⑤ Weidenbaum, Murray, Sheldon Vogt. Takeovers and Stockholders: Winners Losers. *California Management Review*, 1987, 29 (04): 57 – 168.

⑥ Williamson, Olives E. The Economics of Discretionary Behavior: Managerial Objective in Theory of the Firm. *Chicago: Markham*, 1967.

⑦ Williamson, Olives E. The Economic Institutions of Capitalism. *New York: Press*, 1985.

⑧ Preston, Lee E. and O'Bannon, Douglas P. The Corporate Social-Financial Performance Relationship: A Typology and Analysis. *Business and Society*, 1997, 36 (04): 419 – 429.

析，没有找到变量之间的逻辑关系，也无法对研究结果给出合理的解释。在这一基础上，普雷斯顿和班农（1997）等人提出了正协同假说与负协同假说。[①] 正协同假说的核心观点是企业社会责任与企业价值之间呈非线性相互增效作用，而负协同假说的核心观点是企业社会责任与企业价值之间呈非线性反向影响关系。普雷斯顿和班农通过调查 67 家美国大型公司从 1982 年到 1992 年的数据，分析得出企业社会责任与企业价值之间关系的最好解释方式是正协同假说。[②]

本研究分析的是企业社会责任承担对企业价值的影响，因此本研究的主要假说基础为一类因果关系，但与当前研究不同的是，本次研究将企业价值视为多元价值，重在分析不同类型责任的承担与不同企业价值之间的相关关系。

第三节　企业社会责任价值创造的假说验证

综观文献，企业社会责任与企业价值的关系研究成为众多学者用以验证企业社会责任究竟能否创造价值的关键思路，这也奠定了企业社会责任价值创造研究的起点和基调。在从"实践——理论——实践"的研究路径中，普雷斯顿和班农（1997）提出的企业社会责任与企业价值关系的六大假说，成为划分企业社会责任价值创造实证研究的重要分水线。[③] 首先，对于相关关系的实证研究，前期研究以探索式为主，侧重于多案例的经验性总结；后期研究以验证式为主，侧重某一假说前提下的多数据验证。其次，变量之间的关系研究从前期的以"企业社会责任（未细分维度）—企业价值"为主，转变为后期的以"企业社会责任（维度细分）—企业价值"为研究重心。文献梳理发现，维度细分后，企业社会责任与企业价值之间的正相关性更为显著，这为企业社会责任能否创造价值提供了主流解答。

---

① Preston, Lee E. and O'Bannon, Douglas P. The Corporate Social-Financial Performance Relationship: A Typology and Analysis. *Business and Society*, 1997, 36 (04): 419–429.

② Ibid.

③ Ibid.

一　企业社会责任（未细分维度）与企业价值的关系研究

在企业社会责任价值创造研究的初始阶段，企业社会责任与企业价值的关系研究通常将企业社会责任作为一个整理概念，未对企业社会责任作变量的维度划分。该类研究主要集中于 20 世纪 90 年代之前，但也有部分国内学者随后进行了具体行业情境下的关系研究。

莫斯科维茨（1972）对金融行业企业进行分析，利用内容分析法对企业社会责任表现进行赋值分析，发现社会责任表现好的金融公司其平均股票回报率就高。[①] 得出正相关结论的国外学者认为企业承担社会责任创造价值是源于成本降低 [特班（Turban），1997][②]、公司形象提升 [米格罗姆（Milgrom）][③] 等因素，该阶段实证研究的方法多为描述性或者经验性总结，通过对于企业承担社会责任创造价值的结论总结，验证了社会影响假说。琳（Lin，2009）等对中国台湾地区 1000 个企业 2002—2004 年的数据进行了分析，发现社会责任对企业短期财务绩效影响不明显，但对企业长期价值创造具有显著影响。[④]

纳瓦罗（Navarro，1988）认为企业承担社会责任与企业价值之间呈负相关性，他指出企业承担社会责任将浪费资本和其他资源，与那些不从事企业社会责任活动的公司相比，公司会处于劣势，会导致企业缩水，这一结果验证了权衡假说观点。[⑤] 与其观点一致的学者英格拉姆（Ingram 等，1983）在进行案例研究中分别论证了企业管理者会以承担社会责任为名义谋取经济、社会利益，从而造成企业价值降低，对管理

①　Moskowitz, Milton. Choosing Socially Responsible Stocks. *Business and Society Review*，1972，（01）：71 – 75.

②　Turban D B, Greening D W. Corporate Social Performance And Organizational Attractiveness To Prospective Employees. *Academy of Management Journal*，1997，40（03）：658 – 672.

③　Milgrom P, Roberts J. Price and Advertising Signals of Product Quality. *Cowles Foundation Discussion Papers*，1984，94（04）：796 – 821.

④　Chin Hung Lin, Ho Li Yang, Dian Yan Liu. The Impact of Corporate Social Responsibility on Financial Performance：Evidence from Business in Taiwan. *Technology in Society*，2009，31（01）：56 – 63.

⑤　Navarro P. Why Do Corporations Give to Charity? *Journal of Business*，1988，61（01）：65 – 93.

者机会主义假说进行了验证。①

　　与此同时，也有学者发现企业社会责任与企业价值之间并无相关性。亚历山大（Alexander，1978）等借用前人的样本数据实证研究发现，经过风险调整后的股票市场回报与企业社会责任不相关。② 威廉姆斯（Williams）和西格尔（Siegel，2000）运用一种回归模型评价企业的社会责任表现，以1991—1996年年度价值平均值为基础衡量企业的财务绩效，通过实证检验企业财务绩效与企业社会责任表现之间的关系，发现社会责任与企业财务绩效之间没有关系。③ 国内学者陈玉清等（2005）采用实证研究方法，对不同行业进行了企业社会责任与企业价值的关系研究，研究结果表明企业社会责任的履行对企业价值影响具有行业的差异性。④ 李正（2006）选取在我国上海证券交易所2003年的521家上市公司作为研究样本，采用2003年的财务报告指标衡量企业的社会责任，用托宾Q值衡量企业的价值，研究了企业社会责任活动与企业价值的相关性问题。结果发现，从当期看来，企业承担的社会责任越多，企业价值越低，但从长期来看，企业价值不会因此受到负面影响。⑤

二　企业社会责任（细分维度）与企业价值的关系研究

　　企业社会责任维度细分的提出：在对企业社会责任维度未进行细分的众多研究中，学者们得出了差异显著的研究结论。针对这一现象，学者们进行了深入分析，提出差异产生的原因可能在于学者们过于关注企业社会责任单一维度划分标准，没有进行维度划分、指标细分工作，对

① Ingram, Jesse C, Dixon, et al. Problem Solving as a Function of Race and Incarceration. *Journal of Social Psychology*, 1983, 120 (01): 83 – 90.

② Alexander, Karl L, Cook, et al. Curriculum Tracking and Educational Stratification: Some Further Evidence. *American Sociological Review*, 1978, 43 (01): 47 – 66.

③ McWilliams, A., Siegel, D. Corporate Social Responsibility: A Theory of the Firm Perspective. *Academy of Management Review*, 2001, 26 (03): 117 – 127.

④ 陈玉清、马丽丽：《我国上市公司社会责任会计信息市场反应实证分析》，《会计研究》2005年第11期。

⑤ 李正：《企业社会责任与企业价值的相关性研究——来自沪市上市公司的经验证据》，《中国工业经济》2006年第2期。

企业价值的理解也停留在财务指标［沃多克（Waddock），1998；麦奎尔（Mc Guire），1988］①② 或是企业绩效［撒伊亚（Saiia），2003］③层面。在学术界对企业社会责任与价值创造关系的三种观点做进一步研究探讨的同时，学者们又提出企业社会责任与企业价值之间存在倒"U"型和"U"型二类关系，布拉默（Brammer）米林顿（Millington，2008）在研究中对学者们的研究结果进行重新划分，并从风险规避角度验证了倒"U"型关系：一开始，随着企业社会责任投入的增加，企业利润会得到增加，但是当企业达到利润最大化时，再增加企业社会责任投入，企业的利润将会随之减少。④ 倒"U"型关系的验证，进一步指出了企业社会责任单一维度研究的局限性。由此，学者开始对企业社会责任按照不同维度进行划分，利用不同研究方法，针对不同行业特征进行验证。

　　企业社会责任维度细分的依据：其中，利益相关者理论成为诸多细分企业社会责任维度研究的主要依据，例如巴尼特（Barnett，2007）运用利益相关者理论来说明企业社会责任与企业价值的影响机制，解释了不同企业间的社会责任所带来的经济回报，并且说明企业社会责任与企业价值呈现正相关。⑤ 但是没有就各利益相关者分开讨论，所以王晓巍、陈慧（2011）就这一问题进行了研究，结论表明企业承担的对不同利益相关者的社会责任与企业价值存在正相关关系，但是企业对不同利益相关者的社会责任承担对企业价值的影响程度不同，企业对股东的社会责任的承担对企业价值的贡献度最大。⑥

---

① Waddock S A, Graves S B. The Corporate Social Performance-Financial Performance Link. *Strategic Management Journal*, 1998, 18（04）: 303－319.

② Mc Guire J B, Sundgren A, Schneeweis T. Corporate Social responsibility and Firm Financial Performance. *Academy of Management Journal*, 1988, 31（04）: 854－872.

③ Saiia D H, Cyphert D. The Public Discourse of the Corporate Citizen. *Corporate Reputation Review*, 2003, 6（1）: 47－57（11）.

④ Stephen Brammer, Andrew Millington. Does it Pay to be Different? An Analysis of the Relationship Between Corporate Social and Financial Performance. *Strategic Management Journal*, 29（12）: 1325－1343.

⑤ Barnett. M. L. Stakeholder Influence Capacity And The Variability Of Financial Returns To Corporate Social Re-sponsibility. *Academy of Management Review*, 2007（32）: 794－816.

⑥ 王晓巍、陈慧：《基于利益相关者的企业社会责任与企业价值关系研究》，《管理科学》2011年第6期。

　　在后续的研究过程中，学者们更加关注各利益相关者对企业价值的影响程度，学术界也基本从股东、债权人、员工、消费者、政府等视角开展研究：朱雅琴、姚海鑫（2010）利用1318家沪深两市上市公司2008年的数据，以每股收益（EPS）衡量企业价值，研究发现，企业对投资者的社会责任与企业价值显著负相关。① 霍尔曼（Holman），纽（New），辛格（Singer，1985）以政府监管部门发布的分析报告为基础，对1973年到1977年间《财富》杂志公布的500强企业中工业行业的43家企业的报告内容进行了分析，结果表明，在监管报告中明确指出为了遵守企业社会责任而付出更多的资本性支出的企业，投资者会做出负面的反应。② 伯曼（Berman，1999）研究发现只有对员工关系的投入才可以提高盈利能力，从而创造企业价值。③ 安卓森（Andreasen，1995）利用大量数据实证分析了履行消费者责任会对企业产生经济效应。④ 李勤（2012）通过研究得出政府所得贡献率对每股收益的影响是显著正相关的，即选择每股收益衡量企业价值时，企业对政府部门负责可以提升企业价值。⑤

　　在对企业社会责任细分的同时，学者们发现单从利益相关者视角进行研究存在较大局限，可以从不同行业的企业选取与行业相关价值评价指标，希望获得更大的学术突破。高柏（Golbderg，1998）从消费者社会期望角度入手，对制造业、金融保险业进行实证分析，同样得出正相

---

① 朱雅琴、姚海鑫：《企业社会责任与企业价值关系的实证研究》，《财经问题研究》2010年第2期。

② Holman Walter. R, New. J. Randolph, Singer Daniel. The Impact of Corporate Social Responsive-ness on Shareholder Wealth. *Research in Corporate Social Performance and Policy*, 1985（07）：137 – 152.

③ Berman S L, Wicks A C, Kotha S,, Jones T M. Does stakeholder orientation matter? the rela-tion-ship between stakeholder management models and firm financial performance. *Academy of Management Journal*, 1999, 42（05）：488 – 506.

④ Andreasen, A. R, Marketing social change: Changing behavior to promote health, social development, and the environment. 1st Edition. *San Francisco: Jossey-Bass*, 1995.

⑤ 李勤：《社会责任对企业价值创造影响的实证研究——来自上市公司2009年社会责任报告的经验证据》，《会计之友》2012年第2期。

关影响的结论。① 从制造行业来说，陈（Chen，2001）选择承担社会责任良好的制造行业企业，通过相关性分析得出企业承担员工、消费者社会责任会提高企业声誉，对企业价值有正向影响。②

从当前实证研究的结论看，大部分研究结果证明不同维度的企业社会责任与企业价值之间呈正相关关系，但还存在部分研究结果呈负相关或者无关。这就需要对企业社会责任的划分维度进行深入思考，同时思考是否需要对企业价值也进行维度细分，思考企业社会责任创造价值的内在机理，这些可能成为企业社会责任价值创造研究的新切入点。

第四节　企业社会责任价值创造研究存在的问题

如前文所述，当前企业社会责任价值创造研究尚处于验证"能否创造价值"阶段，聚焦于企业社会责任与企业价值的关系研究。现有文献奠定了良好的假说基础和变量基础，但如第一节图2-1所示，当前企业社会责任价值创造研究中还存在两大问题未得到解决。一是企业社会责任创造了什么价值？在研究的因变量方面，企业价值研究维度单一，在注重企业多元发展的今天已日渐不能体现价值体系的完整性。二是企业社会责任如何创造价值？企业社会责任如何创造价值的"黑箱"仍需深入挖掘，两者之间的转化机制也有待于更系统的研究。

一　企业价值变量维度单一

直至现阶段，在分析企业社会责任对企业价值创造的影响时，对经济价值的关注一直是研究焦点，而对社会、环境和文化价值产生的影响基本未有探讨［马戈利斯（Margolis），2003］。③ 随着研究的日渐深入，企业生存环境的变化，企业价值的构成要素更加复杂，因此有必要对企

---

① Goldberg R. Corporate image, business competency vs. social conscience. Department of Psychology. *Harvard University*, *Cambridge*, MA. 1998.

② Chen C H. The major components of corporate social responsibility. *Journal of Global Responsibility*, 2011, 2 (01): 85 – 99.

③ Margolis, J. D. & Walsh, J. P., Misery Loves Companies: Rethinking Social Initiatives by Business. *Administrative Science Quarterly*, 2003, 48 (2): 268 – 305.

业价值进行多维度的探索。

以往，学者关于企业价值构成的研究以经济学的界定为依据，因此将企业价值局限于经济方面。而管理学领域，企业价值是通过以价值为核心的管理使所有企业利益相关者（包括股东、债权人、管理者、普通员工、政府等）均能获得满意回报的体现，涵盖经济、社会、环境及文化各个方面。正如著名管理学大师柯林斯所言，高瞻远瞩的公司追求一组目标，多元价值的实现，赚钱只是其中之一。与此相应，学者也日益认同企业价值的构成有多个方面，分为内部价值网络即经济价值和外部价值网络即基于利益相关者的多种价值。①

在企业价值创造理论不断演变和发展过程中，逐渐呈现出三大趋势：从只承认劳动单一要素到接受价值源泉的多元化；从局限于企业内部的价值创造过程到关注外部利益相关者的作用；从财务绩效反映的单纯经济价值到重视企业的社会价值。② 从企业公民理论角度看，在社会网络中，企业是一个社会人，企业价值不应仅仅是经济价值的代名词，尤其是在全面践行科学发展观，共建富强、民主、文明、和谐的大环境下，企业价值应更为多元化。企业承担社会责任的战略价值扩大到了社会、环境及文化方面（张福军，2014）。③

企业社会责任价值创造的研究对于企业价值的关注应该更系统化，比如社会责任的履行在影响企业销售额的同时，是否影响了环境、文化和社会？而这些问题还未被列入企业社会责任所创造的价值体系的研究中。当企业社会责任承担使企业某类价值有所增加或减少时，是否会对其他方面的价值有同方向的影响以及对整体价值的影响是正向抑或是负向？比如承担企业的慈善责任使企业有更多的额外支出，减少企业经济价值，但其社会影响力有怎样的改变、如何量化，这几类价值的博弈结果是否可以激励企业继续承担社会责任，这些问题需要进一步的研究证实。因此在研究企业社会责任价值创造的过程中将企业价值进行细化分

① 余东华、芮明杰：《模块化、企业价值网络与企业边界变动》，《中国工业经济》2005年第10期。

② 王欣：《社会责任融合视角的企业价值创造机理》，《经济管理》2013年第12期。

③ 张福君：《国有企业承担社会责任的战略价值》，《光明日报》2014年9月8日，http://news.gmw.cn/2014-09/08/content_13094454.htm。

类是必要且重要的，在增强研究严谨性和可信性的同时更体现企业价值的整体性、系统性。

二　企业社会责任与价值创造的转化机理模糊

目前多数研究的视角基于单一层次和维度［林德格林（Lindgreen），2010］，关注的是企业社会责任与企业价值创造相互作用的结果，① 缺乏对企业综合价值创造全过程的探讨（肖红军等，2014）。② 要想使企业自觉自愿地履行社会责任，需要解决的核心问题就是将企业利益与社会利益由对立转化为统一，即证明企业社会责任活动不再仅仅意味着成本，而是对其价值创造具有重要作用，③ 能够使研究更具说服力的是对于企业社会责任价值创造机制的挖掘，从社会责任到企业价值的影响路径的剖析。

在企业社会责任承担与企业价值创造之间存在哪些路径将两者紧密相连，使两者间存在因果或者是相关关系？因此，在分析企业社会责任与价值创造转化机制的过程中，引入恰当的中介变量是一个关键环节。依据战略管理领域中的企业能力理论，企业的本质是一切能力的集合。企业社会责任能力作为整合道德资源、思想资源、组织资源及制度资源的一种能力，④ 是否会存在企业主动提升这种能力去完成社会责任的承担或者履行社会责任，从而倒逼能力提升的情况？而相应地，依据社会网络理论，关系网络是由多个社会行动者及他们间的关系组成的集合，强关系能够维系角色间的关系，而弱关系只是建立了纽带联系，强关系比弱关系更能获得支持，⑤ 那么是否存在由于企业践行社会责任带来关系网络的强化，比如股东对其更加青睐、供应商及经销商愿意提供更多

① Lindgreen, A. & Swaen, V, Corporate Social Responsibility. *International Journal of Management Reviews*, 2010, 12 (01): 1 - 105.

② 肖红军、郑若娟、李伟阳：《企业社会责任的综合价值创造机理研究》，《中国社会科学院研究生院学报》2014 年第 6 期。

③ 毕楠：《基于声誉资本的企业社会责任价值创造机理研究》，东北财经大学，2012 年。

④ 肖红军、胡叶琳、许英杰：《企业社会责任能力成熟度评价——以中国上市公司为例》，《经济管理》2015 年第 37 期。

⑤ 张宝建、胡海青、张道宏：《企业创新网络的生成与进化——基于社会网络理论的视角》，《中国工业经济》2011 年第 1 期。

优惠、消费者更愿选择以自身实际的购买行为来表达对企业行为的认可？因此，挖掘企业社会责任与企业价值之间的转化机制，剖析其转化路径能够使研究更深入、更具创新性。

三　企业社会责任价值创造研究尚缺乏系统性

学者们从多个角度出发研究社会责任价值创造，但未将这些角度视作一个有机整体，因此在作为指导实践发展的理论时缺乏系统性。学者分别在各自的研究中着重强调了某一方面的结论或发现，比如在研究企业社会责任与企业价值之间的关系时，国内外许多学者力图从实证角度检验两者的相关关系，但至今没有取得一致的研究结论。大多数实证结果都证实了企业社会责任与企业价值或其他财务绩效指标之间存在正相关关系，[①] 但仍有部分研究持其他看法，认为企业社会责任对企业价值的影响结果包括正相关、负相关、没有关系、U 型曲线关系等。[②] 在企业社会责任价值创造的过程方面，研究虽比较模糊，但仍可看出学者们对这一过程的重视。刘建秋、宋献中（2010）提出作为企业一种无形资源的信誉资本，在企业社会责任与企业价值创造关系中发挥了价值传导的中介作用。[③] 同时，该研究也强调企业社会责任通过信誉资本对企业价值的影响方向并不是单一的，财务绩效作为企业价值的一方面，其优化可使企业具备更多的资源和能力进行信誉资本投资，从而推进企业社会责任活动的开展。该研究与苏罗卡（Surroca）等人的发现一致，苏罗卡等（2010）发现企业无形资产是企业社会责任与企业价值之间的传递中介，并通过 28 个国家中 599 个公司的样本进行了实证检验。[④]

企业社会责任价值创造的研究尚处于明确"能否创造价值"的起步阶段，明确界定企业价值与规范过程机理这样系统的研究还比较少，能

[①] 郭红玲：《国外企业社会责任与企业财务绩效关联性研究综述》，《生态经济》2006 年第 4 期。

[②] 刘建秋、宋献中：《社会责任、信誉资本与企业价值创造》，《财贸研究》2010 年第 6 期。

[③] 同上。

[④] Surroca, Triboja, Waddocks. Corporate responsibility and financial performance: the role of intangible resources. *Strategic Management Journal*, 2010, 31 (05): 463–490.

够将企业社会责任价值创造的相关概念及机制纳在同一个理论框架下的研究还需进一步深入。

四　企业社会责任价值创造的应用性研究不足

企业是践行社会责任的主体，而理论研究在其中始终扮演着重要角色。学者们长期的科研与教学实践，总体上逐步形成了企业社会责任方面知识积累与传播的固化理念，应用性研究还较为欠缺。在已有的研究中，无论是还要因时而异、继续完善的企业价值体系研究，还是日益得到认可与重视的企业社会责任价值创造机理机制研究，仍停留在理论探索阶段，尚未达到企业可应用的层次。理论研究明确了现实中企业社会责任与企业价值存在的关系，比如董淑兰、冯舒慧（2015）通过研究钢铁企业履行经济责任和道德责任与企业的价值创造能力的关系，得出两者间呈显著正相关，而企业履行法律责任与企业价值创造能力呈显著负相关。[①] 但在企业运营中，更需要基于企业自身问题的过程性研究，目的是要解决企业现实问题。另一方面，正如学者张兆国等（2010）认为，企业承担社会责任既是一种双赢机制，也是一种信号传递机制，还是一种价值创造与风险防范机制，[②] 学术研究影响企业实践虽也得到证实，激发了一些企业在自身能力范围内承担社会责任的积极性。但理论对实践的应用往往还比较有限，更多的是一种基于理论假设，强调承担社会责任带来的企业效益的理念传递，这种文字的简单表述，还无法深入触及到企业的操作中，促进这些企业长期地践行社会责任。

随着企业间竞争加剧与公众对企业承担社会责任的呼声愈来愈高，企业社会责任价值创造普遍存在的应用性研究不足日益显现，特别是企业追求经济价值与其他方面价值的完美结合对理论界的强烈刺激，使得该领域更需要加强应用性研究。

[①] 董淑兰、冯舒慧：《利益相关者视角下企业社会责任价值创造能力研究——来自钢铁行业的经验数据》，《经济研究导刊》2015 年第 15 期。

[②] 张兆国、梁志刚、赵寿文：《企业社会责任与企业价值的关系：理论解释与经验证据》，《财会月刊》2010 年第 36 期。

本章小结

　　本章主要通过对已有研究及文献的梳理，回顾了企业社会责任价值创造的研究历程，并对其中较有影响力且意义较大的假说进行了具体介绍，再对这些代表性假说的验证进行了详尽说明，最后对这些现有研究所存在的问题提出了思考。同时，这些现有研究为本研究的后续进行提供了理论基础，也指明了本研究的具体方向——解决现有研究存在的不足。从企业社会责任价值创造的提出到现阶段，该理论经历了"理论——实践——理论"的二次飞跃。在这个过程中，学者们通过案例分析等方法，提出企业承担社会责任与价值创造之间主要呈现正相关、负相关、不相关、"U"型相关及倒"U"型相关5种关系。但他们的研究仍旧存在维度单一、转换机制模糊、系统性弱、应用性不强等问题。因此，本研究将在现有研究基础上，进一步深入探索，在对企业承担社会责任与价值创造关系进行深度梳理的同时，致力于解决现有研究存在的不足。

第三章 企业社会责任价值创造的变量设计

为解开企业社会责任价值创造的三大核心问题，即企业社会责任承担"能否创造价值""创造什么价值""如何创造价值"。本研究拟通过构建模型来厘清企业社会责任价值创造的内在机理，因此设"企业社会责任"为自变量，并划分为四个维度：4R，即经济责任（ER）、法律责任（LR）、伦理责任（MR）、慈善责任（DR）；设"企业价值"为因变量，亦划分为四个维度：4V，即经济价值（EV）、社会价值（SV）、环境价值（NV）、文化价值（CV）；设"关系改善、能力提升"为中介变量，用以明确企业社会责任承担与企业价值之间的转化机理：2C，即关系改善（CN）、能力提升（CP）。

第一节 自变量界定与维度分析

一 企业社会责任概念认知

企业是在一定社会伦理规范条件下的价值创造组织，不仅在行为规范上接受社会的约束，而且在行动结果上最终也必然走向社会价值。事实上，企业发展到一定程度，企业生存就不仅仅是为自身创造财富，为他人、为社会创造价值才是企业的永续生存之道，企业必然也必须承担一定的社会责任。[①] 本研究通过对相关文献的梳理，从社会期望理论、社会契约理论、利益相关者理论三个视角对企业社会责任概念的文献进行了归纳与整理（详见表 3-1）。

[①] 易开刚：《企业社会责任管理新理念：从社会责任到社会资本》，《经济理论与经济管理》2007 年第 11 期。

表 3 - 1　　　　　　　　企业社会责任概念的代表性观点

理论基础	年份	学者	观点
社会期望理论	1963	麦奎尔	企业须履行经济和法律责任以外的关心社会福利的义务。
	1975	塞西（Sethi）	社会责任暗指把企业行为提升到这样一个等级，以至于与当前风行的社会规范、价值和目标相一致。
	1979	卡罗尔	企业社会责任是整个社会希望企业履行义务的总和。（提出了一个被学术界广泛采用的 CSR 四维模型）。
	1997	约翰·埃尔金顿（John Elkington）	企业社会责任可以分为经济责任、环境责任和社会责任。
	2000	白全礼、王亚立	不同时代、不同社会（或国家）、不同体制下，社会对企业的期望和要求是不同的，致使企业社会责任问题的焦点、范围也有所不同。
社会契约理论	1985	Wartick，Cochran	在企业社会责任原则、社会反应过程和社会政策相互联系下解决社会问题的结果。
	1990	张彦宁	企业为所处社会的全面和长远利益而必须关心、全力履行的责任和义务，表现为企业对社会的适应和发展的参与。
	1991	伍德（Wood）	定义为一个企业"社会责任原则、社会责任过程与社会责任结果"的总和。
	1993	哈罗德·孔茨（Harold Koontz）etc	企业的社会责任就是认真地考虑公司一举一动对社会的影响。
	2003	陈宏辉、贾生华	公司在履行其囊括显性契约与隐性契约在内的综合性社会契约时，还要承担对一些利益相关者的责任，企业社会责任只不过是一些发达国家设置的国际贸易壁垒。
利益相关者理论	1995	克拉克森（Clarkson）	是企业管理和满足各个利益相关者（股东、客户、供应商等）的能力。
	2003	世界银行	企业社会责任是企业与关键利益相关者的关系、价值观、遵纪守法以及尊重人、社区和环境有关的政策和实践的集合，是企业为改善利益相关者的生活质量而贡献于可持续发展的一种承诺。
	2005	周祖城	企业应该承担的，以利益相关者为对象，包含经济责任、法律责任和道德责任在内的一种综合责任。
	2007	黎友焕	在某特定社会发展时期，企业对其利益相关者应该承担的经济、法规、伦理、自愿性慈善以及其他相关的责任。
	2008	欧盟	公司在自愿的基础上把对社会和环境的关切整合到它们的经营运作以及它们与其利益相关者的互动中。

　　综观文献，不难发现国内外对企业社会责任概念的认知存在许多共

同点，但麦格南（Maignan），罗尔斯顿（Ralston，2002）[1] 和马顿（Matten），穆恩（Moon，2008）[2] 也指出，美国与欧洲国家在企业社会责任的概念认知上存在显著差异。可见，对企业社会责任的准确解读需要综合考虑经济、文化、政治环境等具体的情境要素。在中国经济社会快速发展的背景下，结合我国当下企业的实际情况，本研究将企业社会责任界定为"企业在追求利润的同时还应该承担的与生态环境、社会福利、公共秩序等有关的责任"。

二　企业社会责任维度界定

基于对企业社会责任概念的不同认知，有关企业社会责任维度的划分方式主要有两类：一是内涵式，即将企业社会责任分为经济责任、法律责任、伦理责任和慈善责任；二是外延式，即将企业社会责任分为对股东、员工、消费者、供应商、社区以及政府等利益相关者的责任。本研究采用的是内涵式划分方法，具体包括经济责任、法律责任、伦理责任和慈善责任四个方面。在此基础上，本研究对国外文献按照以上四个维度进行了归纳总结，整理得出"4R"责任承担的内涵（见表3－2）。企业社会责任的内涵显示，企业不仅需要为股东创造利润，也需要遵守法律、承担伦理责任和慈善责任，真正做好企业公民。

表3－2　　　　　　　　国外文献中对 4R 内涵的理解

维度	内容	来源
经济责任	◆　创造财富和利润； ◆　为社会提供有价值的产品和服务； ◆　经济增长与效率； ◆　确保企业可持续发展。	鲍恩（Bowen），1953；伊尔斯（Eells），1961；麦奎尔，1963；塞西，1975；卡罗尔，1979 等。
法律责任	◆　遵纪守法、依法经营； ◆　在法律允许范围内经营。	麦奎尔，1963；卡罗尔，1979；戴维斯（Davis），1979；加洛（Gallo），1980；伊莎贝尔（Isabelle），大卫（David），2002）等。

---

① Maignan, I. D. A. Ralston. Corporate Social Responsibility in Europe and the U. S.: Insights from Business'Self - presentations. *Journal of International Business Studies*, 2002, 33（03）: 497 - 514.

② Matten, D., J. Moon. "Implicit" and "Explicit" CSR: A ConceptualFramework forA Comparative Understanding of Cor - porate SocialResponsibility. *Academy of Management Review*, 2008, 33（02）: 404 - 424.

续表

维度	内容	来源
伦理责任	股东利益： ◆　为股东创造利润； ◆　信息透明，防止交易腐败； ◆　保护中小股东利益； ◆　完善公司治理结构。	伊尔斯，沃尔顿（Walton,1961）；弗里德曼，1962；麦奎尔，巴克曼（Backman,1963）；塞西，1975；卡罗尔，1979；戴维斯，1980等。
	员工发展： ◆　员工健康与工作安全； ◆　员工技能开发与培训； ◆　身心健康与工作满意； ◆　发展和晋升机会平等； ◆　保障体系以及稳定经济收入。	加洛，1980等。
	顾客至上： ◆　产品/服务质量； ◆　产品使用过程中的消费者安全； ◆　不提供虚假广告，信息公开。	卡罗尔，1979；戴维斯，1979；加洛，1980；阿曼迪（Armandi,1981）；伊莎贝尔，大卫，2002等。
	环境保护： ◆　不以环境的恶化和生态破坏为代价； ◆　对环境和生态问题承担治理的责任； ◆　环境保护与安全。	卡罗尔，1979；戴维斯，1979；加洛，1980 伊莎贝尔，大卫，2002等。
慈善责任	◆　积极开展慈善活动； ◆　积极参与慈善事业； ◆　关注社会弱势群体； ◆　支持教育与文化艺术事业。	卡罗尔，1979等。

在应用内涵式划分企业社会责任维度及其内涵理解的诸多研究中，最具影响力的是卡罗尔于1991年构建的企业社会责任金字塔模型（图3-1），该模型不但阐述了企业社会责任的上述四个构成部分，还对其由低到高进行了排序，依次为经济责任、法律责任、伦理责任和慈善责任，对应的比例为4:3:2:1。卡罗尔特别强调，这四个责任既不是相互排斥也不是相互叠加的，这样排列的目的只是强调社会责任的发展顺序。

本研究在运用卡罗尔金字塔模型的基础上，结合国外学者对经济责任、法律责任、伦理责任与慈善责任的内涵理解，综合考虑中国企业的实际发展情况，对企业社会责任金字塔模型进行了重新解读，对上述四个维度的关系和内容也进行了重新界定。

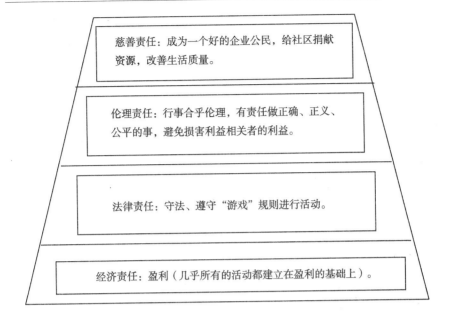

图 3 - 1　企业社会责任金字塔模型

资料来源：Carroll A. B. The Pyramid of Corporate Social Responsibility: Toward the Moral Management of Organizational Stakeholders. *Business Horizons*, 1991（07）: 34.

（一）经济责任

企业经济责任通常指综合包含销售收入、净利润等在内的经济指标，这是企业社会责任最核心、最基础的层面，没有经济责任作为基石，企业社会责任这个金字塔只能是空中楼阁。基于此，本研究认为，企业经济责任是企业的必尽责任，也是基础责任，其核心经济责任是创造可视的经济利润，以及保持企业的可持续成长与发展。经济利润主要体现为企业对资产的保值增值，而企业可持续发展源于企业的科学治理，完善的治理结构和规范的治理制度能从战略层面保障企业的良性发展。

（二）法律责任

企业法律责任通常指企业作为具备独立法人资格的主体，在法律上所承担的民事或刑事责任。对企业而言，需要遵守《公司法》《劳动法》《合同法》《知识产权法》等重要法律法规，依法经营，不触犯法律底线。基于此，本研究认为，企业法律责任是企业的须尽责任，也是底线责任，其核心法律责任是依法纳税并在法律法规范围内安全地经营。企业法人应具有主人翁意识，通过合法、诚信经营，承担社会责任，保证生产运营过程中各项活动的安全规范，这是企业的法定义务。

（三）伦理责任

企业伦理责任是尚未形成法律条例但被普遍认可的软性社会要求，它以道德规范衡量企业为利益相关者所做出的贡献。企业在面对伦理责任时，时常需要做出"该不该做"的价值判断。基于此，本研究认为，企业伦理责任是企业的应尽责任，也是"正当性"责任，其核心伦理责任体现为生态伦理和员工伦理。生态伦理要求企业在生产运营过程中承担起对资源和环境的可持续发展责任，企业不仅要在节能减排方面达标，避免产生污染环境的行为，同时要积极参与环境治理和保护，增加该领域的各项投入。员工伦理强调企业要"以人为本"，注重对员工隐私的保护、人权的尊重，避免用工过程中的性别歧视与非法雇佣童工等行为，同时要尊重员工的发展权利，对其进行技能开发与培训，为其创造良好的成长和晋升平台，促进员工全面发展。

（四）慈善责任

企业慈善责任也称自愿责任，指的是企业根据自身的经济实力、企业文化与价值观、发展需求等，战略性地选择承担起对社会公共危机事件、弱势群体等的帮扶责任。这一部分责任是企业自主自愿承担的责任，不具有强制性特征，应与企业自身的承受能力和自身的正常生产以及可持续发展相适应，量力而行。基于此，本研究认为，企业慈善责任是企业的愿尽责任，也是"良心"责任，其核心慈善责任体现为慈善捐赠和公益事业。其中，慈善捐赠主要表现为企业自愿将人、财、物赠送给与捐赠者没有直接利益关系的受赠者，包括救助灾害、救济贫困、扶助弱势群体的各项投入。公益事业主要指企业根据自身性质，在能力范围内进行的持续性的公益性活动，例如在教育、卫生、体育、文化等方面的积极服务。

需要指出的是，在关系层面，四个维度的责任有先后顺序与重要性之分，依次是经济责任、法律责任、伦理责任和慈善责任，每一个维度的责任承担，将决定企业发展的境界或程度。同时，四个责任相互之间都有一定的交叉，这一点与马克·施瓦兹（Mark S. Schwartz, 2003）年提出的企业社会责任交叉圆模型类似，但与之不同的是交叉圆模型中各个层次的社会责任基本是相对独立的，仅有少部分存在不明显的联系。[①] 同时企业社会责任的承担与企业的发展历程息息相关，每个企业在发展历程中都需要承担社会责任，企业发展之初首先承担的是经济责任，当这一维度的社会责任承担到一定程度的时候，才会激发企业去承担下一维度的责任。

第二节　因变量界定及维度分析

一　企业价值矢量论

企业价值是一个存在诸多争议的概念，学术界迄今为止都没有达成统一的说法。企业价值创造内容在不同的学科领域里存在较大差异。

唯物主义哲学认为，所谓价值就是指事物对人的需要而言的某种有用性。通过这个定义不难发现，价值是主体对客体效用的评价，具有强主观性。因此，站在利益相关者所处不同的角度去度量和评价价值，是保证对企业价值全面、综合认知的基础。纪建悦（2009）提出，"基于企业社会责任的企业价值就是在充分关注各利益相关者的情况下，使他们发挥自己最大的能力来为企业带来最高的盈利能力的折现"。[②]

基于此，本研究将企业价值理解为通过整合企业内、外资源，而给企业利益相关者带来各种效用的动态体系。需要指出的是：首先，企业价值不仅仅针对企业本身，也涉及其他获益者，即企业利益相关者；其次，企业价值是指一种效用，是利益主体基于自身角度对其效用大小的一种判断；最后，企业价值是一种动态范畴，表现在利益相关者相互作用、相互影响的过程中。可见，企业价值与物理矢量相似，其各组成部分也是既有大小又有方向。因为具有方向，所以企业价值不能像标量那样做简单的加减代数运算，而应聚焦于缩小各社会价值构成分量间的夹

---

①　霍艳芳、臧运杰：《内资企业与跨国公司履行企业社会责任的比较研究》，《科技管理研究》2013 年第 16 期。

②　纪建悦、吕帅：《利益相关者满足与企业价值的相关性研究——基于我国酒店餐饮上市公司面板数据的实证分析》，《中国工业经济》2009 年第 251 期。

角，即致力于利益相关者各方效用的协同。

二 企业价值维度界定

既然企业价值体现在多个方面，那么究竟应该协同哪些纬度？巴纳德（Barnard，1938）认为，如果将企业作为一个社会组织，其产生的价值包括物质价值、社会价值、个人价值及组织价值。[1] 1998 年美国"FORTURE"杂志评选世界最优秀的企业时，采用了九项指标：创新精神、总体管理质量、长期投资价值、对社区和环境的责任、吸引和保留有才华人员的能力、产品和服务质量、财务的合理程度、巧妙使用公司财产的效率、公司做全球业务的效率。尽管学者们基本上认可企业价值包括经济价值和广义的社会价值，但对其维度的划分仍然缺乏统一而精确化的表述。

要研究企业价值的维度，首先应弄清企业价值从何而来即价值源泉的问题。随着生产要素内涵的不断发展，价值来源的构成也得到不断扩充。不同学派的学者对企业价值的源泉进行了多视角的研究，提出了不同的理论观点，其具体内容如表 3-3 所示。

表 3-3　　　　　　不同理论学派对于企业价值源泉的代表性观点

理论学派	价值源泉	价值创造主体	价值表现
劳动价值论	劳动	劳动者	经济绩效
要素价值论	劳动、资本、土地	各种要素的贡献者	经济绩效
企业能力理论	知识、信息、技术、管理等稀缺性资源与核心能力	各种资源和能力的贡献者	经济绩效
价值链理论	企业内部运营活动，包括基本活动和辅助活动	企业自身	经济绩效
价值网理论	网络内多个主体间相互联系的活动	企业与其他网络成员（如顾客、供应商等）	经济绩效
利益相关者理论	企业与利益相关者之间的互动合作	企业与广泛的利益相关者（如员工、顾客、政府、社区等）	经济绩效 社会绩效 环境绩效

由表 3-3 可知，整个企业价值源泉理论发展呈现出三大趋势：首先，从只承认劳动单一要素到接受价值源泉的多元化；其次，从局限于

---

[1] 切斯特·巴纳德：《经理人员的职能》，中国社会科学出版社 1997 年版。

企业内部的价值创造过程到关注外部利益相关者的作用；最后，从财务绩效反映的单纯经济价值到重视企业的社会价值。① 基于企业社会责任构成内容及企业价值发展的上述趋势，本研究将企业社会责任创造的企业价值划分为经济价值、社会价值、环境价值和文化价值。

（一）经济价值

企业经济价值是对企业收益性和成长性的一种度量，是企业存在合理性的表现，同时也是满足企业利益相关者的偏好与需求，实现尤其是股东、员工等企业内部利益相关者权利与利益的基础和保障。1961 年，福特公司明确表示："我的野心是雇佣更多的人，把这个行业的利润尽可能地扩大到更多的人，帮助他们成家立业。"② 马歇尔（Marshall，1920）在其"四位一体"的要素理论中提出，企业利用劳动、资本、土地、企业家生产产品和提供服务，③ 因此，企业作为"生产函数的实现者和载体"，④ 其经济价值在于以最小的投入换取最大的产出。

基于此，本研究将经济价值理解为企业通过承担社会责任，开展经济活动，从而为利益相关主体创造的经济性成果，其核心经济价值体现在股东获得的回报与客户的满意。其中，为股东创造的经济价值主要是企业为股东带来的投资回报与收益。为客户创造的经济价值是客户从企业产品或服务中获得的需求的满足，最终体现为客户的满意度。

（二）社会价值

企业的社会价值是企业通过价值创造活动对于社会需要的满足，即企业对社会所做出的贡献。经济学家指出：作为成熟企业不仅要追求经济价值最大化，更应追求公平、和谐、稳定和良性的"利润文化"，将利润着力点定位在服务社会、反哺公民的社会价值上。企业承担社会责任能增进社会福利，使全社会幸福得到增进和提升，最大限度地创造经济、社会和环境的综合价值（李伟阳，2011）。⑤ 张士元（2001）等则

---

① 王欣：《社会责任融合视角的企业价值创造机理》，《经济管理》2013 年第 12 期。

② 大卫·威勒、玛丽亚·西兰芭：《利益相关者公司》，经济管理出版社 2002 年版。

③ AlfredoMarshall. Principles of Economics：an introductory volume. Macmillan，1920.

④ 张维迎：《产权、激励与公司治理》，经济科学出版社 2005 年版，第 61 页。

⑤ 李伟阳、肖红军：《走出"丛林"：企业社会责任新探索》，经济管理出版社 2012年版。

认为企业承担社会责任要从促进国民经济和社会发展的目标出发，为其他利益相关者履行某方面的社会义务。①

基于此，本研究将社会价值理解为企业在承担社会责任时，对社会产生的积极效应和贡献，其核心社会价值体现为扩大就业和税收贡献。其中，企业吸纳社会劳动力，为其提供就业机会，实现了员工的个人价值，同时减少了社会的不稳定因素，真正助力于社会的和谐与发展。此外，企业通过依法纳税等行为，使政府获得开展各项改善民生项目的财政保障，从而做出社会贡献。

（三）环境价值

企业环境价值通常是指企业通过环境管理，减少生产经营过程中对环境产生的经济负外部性。正如马克思所说："没有自然界，没有感性的外部世界，工人什么也不能创造。"② 环境对于企业的可持续发展起到深远影响。加勒特·哈丁（Garrett Hardin，1968）通过对牧民无偿使用公共土地牧养的案例得出：环境等公共产品具有非竞争性和非排他性，使用它们时容易进入低效甚至无效状态。金原达夫（2011）认为，环境经营是指企业将环境视为企业经营战略的新要素，将环境保护活动作为企业经营活动和运营管理的重要方面，在采购、开发、设计、制造、废弃物处理等方面，使得与环境问题相对应的战略逐渐具体化，以减少在经营活动中投入的水、能源、原材料、化学物质等所带来的环境负荷，并力求使其最小化的一项管理活动。③

基于此，本研究中环境价值与一般定义的环境价值相同，用以描述企业通过承担社会责任而对环境影响的减少程度和对环境保护的贡献程度，其核心环境价值体现为节能降耗和环境改善。其中，节能降耗强调通过资源的优化配置，使企业采购、生产、销售等一系列活动中对资源的使用率达到最高。环境改善侧重于企业通过提高技术，增加污染处理工序等一系列手段，减少废料排放，降低环境污染，对生态环境产生积极效应。

---

① 张士元、刘丽：《论公司的社会责任》，《法商研究：中南财经政法大学学报》2001 年第 6 期。

② 马克思：《1844 年经济学哲学手稿》，人民出版社 2000 年版。

③ ［日］金原达夫等：《环境经营分析》，葛建华译，中国政法大学出版社 2011 年版。

（四）文化价值

文化价值通常被理解为企业文化对企业发展产生的正向影响。奥奇（Ouchi W，1981）通过比较研究日美两国管理经验认为，企业文化价值体现在其促进员工之间信任、微妙性和亲密性的产生，并提出管理人的不是制度，而是以人为本的健康的企业文化环境。[1]张德等（2001）认为企业文化有助于塑造企业形象，即企业形象是企业文化在传播媒介上的印象。[2]施恩（Schein）提出的"文化睡莲模型"则将企业文化价值体现在内部和外部上，内部是指企业文化是维系企业价值观和员工价值观的桥梁，外部是指企业物质及精神追求的各种文化要素的总和所树立的企业外部形象及社会标杆作用。[3]

基于此，本研究将企业文化价值理解为企业通过建立适合自身发展的、具有明确社会责任导向的责任文化体系而产生的价值，它主要表现为文化引导和文化认同。文化引领是指企业通过社会责任的承诺履行与社会奖励的实现，形成企业或企业家的标杆力量和精神鼓舞，从而对社会产生的积极影响。例如，马云是众多创客心目中的教父，这些创客在马云的感染下创新创业。文化认同是指以企业社会责任为核心所构成的企业形象等，能提高企业在社会中的信誉及知名度，使企业文化得到良好宣传及普遍认同。

第三节　中介变量界定及维度分析

目前学者们就企业社会责任与企业价值两者之间关系的研究结论不尽相同，且未给出合理的解释，如果单从企业社会责任与企业价值间的直接影响关系入手进行研究，可能忽略两者之间起到重要作用的中介变量，这或许无法真正解开企业社会责任价值创造研究的谜团。邱明星（2009）选取我国沪市 A 股 593 家上市公司为样本，通过实证分析，得出企业积极承担社会责任，会扩大企业的知名度、提高企业的良好声

---

[1]　Ouchi W. Theory Z：How American business can meet the Japanese challenge. *Business Horizons*，1981，24（6）：82 – 83.

[2]　张德、吴剑平：《企业文化与 CI 策划（第三版）》，清华大学出版社 2008 年版。

[3]　陈向军、冷凯君：《企业文化的标杆学习》，《光明日报》2013 年 8 月 7 日。

誉，从而给企业的经营带来巨大的效益。① 刘建秋、宋献中（2010）构建 "企业社会责任——信誉资本——企业价值创造" 模型，② 黄珺、郭志娇（2015）引入了技术创新这一中介变量，亦验证了企业社会责任价值创造的研究路径。③

可见，中介变量的引入是研究企业社会责任与企业价值创造关系的一个有效路径。中介变量的引入依据和角度是路径研究的关键。本研究在夯实文献基础的前提下，从实践角度出发，对浙江省内部分企业社会责任表现优异的企业如浙江吉利控股集团有限公司、杭州华立集团有限公司等进行了走访调查，企业承担社会责任会改善企业与利益相关者的关系，降低企业的交易成本，从而创造出更大的企业价值；同时，企业承担社会责任会提升企业的发展能力，从而创造出更多的企业价值。基于此，本研究尝试引入中介变量 "关系改善、能力提升"，深入研究企业社会责任承担 "如何创造价值" 的内部作用机制。

一　关系改善界定

关系这一概念在传统理解中指事物之间相互作用、相互影响的状态或是人与人、人与物之间的某种性质的联系。查尔斯（Charles Jandman）曾经说过："公司不是创造购买，而是要建立各种关系。"④ 可见，此处的关系特指人与人或人与物之间发生互动作用的过程。就此，学者们提出疑问，既然关系网络在企业发展、提升价值中起到重要作用，那么能否用以解释企业履行社会责任与企业创造价值之间的逻辑关系呢？巴尼（Barney J，1986）在研究组织文化与企业价值间关系中提到，公司通过履行社会责任与主要利益相关者建立密切关系，有助于获取无形

---

① 邱明星：《企业社会责任履行对企业价值影响的实证研究——以沪市 A 股 593 家上市公司为样本》，扬州大学，2009。

② 刘建秋、宋献中：《社会责任、信誉资本与企业价值创造》，《财贸研究》2010 年第 6 期。

③ 黄珺、郭志娇：《社会责任履行与企业价值提升——基于技术创新中介作用的实证研究》，《华东经济管理》2015 年第 3 期。

④ 威勒、西兰瑟：《利益相关者公司——利益相关者价值最大化之蓝图》，经济管理出版社 2002 年版。

资源从而形成竞争优势，最终提升企业价值。① 学者们就这一观点展开进一步详细的分析，唐纳森（Donaldson 等，1999）认为企业与利益相关者之间是契约关系，企业承担社会责任能极大地提高这种契约关系的质量和效率，② 在这基础上约翰·柯特（John P. Kotter）和詹姆士·赫斯克特（James L. Heskett）在长达 11 年连续测试后发现，重视利益相关者的管理公司，其销售额增长了 4 倍。③ 可见，关系网络的强弱影响着企业社会责任价值创造过程。基于此，本研究认为，企业承担社会责任能够改善与利益相关者的关系，强化与各主体之间的"黏性"，从而降低交易成本（做减法），提升企业价值。其中，改善的核心关系主要是客户关系与伙伴关系。

首先，改善企业与客户的关系，增强客户对企业的忠诚度，保障有效的客户响应。该关系源于消费者运动的开展，随着自我权益保护意识的提升，消费者开始有组织、有方向地开展活动来呼吁企业与消费者保持良好的关系。权利和义务是一对共生体，因此，对企业社会责任而言，消费者享有的三大基本权利即企业应该承担的责任：知情权与自由选择权、安全权、索偿权。通过企业自律、政府监督以及消费者自我保护意识与能力的提高来推动企业承担消费者责任。

其次，改善与合作伙伴的关系，增强合作伙伴对企业的信任度，夯实战略合作基础。企业供应链责任是指企业重塑内部治理结构和管理程序，调整采购、制造、销售和服务行为策略，采用与供应商、制造工厂、分销网络和客户等充分沟通与合作的方式，鼓励其遵守社会责任有关法律法规和准则倡议，并促使其实施有效的管理和服务方案，以使遵守行为系统化。其中，产品设计企业必须承担产品规范责任；供应商必须承担社会道德责任；制造企业必须承担生产质量和保护劳工权益责任；零售商必须承担与顾客和社会沟通责任。

---

① Barney J. Organizational culture: Can it be a source of sustained competitive advantage. *Academy of Management Review*, 1986, 11 (03): 656－665.

② Donaldson T, Dunfee T W. Ties that bind: a social contracts approach to business ethics. *Harvard Business School Press*, 1999: 627－630.

③ Kotter J P, Heskett J L. Corporate Culture and Performance. *The Free Press*, *Communication-Based Model*, 1992.

二　能力提升界定

起源于亚当·史密斯（Adam Smith）劳动分工论的企业能力理论，多年来一直是管理领域研究的热点问题。企业能力理论先后经历了资源基础论到核心能力论、知识基础理论向动态能力理论发展的趋势。[①] 但由于研究者背景和角度的限制，企业能力一直缺乏权威的定义。按照管理学中的企业能力理论，企业在本质上是一个能力体系或能力的集合，包括配置和整合内外部的组织技能、资源和职能。[②] 能力并不是"非无既有"的矛盾体，而是涵盖从弱到强的一个动态连续体。本研究倾向于动态能力理论，该理论认为企业能力指企业整合、建立、重构企业内部与外部能力，以便适应快速变化环境的能力。[③] 可见，企业能力的高低决定了企业能否在复杂的环境中生存发展。

基于此，本研究认为，企业承担社会责任能够"倒逼"企业去提升价值链环节的各项相关能力，例如企业要承担生态伦理责任，必须强化自身的研发创新能力，开发节能减排技术，从而使生态环境受益。通过各项能力的提升，企业价值创造的效率和效果都将大幅度提升（做加法）。研发设计与营销创新位于微笑曲线的两端，因此，对企业价值创造而言，相对重要的是提升研发设计能力和营销创新能力。

首先，提升企业的研发设计能力。研发创新是企业持续发展的不竭动力，也是企业的核心能力。从现实中的企业社会责任案例来看，浙江海正集团有限公司在 2013 年研发出两种新原料，当年利润总额达到66153 万元，同比增长 100.4%；[④] 在 2014 年，浙江盾安控股集团共获得授权专利 106 个，其中发明专利 15 个，公司实现营业收入 660145.12万元，同比上升 2.08%。[⑤] 由此可见，企业社会责任承担要求企业强化

[①]　谷奇峰、丁慧平：《企业能力理论研究综述》，《北京交通大学学报（社会科学版）》，2009，01：17-22。

[②]　肖红军、胡叶琳、许英杰：《企业社会责任能力成熟度评价——以中国上市公司为例》，《经济管理》2015 年第 2 期。

[③]　Teece D, Pisano G, Shuen A. Dynamic Capabilities and Strategic Management. *Strategic Management Journal*, 1997, 18（07）：509-533.

[④]　数据来源：浙江海正集团 2013 年企业社会责任报告。

[⑤]　数据来源：盾安控股集团官方网站信息数据，http://www.chinadunan.com/。

研发设计能力，而企业强化研发设计能力的提升又能创造出更大的企业价值。

其次，提升企业的营销创新能力。营销创新是企业赢得客户的关键，营销能力的强弱直接影响了企业市场的大小和品牌溢价能力的高低。企业承担经济责任需要营销创新做支撑，企业开展公益营销又能创造多元价值。因此，营销创新能力是对接企业社会责任与企业价值的重要路径之一。

本章小结

本章重点设计了企业社会责任价值创造的三大变量，对自变量4R（包括经济责任、法律责任、伦理责任与慈善责任）、因变量4V（包括经济价值、社会价值、环境价值与文化价值）的界定与维度确定做了明确的分析，并对中间变量2C（包括关系改善、能力提升）存在的必要性做了进一步的阐述，以此来厘清企业社会责任价值创造的内在机理，明确企业社会责任承担与价值创造之间的转化机理，使得企业家认识到企业社会责任承担不仅能够提升自己的形象，为自身的发展创造财富，也会为他人、为社会创造价值。

自变量界定与维度分析，首先对企业社会责任概念做了进一步的梳理，通过分析国内外学者对企业社会责任的研究，结合我国当下的实际情况，本研究将企业社会责任理解为企业在追求利润的同时还应该承担的与生态环境、社会福利、公共秩序等有关的责任。

因变量界定与维度分析，将经济价值理解为企业通过承担社会责任，开展经济活动，从而为利益相关主体创造的经济性成果，其核心经济价值体现在股东获得的回报与客户的满意；将社会价值理解为企业在承担社会责任时，对社会产生的积极效应和贡献，其核心社会价值体现为扩大就业和税收贡献；环境价值用以描述企业通过承担社会责任而对环境影响的减少程度和对环境保护的贡献程度，其核心环境价值体现为节能降耗和环境改善；文化价值理解为企业通过建立适合自身发展的、具有明确社会责任导向的责任文化体系而产生的价值，它主要表现为文化引导和文化认同。

　　中间变量界定与维度分析，一是关系改善，企业承担社会责任可以强化与各主体之间的"黏性"，改善与利益相关者的关系，降低交易成本，提升企业价值。其中，改善的核心关系主要是客户关系与伙伴关系。二是能力提升，企业承担社会责任能够"倒逼"企业去提升价值链环节的各项相关能力，通过各项能力的提升，企业价值创造的效率和效果都将大幅度提升。对企业价值创造而言，提升研发设计能力和营销创新能力相对较为重要。

第四章　企业社会责任价值创造的模型构建

企业承担社会责任是向社会表明"企业做了什么"，企业价值创造是向企业说明"为社会创造了什么价值"。显然，责任承担的主体是企业，价值分享的主体是企业及其利益相关者。企业承担社会责任的多少，与创造价值的大小之间，受企业关系与能力影响。责任承担越多，企业与利益相关者的关系紧密，易于降低交易成本，从而扩大企业价值；责任承担越多，倒逼企业各项能力的增强，从而利于企业创造价值。基于此，本研究在第三章明确关键概念的基础上，拟构建企业社会责任价值创造的模型，厘清内在机理。

第一节　"4R+2C+4V"模型构建

一　企业社会责任价值创造的模型回顾

在企业社会责任价值创造的现有研究中，大量文献尚在探讨"企业社会责任能否创造价值"，即企业社会责任与企业价值的关系研究。但也有部分学者尝试引入中介变量，分析企业社会责任与企业价值的内在机理，从而构建了各自角度的企业社会责任价值创造模型，如表4-1所示。

表4-1　　　　　　　企业社会责任价值创造的模型回顾

年份	学者	研究结论
2009	邱明星	从理论层面构建"企业社会责任——企业形象——企业价值"的社会责任价值创造模型，企业通过与利益相关者培养亲和力，促进企业形象的改善与提升并对企业价值创造产生吸引力。[①]

---

① 邱明星：《企业社会责任履行对企业价值影响的实证研究——以沪市A股593家上市公司为样本》，扬州大学，2009年。

续表

年份	学者	研究结论
2010	刘建秋、宋献中	从理论层面构建"企业社会责任——信誉资本——企业价值创造"的循环演进模型,分析社会责任对企业价值创造的传导机理与影响路径。①
2011	毕楠、冯琳	从理论层面构建企业社会责任三维价值创造模型,通过企业社会责任提升品牌声誉,吸引投资者、消费者等利益相关者,进而对企业当前价值、未来价值与潜在价值产生正向影响。②
2013	王欣	从理论层面由社会责任融合的视角切入,构建社会责任驱动的企业综合价值创造模型,深入剖析社会责任对企业经济、社会、环境综合价值创造的作用机理。③
2015	黄珺、郭志娇	从理论层面引入技术创新这一中介变量,对企业社会责任与企业价值关系的作用机制进行探讨,并通过实证研究验证技术创新的中介效应。④

　　企业社会责任价值创造模型的现有研究具有四个方面的局限性:一是重点分析企业社会责任对企业自身价值的影响,企业社会责任对财务价值的影响机理、过程、绩效等成为研究焦点,而对社会和环境价值产生的影响基本未探讨(马戈利斯,2003);⑤ 二是关注特定利益相关者与价值创造的关系,包括企业社会责任对维护与特定利益相关者关系的影响以及特定利益相关者对企业价值的影响[伯劳扎(Peloza),2011],⑥ 以股东、员工、消费者等利益相关者为切入点,视角单一,缺乏对利益相关者整体的分析;三是大多数研究的视角基于单一层次和

---

① 刘建秋、宋献中:《社会责任、信誉资本与企业价值创造》,《财贸研究》2010 年第 6 期。

② 毕楠、冯琳:《企业社会责任的价值创造研究——一个三维概念模型的构建》,《财经问题研究》2011 年第 3 期。

③ 王欣:《社会责任融合视角的企业价值创造机理》,《经济管理》2013 年第 12 期。

④ 黄珺、郭志娇:《社会责任履行与企业价值提升——基于技术创新中介作用的实证研究》,《华东经济管理》2015 年第 3 期。

⑤ Margolis, J. D. & Walsh, J. P., Misery Loves Companies: Rethinking Social Initiatives by Business. *Administrative Science Quarterly*, 2003, 48 (02): 268 – 305.

⑥ Pelosza, J., & Shang, J., How Can Corporate Social Responsibility Activities Create Value for Stakeholders? A Systematic Review. *Journal of the Academy of Marketing Science*, 2011, 39: 117 – 135.

维度（林德格林，2010），① 缺乏对企业整体价值创造以及价值创造全过程的探讨（肖红军等，2014）；② 四是大多数研究仅从理论视角提出研究模型或框架，并未进行实证检验。

因此，多层次、多维度、全视角、全过程地对企业社会责任价值创造的机理、路径进行系统研究与实证检验，构建一个在理论上具有合理性、方法上具有逻辑性、实践上具有指导性的企业社会责任价值创造模型是企业社会责任研究过程中亟待解决的重点与难点。

二　企业社会责任价值创造的模型构建

鉴于当前企业社会责任价值创造模型存在不足，在第三章对企业社会责任价值创造的关键概念进行维度界定和解构的基础上，本研究以第二章梳理的有关企业社会责任与企业价值关系的一类因果关系假说为指导，构建企业社会责任价值创造模型，全面解答企业社会责任承担"能否创造价值、创造什么价值、如何创造价值"这三大问题，以此步步揭开企业社会责任价值创造过程的"黑箱"。

如第三章所述，本研究认为企业承担社会责任的维度对企业价值创造的影响程度不同，因此设自变量"企业社会责任"，划分经济责任、法律责任、伦理责任、慈善责任，即4R。同时，本研究认为企业价值是经济价值、社会价值、环境价值、文化价值的综合评价，因此设因变量"企业价值"，划分四个价值维度即4V。此外，引入关系改善与能力提升两个中介变量，即2C；两个控制变量，企业规模和企业性质。由此构建出"4R + 2C + 4V"的企业社会责任价值创造模型（见图4-1）。这一模型从变量关系的角度解释"企业社会责任承担通过影响路径实现价值创造"的动态过程。

"4R + 2C + 4V"企业社会责任价值创造模型的根本特征是全局性，具体表现在以下三个方面：

一是责任承担内容的全面性，企业社会责任价值创造模型中的

---

① Lindgreen, A. & Swaen, V., Corporate Social Responsibility. *International Journal of Management Reviews*, 2010, 12 (01): 1–105.

② 肖红军、郑若娟、李伟阳：《企业社会责任的综合价值创造机理研究》，《中国社会科学院研究生院学报》2014年第6期。

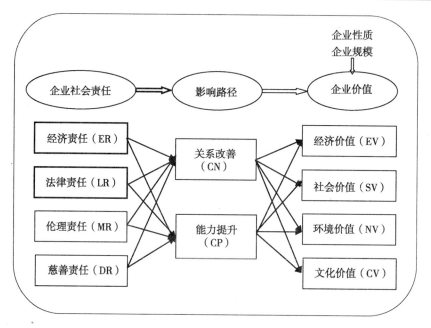

图 4 - 1　　"4R + 2C + 4V"企业社会责任价值创造模型

"4R"要求企业对相互作用、相互制约、互为存在的多样化社会责任进行平衡管理，按责任性质将其划分为经济责任、法律责任、伦理责任和慈善责任，其中经济责任为必尽之责任，法律责任为须尽之责任，伦理责任为应尽之责任，慈善责任为愿尽之责任，企业需要联系企业实际与外部环境，战略性地承担社会责任，并选择不同的企业社会责任主题与路径。

二是价值创造目标的综合性，企业社会责任价值创造模型中的"4V"强调实现企业利润最大化的同时兼顾利益相关者的权益，综合平衡企业创造的经济、社会、环境和文化价值，综合平衡企业发展的当前、未来与潜在价值，有效实现企业履行社会责任的整体价值最大化。

三是管理视角的全局性，企业社会责任价值创造"4R + 2C + 4V"模型要求企业立足于发展全局观，基于企业与内外部利益相关者的关系强化与互动，将企业社会责任价值创造理念融入企业使命、战略和文化当中，企业通过优化资源配置等形式提升企业创新、研发与管理能力，共同推进企业与社会的可持续发展。

第二节　"4R + 2C + 4V" 假设梳理

本研究构建了企业社会责任价值创造 "4R + 2C + 4V" 模型，梳理自变量、因变量、中介变量三者间的关系逻辑，促进企业正确认识和理解企业社会责任价值创造的全过程，明晰其理论依据与作用机理，有利于推动企业社会责任理论与实践发展。

一　责任承担与价值创造的关系

由于信息不对称而产生的道德风险与逆向选择将阻碍帕累托最优的实现，从而降低企业价值。而企业社会责任承载大量企业私有信息，通过适当的渠道向资本市场的投资者传递，实现双向信息互动，促进实现有效的帕累托改进，提升企业价值。刘建秋（2011）认为，企业社会责任对企业价值产生持续的影响，如品牌价值提升、生产效能提高、获得生产许可等。[①] 丝挈泰格（Schealtegger, 2002）认为，企业社会责任在以下几个方面对企业价值产生影响：避免处罚、提高业绩水平、提高顾客忠诚度、减少运营成本、改善员工工作意愿等。[②] 韦伯（Weber, 2008）认为，企业社会责任所创造的价值包括改善企业形象、通过提升与利益相关者的关系来改善和提高市场份额。[③] 李艳华（2008）通过实证研究证明企业社会责任对员工满意度、组织吸引力、组织承诺、员工良好心态、高效能团队等产生积极影响。[④] 谢佩洪（2008）认为企业社会责任对企业有保值和增值的作用，前者体现在规避风险和进行伤害保护，后者体现在提高经营业绩、改善与利益相关者关系、提升核心竞争

---

① 刘建秋、宋献中：《社会责任活动、社会责任沟通与企业价值》，《财经论丛》2011 年第 2 期。

② Schealtegger S, Synnesvedt T. The Link between Green and Economic Sucess：Environmental Management as the Crucial Trigger between Environmental and Economic Performance. *Journal of Environmental Management*，2002，65（04）：339 – 346.

③ Weber M. The Business Case for Corporate Social Responsibility：A Company – Level Measurement Approach for CSR. *European Management Journal*，2008，26（04）：247 – 261.

④ 李艳华：《企业社会责任表现对员工组织行为的影响研究》，《当代经济管理》2008 年第 8 期。

力等方面。① 基于上述分析，以社会影响假说为基础，本研究提出以下假设：

H₁：企业承担社会责任行为对企业价值有直接的正向影响。

1. 承担经济责任与价值创造的关系

企业作为营利性的经济组织，经济因素是企业承担社会责任的根本原因和基础动力。经济责任是企业的必尽责任，是企业生存和发展的基础，也是实现其他社会责任的保障。卡罗尔（1994）指出企业社会责任中的经济责任主要是履行对股东的责任，② 林军（2004）肯定了企业承担社会责任的一项重要内容就是保障股东利益。③ 曹培（2012）认为企业有责任对股东投入的资本进行保值增值并回馈利润给股东，并通过实证研究证实了企业对股东承担社会责任与企业价值存在正相关的关系。④ 因此，本研究提出以下假设：

H₁ₐ：企业承担经济责任行为正向影响企业价值。

2. 承担法律责任与价值创造的关系

法律责任是企业的须尽责任，企业在获得利润的同时，必须承担纳税等法律责任和义务，只有这样，企业才能合法健康发展。刘刚（2008）在研究企业社会责任内涵时，提出企业在承担其他责任之前，首先要遵守相关的法律法规，履行法律责任。⑤ 以詹森·约翰逊（Johnson，2003）为代表的学者指出，企业不合法的行为一定会为公司的财务绩效带来负效应。⑥ 此外，卡特（Carter，2005）对企业社会责任信息披露的合法性动机进行研究，认为企业为了赢得声誉、提升企业价

---

① 谢佩洪：《企业履行社会责任的动因及对策建议》，《中国人力资源开发》2008 年第 7 期。

② Carroll A B. Social Issues in Management Research Experts' Views, Analysis and Commentary. *Business & Society*, 1994, 33 (01): 5 – 29.

③ 林军：《企业社会责任与法人治理结构》，《新华文摘》2004 年第 24 期。

④ 曹培：《基于利益相关者的企业社会责任与企业价值关系研究》，南京大学，2012 年。

⑤ 刘刚：《先秦儒家义利观与企业社会责任建设标准》，《中国人民大学学报》2008 年第 2 期。

⑥ Johnson, Homer H. Does it pay to be good? Social responsibility and financial performance. *Business Horizons*, 2003: 34 – 40.

值，会积极披露履行的法律责任，以此证明企业的经营活动是合理合法的。[1] 因此，本研究提出以下假设：

H[1b]：企业承担法律责任行为正向影响企业价值。

3. 承担伦理责任与价值创造的关系

虽然经济、法律已经对企业提出了相对应的要求，但企业仍然有必要遵循那些尚未列入法律法规的社会公众普遍认可的伦理规范，伦理责任是企业的应尽责任。企业伦理责任是反映股东、员工、债权人、社区等利益相关者认为正确的、正义的或者是尊重或保证利益相关者道德权利的标准、规范和期望。企业通过承担伦理责任，增强利益相关者的满意度与信任感，提升企业声誉，促进企业价值提升。因此，本研究提出以下假设：

H[1c]：企业承担伦理责任行为正向影响企业价值。

4. 承担慈善责任与价值创造的关系

企业慈善责任包括企业投入人力、物力、财力服务于社会公共事业，如对教育、艺术、环境、自然灾害、社会弱势群体等的捐赠和服务，是企业的愿尽责任，强调其自愿性与主观能动性。布鲁斯（Bruce等，2003）通过对企业慈善行为和企业绩效关系的研究发现，不管企业的慈善行为是以现金还是以其他形式呈现，以及企业绩效是以会计方法还是市场方法计量，企业可获得的现金资源量与捐赠呈正相关，企业慈善行为与经济绩效正相关。[2] 许金杰（2010）认为，企业关注和支持公益慈善事业是一种免费广告，借此向社会传达企业文化和价值理念，有利于增强公众对企业的认同感，提高顾客忠诚度，为企业赢得社会声誉和更多收益。[3] 因此，本研究提出以下假设：

H[1d]：企业承担慈善责任行为正向影响企业价值。

---

① Deephouse, Carter. A commentary on: corporate social responsibility reporting and reputation risk management. *Accounting*, *Auditing & Accountability Journal*, 2005, 21 (3): 365 – 370

② Bruce. Creating the Responsible Firm: In Search for a New Corporate Governance Paradigm. *German LJ*, 2003, 4: 45 – 48.

③ 许金杰:《社会责任会计信息披露对企业绩效的影响研究》, 中南大学, 2010 年。

表 4 – 2   第一组假设

编号	研究假设
H_1	企业承担社会责任行为对企业价值有直接的正向影响
H_{1a}	企业承担经济责任行为正向影响企业价值
H_{1b}	企业承担法律责任行为正向影响企业价值
H_{1c}	企业承担伦理责任行为正向影响企业价值
H_{1d}	企业承担慈善责任行为正向影响企业价值

二 责任承担与影响路径的关系

钟向东（2011）提出企业承担对供应商和经销商等外部利益相关者的社会责任，可以帮助企业积累外部社会资本，提升企业价值。[①] 因此，企业应该努力处理好与利益相关者的关系，除承担对股东和债权人的责任外，还应该保障员工的合法利益，处理好与供应商的合作关系，为企业发展赢得更多支持，为创造更多企业价值提供动力。

（一）责任承担与关系改善

企业关系强度即增强与利益相关者的关系密度与粘性，涵盖企业与股东、政府、员工、消费者、社会组织、环境等多个利益主体之间的相关关系。企业通过承担社会责任能够降低利益相关者的风险感知，提高利益相关者的满意度，由此进一步强化与利益相关者的关系强度，降低企业运营过程中的交易成本。因此，本研究提出以下假设：

H_2：企业承担社会责任行为对企业关系改善有直接的正向影响。

1. 承担经济责任与关系改善

企业承担经济责任，一方面能为股东创造持续、稳定的收益与价值，另一方面能通过科学、规范治理，促进企业的可持续成长。由此，企业能够提升股东和市场对企业运营的信心，改善与企业投资人的关系，降低资本退出和资金链断裂的风险，进一步吸引安全、更大规模资本的加入。因此，本研究提出以下假设：

H_{2a}：企业承担经济责任行为正向影响企业关系改善。

---

① 钟向东、樊行健：《企业社会责任，财务业绩与盈余管理关系的研究》，西南财经大学，2011 年。

2. 承担法律责任与关系改善

企业通过承担法律责任，树立合法负责的企业形象，能够提升利益相关者的信心，降低利益相关方的违约成本和经营风险。其中，企业依法纳税，能够强化企业与政府间的关系，获得一定的政策倾斜与支持；企业安全生产、合规经营、遵守商业秩序，能够增强企业与客户、合作伙伴之间的关系，提高利益相关群体的转移成本，从而发展其战略合作关系。因此，本研究提出以下假设：

H_{2b}：企业承担法律责任行为正向影响企业关系改善。

3. 承担伦理责任与关系改善

李宏旺（2008）研究指出，企业承担对员工的伦理责任，尊重员工的人权与隐私权，赋予员工充分的发展机会与晋升平台，能够使员工更加认同企业文化和战略目标，增强员工的使命感和忠诚度，还能为企业吸引到一批优秀的求职者，获得人才优势，有利于企业凝聚力和风险抵御能力的提高，为企业创造利润带来动力。[①] 显然，尊重员工、关爱员工，能够强化员工对企业的归属感，减少员工流失，从而降低人力资源管理的成本与风险。此外，企业关注生态环境保护，易于赢得利益相关者的支持，改善与其的合作关系。因此，本研究提出以下假设：

H_{2c}：企业承担伦理责任行为正向影响企业关系改善。

4. 承担慈善责任与关系改善

企业承担慈善责任，帮扶弱势群体，开展公益活动，是赢得媒体关注和社会支持的显性手段。部分企业虽然在慈善捐赠工作上"低调行事"，但能带来政府和社会组织对其的尊重与支持；部分企业开展公益营销，公益慈善的规模大、反响好，能够提升社会公众对企业的好感，改善公众对企业的印象。因此，本研究提出以下假设：

H_{2d}：企业承担慈善责任行为正向影响企业关系改善。

（二）责任承担与能力提升

企业通过承担社会责任能够倒逼企业能力的提升，同时在履行社会责任的实践过程中能够锻炼管理、组织、沟通、协调等企业能力。企业社会责任实践能赢得消费者信赖，直接增加产品销售量；获得政府支

---

① 李宏旺：《基于管理者激励的财务经济学研究》，《财会通讯》2008 年第 3 期。

持，获得稀缺资源；降低运营成本，提高运营效率；增强企业知名度，提高品牌美誉度；吸引并留住拥有相同价值取向的人才，提升企业竞争能力。因此，本研究提出以下假设：

H_3：企业承担社会责任行为对企业能力提升有直接的正向影响。

1. 承担经济责任与能力提升的关系

企业承担经济责任意味着企业需要尽可能为股东创造最大的价值，这就对企业研发能力、管理能力提出了更高的要求。企业通过不断的产品研发扩大市场占有率，提升企业外在竞争力；通过对管理流程、组织构架的不断完善，提高企业内部竞争力，进一步激发企业可持续发展能力。因此，本研究提出以下假设：

H_{3a}：企业承担经济责任行为正向影响企业能力提升。

2. 承担法律责任与能力提升的关系

企业承担法律责任能够提升企业运营能力，法律责任要求企业依法纳税、关注企业生产运营过程的各项安全。因此，承担法律责任要求企业具备强大的运营能力、规范的生产秩序，尤其对企业的全面质量管理能力提出更高要求。例如，部分企业频繁出现安全事故、产品质量问题等，若这些企业意识到法律责任承担的必要性并开展行动，必然会要求企业生产运作能力的提升。因此，本研究提出以下假设：

H_{3b}：企业承担法律责任行为正向影响企业能力提升。

3. 承担伦理责任与能力提升的关系

企业对生态伦理责任的承担，要求企业节能减排、提供环境友好型产品与服务，这就要求企业在产品设计、产品研发、产品生产、产品销售全过程中的能力提升，尤其是对环保研发的投入和关注。此外，企业承担对员工的伦理责任，强调对员工的关爱和职业发展的重视，这要求企业提高人力资源管理能力。因此，本研究提出以下假设：

H_{3c}：企业承担伦理责任行为正向影响企业能力提升。

4. 承担慈善责任与能力提升的关系

企业承担慈善责任，需要人、财、物做支撑。同时，企业通过承担慈善责任，提升组织能力和营销能力，企业参与或开展慈善活动需要经过严密的活动策划，需要充分运用企业组织协调能力，调动利益相关者的资源与能力，同时还需要应用企业的管理沟通能力。因此，本研究提出以下假设：

H_{3d}：企业承担慈善责任行为正向影响企业能力提升。

表 4 - 3　　　　　　　　　　　第二组假设

编号	假设
H$_2$	企业承担社会责任行为对企业关系改善有直接的正向影响
H$_{2a}$	企业承担经济责任行为正向影响企业关系改善
H$_{2b}$	企业承担法律责任行为正向影响企业关系改善
H$_{2c}$	企业承担伦理责任行为正向影响企业关系改善
H$_{2d}$	企业承担慈善责任行为正向影响企业关系改善
H$_3$	企业承担社会责任行为对企业能力提升有直接的正向影响
H$_{3a}$	企业承担经济责任行为正向影响企业能力提升
H$_{3b}$	企业承担法律责任行为正向影响企业能力提升
H$_{3c}$	企业承担伦理责任行为正向影响企业能力提升
H$_{3d}$	企业承担慈善责任行为正向影响企业能力提升

三　影响路径与价值创造的关系

（一）关系改善与价值创造

王世权（2010）指出，企业的存在依赖于与不同利益相关者缔结的各种正式和非正式契约，促使利益相关者为了自身的经济和社会诉求而参与到企业的价值创造过程中，价值来源于企业与利益相关者的互补性产生的合作剩余。① 与利益相关者关系的改善与强化，尤其是与客户和合作伙伴关系的强化，能够提高客户的忠诚度，增加客户的转移成本；能够提高合作伙伴的履约率，获得更多的战略合作伙伴，由此降低企业运营过程中的交易成本，提升企业价值。因此，本研究提出以下假设：

H₄：企业关系改善对企业价值有直接的正向影响。

1. 企业关系改善与经济价值创造

企业与利益相关者的关系密切直接影响企业创造的经济价值，例如

---

① 王世权：《试论价值创造的本原性质、内在机理与治理要义——基于利益相关者治理视角》，《外国经济与管理》2010 年第 8 期。

企业与消费者保持良好的沟通与联系，直接表现为客户黏性、产品销量、品牌忠诚度等，能够最终为企业创造利润；企业与上下游合作企业保持良好的战略关系，能够降低搜寻成本，保持采购、物流、销售等环节的顺畅，从而创造更大的经济价值。此外，企业与股东之间保持密切联系，可以获得股东更大力度的支持，保证资金链的安全。企业与环境保持良好的关系，直接表现为减少废气、废水、废物的排放量，降低企业后期环境整治的人力、物力、财力投入，从而为企业减少成本，提高利润率。因此，本研究提出以下假设：

H_{4a}：企业关系改善正向影响企业经济价值。

2. 企业关系改善与社会价值创造

企业与利益相关者的良好关系，能够增强企业创造社会价值的动力。例如，企业与政府之间关系良好，企业会在自己能力范围内为政府解决一些社会问题，如提供就业岗位、公共设施服务等。企业与员工保持良好的关系，能够提升员工工作满意度，进而实现安全、快捷、绿色生产。因此，本研究提出以下假设：

H_{4b}：企业关系改善正向影响企业社会价值。

3. 企业关系改善与环境价值创造

企业与利益相关者保持较好的关系影响企业环境价值的创造，如利益相关者对企业的技术能力、环保意识、环境管理提出更高的要求，促进企业减排降污、节约资源、保护生态等创造环境价值。因此，本研究提出以下假设：

H_{4c}：企业关系改善正向影响企业环境价值。

4. 企业关系改善与文化价值创造

企业与利益相关者关系的改善利于企业文化价值的创造。例如企业与员工关系良好，既能增强员工对企业文化的认同感，又能推动员工丰富企业的文化内涵。企业与客户、社会公众关系的改善，能够使企业的文化价值得到深层次的理解，使企业的文化得到更大范围的传播。因此，本研究提出以下假设：

H_{4d}：企业关系改善正向影响企业文化价值。

(二) 能力提升与价值创造

王玲（2010）基于企业能力理论指出，企业拥有的知识、信息、技术等稀缺性资源以及管理、创新等核心能力，能够为企业带来差额利润，因而是企业价值创造的重要源泉。[①] 因此，本研究提出以下假设：

H_5：企业能力提升对企业价值有直接的正向影响。

1. 企业能力提升与经济价值创造的关系

企业能力的提升能直接带动企业经济价值的创造，例如企业研发设计能力的提升，能在产品创新、节能减排等多方面获得突破，从而创造经济价值；例如营销能力的提升，能获得更多的市场机会，降低营销成本，创造经济价值。因此，本研究提出以下假设：

H_{5a}：企业能力提升正向影响企业经济价值。

2. 企业能力提升与社会价值创造的关系

企业能力的提升为社会价值的创造提供了条件。首先，企业研发能力的提升能为社会创造更多产品和服务，满足社会性需求。其次，企业持续创新能力的提升，推动企业技术发展，促进整体行业发展。企业自身成长能力的提升，能为社会创造出更多的就业岗位和税收，也能够有更多人财物投入公益慈善，为社会创造价值。因此，本研究提出以下假设：

H_{5b}：企业能力提升正向影响企业社会价值。

3. 企业能力提升与环境价值创造的关系

企业能力的提升能够利于企业创造出环境价值，例如企业技术能力的提高，采用新的高科技技术减少对环境的破坏与污染，提高资源利用率与转化率；企业沟通能力的提升，由行业龙头企业发出倡议或倡导，宣传生态环境保护意识，形成整体环境管理氛围。因此，本研究提出以下假设：

H_{5c}：企业能力提升正向影响企业环境价值。

4. 企业能力提升与文化价值创造的关系

企业能力提升是文化价值创造的重要支持，例如企业的创新能力直接影响文化价值的创新程度，企业的沟通能力直接影响文化价值的传播，企业的管理能力直接影响文化价值在企业内部的理解与认同程度，

---

① 王玲：《租金视角下供应链竞合的价值创造途径》，《商业经济与管理》2010 年第 4 期。

形成责任企业文化。因此，本研究提出以下假设：

H$_{5d}$：企业能力提升正向影响企业文化价值。

表 4 - 4　　　　　　　　　　第三组假设

编号	假设
H$_4$	企业关系改善对企业价值创造有直接的正向影响
H$_{4a}$	企业关系改善正向影响企业经济价值
H$_{4b}$	企业关系改善正向影响企业社会价值
H$_{4c}$	企业关系改善正向影响企业环境价值
H$_{4d}$	企业关系改善正向影响企业文化价值
H$_5$	企业能力提升对企业价值创造有直接的正向影响
H$_{5a}$	企业能力提升正向影响企业经济价值
H$_{5b}$	企业能力提升正向影响企业社会价值
H$_{5c}$	企业能力提升正向影响企业环境价值
H$_{5d}$	企业能力提升正向影响企业文化价值

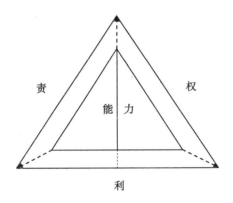

图 4 - 2　企业社会责任"金三角"理论

伴随着企业能力的增长、企业关系的强化，企业社会责任承担，企业社会责任创造的价值，呈现出权责并重的态势（如图 4 - 2 所示）。企业社会责任承担、价值创造、能力提升、关系增强四者呈现正相关，其相互影响的关系如图所示。通过承担企业社会责任，企业能力会进一步提升，与企业内外部关系会进一步增强，从而能创造更多价值。企业创造更多价值后，会进一步设法提升自身能力，巩固扩展关系建设，这又将导致企业承担更大的社会责任。能力提升能承担更大责任，同时也能创造更大价值，三者又对关系加强有积极作用。关系强度提高，对承担责任提出更高要求，促进能力提高，最终又创造更多价值。

因此，本研究提出以下假设：

H_6：企业关系改善在责任承担与价值创造的关系中起到中介的作用。

H_7：企业能力提升在责任承担与价值创造的关系中起到中介的作用。

表 4 - 5　　　　　　　　　　　　　第四组假设

编号	假设
H_6	企业关系改善在责任承担与价值创造的关系中起到中介的作用
H_7	企业能力提升在责任承担与价值创造的关系中起到中介的作用

第三节　"4R + 2C + 4V" 机理分析

在传统竞争思维模式下，企业主体与利益相关者、社会、环境的利益是相互对立、相互冲突的，一方的价值增加是以其他各方价值损失为前提的零和博弈。而企业社会责任价值创造问题实际上是如何使经济责任、法律责任、伦理责任和慈善责任协调、统一，合作实现经济价值、社会价值、环境价值和文化价值的最大化，实现各利益相关者创造价值的扩大化。探索企业社会责任价值创造机理，有利于企业根据自身情况选择社会责任实践领域与活动方式，推动企业社会责任价值创造实践又好又快地发展。

一　企业社会责任价值创造的来源追溯

价值来源问题是分析企业社会责任价值创造机理的核心问题，肖红军（2014）在传统价值创造的来源，即要素投入、要素结合方式、制度安排以及思想创新的基础上进行了拓展，认为企业社会责任价值创造的来源基于三大效应：生产可能性边界扩大效应、协同效应和耦合效应。[①]

---

① 肖红军、郑若娟、李伟阳：《企业社会责任的综合价值创造机理研究》，《中国社会科学院研究生院学报》2014 年第 6 期。

（一）生产可能性边界扩大效应

生产可能性边界用来表示经济社会在既定资源和技术条件下所能生产的各种商品最大数量的组合，反映资源稀缺性与选择性的经济学特征。企业与利益相关者关系实质上是特定资源、能力等属性的组合，企业社会责任作为纽带使得企业与利益相关者在价值创造的过程中不仅可以利用自身原有的资源和能力，还可以根据两者的关系强度整合双方的资源，实现互补互促，从而扩大生产可能性边界，创造比单个企业或利益相关者所能创造的更多价值，即合作剩余。

（二）协同效应

一方面，企业和利益相关者通过资源与能力整合形成协同效应；另一方面，企业和利益相关者通过价值创造网络形成新的资源和能力，实现新的协同效应。

1. 协同效应取决于"互补性"

企业与利益相关者的异质性和差异性是形成两者之间资源、能力互补性的前提，企业与利益相关者互补性实现的协同效应取决于两者的契合性和兼容性。一般而言，企业与利益相关者之间资源、能力的互补性和兼容性越高，创造价值的可能性就越大，同时，企业和利益相关者投入资源的性质也在一定程度上影响价值创造的大小，当双方投入的独有资源越多时，就能创造更高的价值。

2. 协同效应取决于"关系强度"

从社会关系网络视角分析，企业社会责任促进企业与利益相关者的信息沟通，进而提高双方之间的信任度，使得企业和利益相关者不拘泥于现有资源、能力的合作，有更大可能会通过协同、合作共同开发和培育新的资源、能力，形成新的协同效应，在更大范围与程度上创造更多价值。

（三）耦合效应

除了与企业开展合作以外，利益相关者之间也可能达成合作关系，进一步整合双方资源、能力，实现知识、信息共享，形成耦合效应。例如，媒体和消费者除了分别与企业建立合作关系外，消费者可以与媒体合作，通过媒体向企业表达自己的价值诉求，推动企业产品或服务满足自己的需求；同时，也可以通过媒体传递自己对企业产品的反馈信息，使企业能够根据消费者评价改进产品或研发新产品，创造企业价值。因此，不但企业和利益相关者均可独自创出一定的社会和经济价值，而且随着利益相关者之间合作关系的强化，所形成的耦合效应使得合作创造的综合价值大于单个成员独自创造价值的总和［奥斯丁（Austin），斯坦尼第（Seitanidi），2012］。[①]

二 企业社会责任价值创造的循环机理

目前，剖析企业社会责任价值创造机理的文献并不多，一般是围绕不同利益相关者或者不同社会责任议题讨论企业履行社会责任对价值创造的积极作用。部分学者基于商业模式创新的视角对企业价值创造过程进行了研究：翁君奕（2004）提出了由价值主张、价值支撑、价值保持三个维度组成的价值创造分析体系；原磊（2007）将企业的价值创造体系划分为价值主张、价值网络、价值维护、价值实现四个维度；项国鹏、韩思源（2008）构建价值创造四维模型——CESS价值创造模型：价值主张、价值评定、价值支撑、价值维护；王欣（2013）提出基于社会责任融合的企业价值创造过程主要包括价值认知、价值主张、价值融合、价值实现、价值沟通五大核心环节。[②] 本研究进一步探索企业社会责任价值创造的内在作用机理，将企业社会责任价值创造过程划分为社会责任价值认知、社会责任价值沟通、社会责任价值创造、社会责任价值分配四个环节（如图4-3所示）。

（一）企业社会责任价值认知

企业社会责任价值认知是指企业鼓励员工通过社会责任自我学习、专题培训、社会责任实践等方式树立正确的社会责任观，营造良好的企业社会责任文化氛围，提炼企业社会责任核心价值体系。企业社会责任文化是指导员工行为的准则，在工作中考虑利益相关者的诉求与利益并关注企业对社会和环境的影响。企业文化作为企业正式制度的有效补充，通过内部员工对企业价值观的感知达成共识，能够降低企业的内部

---

① Austin, James E. and Seitanidi, M. May, Collaborative Value Creation. A Review of Partnering between Nonprofits and Businesses: Part I. Value Creation Spectrum and Collaboration Stages. *Nonprofit and Voluntary Sector Quarterly*, 2012, 41 (05): 726–758.

② 王欣：《社会责任融合视角的企业价值创造机理》，《经济管理》2013年第12期。

交易成本，提高个体的生产率和团队合作效益，从而促进企业的价值创造活动（吴照云、王宇露，2003）。[①] 但是培育一种支持企业社会责任的价值观驱动型文化，也是企业面临的重要挑战，一般都会经过淡漠、理解和嵌入多个阶段的漫长历程 [玛昂（Maon），2009]。[②]

（二）企业社会责任价值沟通

企业社会责任价值沟通是指企业与各利益相关者建立有效的价值沟通机制，及时传递信息，促进相互合作。在企业社会责任价值创造的全过程中，企业与利益相关者的持续沟通是贯彻整个循环过程的核心环节。一般而言，针对不同类型的利益相关者，企业与其进行价值沟通的方式也应有所不同。常见的沟通方式包括：定期的信息披露机制，如企业发布社会责任报告；重大事件的临时沟通机制，如企业做出对社会影响较大的重大决策或重大行动。社会责任价值沟通环节为企业提供一种信息反馈机制，通过与利益相关者的交流，实现价值创造各个环节的持续改进。对企业社会责任价值认知来讲，企业根据利益相关者的意见反馈，能够发现自身对社会责任价值创造的理解、价值体系的定位是否恰当，并决定是继续坚持并加以强化，还是根据利益相关者的意见及时改进。同样，企业也可以根据利益相关者的反映，确定是否需要调整沟通策略与途径。

（三）企业社会责任价值创造

企业社会责任价值创造是指企业通过承担社会责任创造出经济、社会、环境、文化综合价值，并及时向利益相关者进行信息披露。除了采用传统的企业经济绩效指标外，还需要选用一些新的指标来量化企业的社会和环境绩效。例如，企业的经济价值表现可以用营业收入、资产、利润、运营效率、专利拥有量等指标来衡量；社会价值表现可以用为社会提供服务的质量、社会捐赠金额、对员工发展的贡献等指标来表示；环境价值表现可以用能源利用效率、温室气体减排量等指标测量。企业

① 吴照云、王宇露：《企业文化与企业竞争力——一个基于价值创造和价值实现的分析视角》，《中国工业经济》2003 年第 12 期。

② Maon, F., Lindgreen, A., Swaen, V. Designing and Implementing Corporate Social Responsibility: An Integrative Framework Grounded in Theory and Practice. *Journal of Business Ethics*, 2009（01）: 87.

社会责任创造的经济、社会、环境、文化价值向利益相关者传递一种信号，促使利益相关者据此调整对企业的预期与判断，影响并决定他们对企业的态度和行动。只有企业创造的价值被社会认可，才能算作是真正意义上的价值实现。良好的企业价值创造表现增强了企业运营能力，同时对企业产生正向激励，使其加大对社会责任财力、物力、人力等方面的投资力度，进而更好地履行社会责任。相反，企业社会责任价值创造表现未能达到预期水平，一方面削弱企业价值创造能力，另一方面也难以赢得利益相关者的认可，对企业社会责任价值认知与沟通环节产生抑制作用。

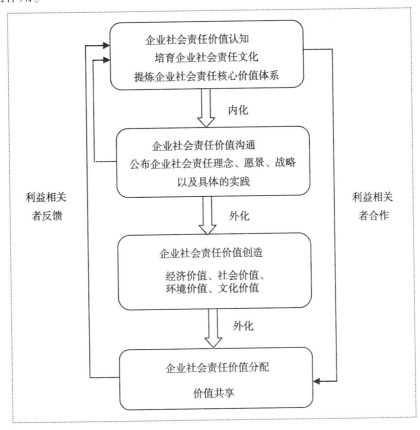

图 4-3　企业社会责任价值创造的内在作用机理示意

（四）企业社会责任价值分配

在传统竞争思维模式下，价值系统中成员之间的利益是相互对立、相互冲突的，任一成员的价值增加是以其他成员的价值损失为前提的零和博弈。而在企业社会责任视角下，价值系统中成员更多地秉持价值共享思想，追求在合作创造更多总价值基础上实现各自价值分享的最大化。

1. 综合价值的共有属性决定企业社会责任价值分配更加强调价值共享

企业社会责任创造的价值是涵盖经济价值、社会价值、环境价值的总价值，社会价值和环境价值显然具有公共价值的属性，能够被企业等多个甚至所有利益相关者共同分享，即某一个利益相关者获得企业社会责任创造的社会价值和环境价值并不会降低其他利益相关者应获得的社会和环境价值。例如，企业与利益相关者合作，通过参与解决社会重大问题而推动社会进步并形成巨大的社会价值，由此企业和所有利益相关者都能分享社会进步带来的好处，即共享社会价值；企业和利益相关者合作，通过积极履行环境保护责任而带来整个生态环境的改善并形成巨大的环境价值，由此企业和所有利益相关者都能分享环境改善带来的好处，即共享环境价值。

2. 合作剩余式的价值增值决定企业社会责任价值分配更加强调价值共享

相对于传统的企业行为方式，企业社会责任能够通过生产可能性边界扩大效应、协同效应与耦合效应实现合作剩余式的价值增值，这一价值增值是企业与不同利益相关者基于各自优势共同创造的结果，这里的优势不单单是传统的要素优势，还包括信息、知识、关系、学习能力，有时甚至包括减少对社会破坏的自我约束能力。以优势为基础的合作剩余创造意味着不同价值创造主体通过不同优势的投入而共享合作剩余的价值增值。由于很多优势难以准确衡量，不同优势对于企业社会责任价值创造的贡献更是难以清晰单独测算，因此价值分配更强调群体性共享或团队性共享。

本章小结

本章在明确变量内涵和维度基础上，构建了企业社会责任价值创造的"4R + 2C + 4V"模型，并详细梳理了三组关系：企业社会责任承担与企业价值创造、企业社会责任承担与影响路径、影响路径与企业价值创造。在梳理关系基础上，明确提出了四组假设。同时，本章分析了企业社会责任价值创造的内在循环机理，将企业社会责任价值创造过程划分为社会责任价值认知、社会责任价值沟通、社会责任价值创造、社会责任价值分配 4 个环节，并对各环节的概念逻辑进行了系统梳理，以期打开企业社会责任价值创造的"黑箱"。企业社会责任价值创造"4R + 2C + 4V"模型仅探讨了理论可行性，并未通过实证验证与实践检验，接下来将在第五章以食品行业为例对企业社会责任价值创造进行实证研究，在第六章企业社会责任价值创造的典型案例中选择不同行业、不同规模与性质的企业对价值创造模型进一步做出检验。

第五章 企业社会责任价值创造模型的实证研究

——以我国食品行业为例

　　为验证第四章构建的企业社会责任价值创造"4R＋2C＋4V"模型，本章进行了全面的假设实证。考虑到行业差异性的影响，本研究以我国食品行业为例进行了分析，行业选取原因如下："民以食为天，食以安为先"，食品安全是与全民健康和幸福息息相关的重要问题，关系到国家的经济建设和社会稳定。在诸多行业中，食品行业的企业社会责任问题最为贴近公众的现实生活，最为关系公众的切身利益。因此，针对食品行业展开企业社会责任价值创造研究具有一定代表性和相对显著的研究价值。

　　"食品安全"四个字集中体现了食品行业社会责任价值创造的核心要义，实现食品安全的总目标需要企业承担经济责任、法律责任、伦理责任、慈善责任。食品安全有保障，企业才能获得稳固的社会关系和可持续的成长能力，从而在健康的企业生态系统中实现经济价值、社会价值、环境价值和文化价值。鉴于此，本研究围绕食品行业展开企业社会责任价值创造研究，首先基于一致性、科学性、系统性、可操作性、可比较性的原则构建了企业社会责任价值创造的核心测量指标体系；其次，以食品行业为例，以测量指标为指导收集数据对"4R＋2C＋4V"模型进行实证分析，并按照实证结果修正模型。

第一节 "4R＋2C＋4V"的测量指标设计

　　第三章界定了"4R＋2C＋4V"模型的关键概念，第四章厘清了"4R＋2C＋4V"模型的假设关系，为有效验证以上假设，本章首先根据 4R、2C、4V 的内涵边界，对其进行了核心测量指标的设计。

　　企业社会责任价值创造的测量指标应能全面、真实地反映某一企业承担社会责任的行为过程和绩效结果，能够有效衡量企业社会责任行为对企业自身运营、利益相关者、自然环境等产生影响的效果和效率。因此，在指标设计上，本研究遵循以下原则："科学性"原则——测量指标必须概念清晰、含义明确，且有具体科学内涵、标准的测算方法、规范的统计计算方法；"系统性"原则——测量指标应按统一性要求，综合反映企业社会责任行为对经济、社会、环境、文化的作用效果；"可操作性"原则——在选择测量指标时应尽可能采用企业已有的财务报表、统计报表、企业社会责任报告或企业可持续发展报告中的数据和指标，使所选择的测量指标易于定量化，尽量与国际上通用的和已有的比较规范的指标靠近，这既利于横向比较，又易于采集数据，并保证了数据的延续性；[①] "全面性"原则，要求测量指标要有覆盖性，能综合测量企业社会责任在经济、法律、伦理、慈善的价值创造。

　　根据以上原则，本研究重点考虑测量指标的可操作性，以避免信息源复杂、信息量冗余等影响数据测量准确性、模型验证有效性的情况出现。因此，本研究选取具有代表性的核心指标对企业社会责任、关系改善、能力提升、企业价值进行测量（详见表 5 - 1）。

表 5 - 1　　　　　　企业社会责任价值创造的核心测量指标设计

一级指标	二级指标	核心测量指标
企业社会责任	经济责任（ER）	资产保值增值（ER_1）
		科学治理（ER_2）
	法律责任（LR）	依法纳税（LR_1）
		经营安全（LR_2）
	伦理责任（MR）	生态伦理（MR_1）
		员工伦理（MR_2）
	慈善责任（DR）	慈善捐赠（DR_1）
		公益事业（DR_2）

---

① 王敏、肖红军、李伟阳：《企业社会责任指标体系构建——目的、原则、依据和框架模型》，《WTO 经济导刊》2008 年第 7 期。

续表

一级指标	二级指标	核心测量指标
影响路径	关系改善（CN）	客户关系（CN$_1$） 伙伴关系（CN$_2$）
	能力提升（CP）	研发能力（CP$_1$） 营销能力（CP$_2$）
企业价值	经济价值（EV）	股东回报（EV$_1$） 客户满意（EV$_2$）
	社会价值（SV）	扩大就业（SV$_1$） 税收贡献（SV$_2$）
	环境价值（NV）	节能降耗（NV$_1$） 环境改善（NV$_2$）
	文化价值（CV）	文化引领（CV$_1$） 文化认同（CV$_2$）

本研究认为，企业社会责任重点说明企业做了什么，企业价值重点说明企业创造了多少价值，为有效区分企业社会责任"投入"与企业价值"产出"的区别，本研究在测量指标设计过程中有以下考虑：

首先，企业社会责任承担的部分指标采用定性的方式进行衡量，例如：科学治理（企业是否采用科学的治理结构、治理模式、治理方法）；依法纳税（企业是否主动、足量缴税）；经营安全（企业在日常经营活动中是否发生过生产安全事故）等，重点在于强调企业有没有做过这件事，而价值创造的指标用定量的形式进行测度，用数据将价值量化，切实反映企业究竟创造了多少价值。

其次，本研究认为企业承担经济、法律、伦理和慈善责任，通过关系改善和能力提升能够创造文化价值，并且文化价值定义为价值观的引领、企业形象的提升，但是指标过于隐性，需要主观测量，因此，在本次实证研究中暂时剔除，未加以验证。

第二节　"4R + 2C + 4V"的实证研究
——以我国食品行业为例

一　数据来源

本研究的数据主要来源于巨潮资讯（中国证监会指定信息披露网

站）、和讯网（中国最大财经门户网站）、公司官网、上海证券交易所、深圳证券交易所官方网站和国泰安 CSMAR 专业数据库、2014 年上市公司年度报告、2014 年企业社会责任报告等。由于部分测量指标无法直接从上述报告或网站直接获得，本研究通过对应的计算公式手工统计而得。具体而言，经济责任中"资产保值增值""科学治理"主要来源于国泰安数据库；法律责任中"依法纳税""经营安全"，伦理责任中"生态伦理""员工伦理"和慈善责任中"慈善捐赠""公益事业"主要来源于企业公开披露的 2014 年社会责任报告；关系改善中"客户关系""伙伴关系"主要来源于和讯网个股数据；能力提高中"研发能力""营销能力"主要来源于巨潮网企业资讯；经济价值中"股东回报""客户满意"和社会价值中"扩大就业""税收贡献"及环境价值中"节能降耗""环境改善"则依照相关概念界定计算而得。

二　实证分析

（一）样本描述性统计

本研究的样本构成主要包括企业类型、企业规模、企业所在地、证券交易所四个方面，代表企业特性（见表 5-2）。103 家食品行业上市公司以国有企业为主，共计 56 家占比 54.4%；企业规模以中小型企业为主，两者合计占比 79.6%；企业所在地主要分布在华东、华南、华中、华北等区域，其中华东占比 33.1%；深圳证券交易所的数量明显多于上海证券交易所。

表 5-2　　　　　　　　　研究样本描述性统计分析

变量	特征	样本数	百分比
企业类型	国有企业	56	54.4
	民营企业	47	45.6
企业规模	大型企业	21	20.4
	中型企业	45	43.7
	小型企业	37	35.9

续表

变量	特征	样本数	百分比
企业所在地	华东地区	34	33.1
	华南地区	19	18.4
	华北地区	13	12.6
	华中地区	14	13.6
	东北地区	3	2.9
	西北地区	10	9.7
	西南地区	10	9.7
证券交易所	上海证券交易所	40	38.8
	深圳证券交易所	63	61.2

（二）企业性质、企业规模对企业价值创造的影响

本研究还需考虑控制变量企业性质、企业规模对其他变量的影响情况，当控制变量的样本组数为两组时（如企业性质）采用独立样本 T 检验，超过两组时（企业规模）则采用单因素方差的方法进行分析。

1. 企业性质的独立样本 T 检验

运用 SPSS17.0 采用独立样本 T 检验进行分析，结果见表 5 - 3。

表 5 - 3　　企业性质对企业社会责任价值创造的影响方差分析

变量	性质	样本数	均值	方差齐性检验		均值差异比较	
				F 值	Sig.	Sig.	均值差异
价值创造	国有	56	0.2858	1.673	0.199	0.204	0.04212
	民营	47	0.2437				
经济价值	国有	56	0.4825	1.535	0.218	0.150	0.08034
	民营	47	0.4021				
社会价值	国有	56	0.1921	2.812	0.097	0.325	0.02236
	民营	47	0.1698				
环境价值	国有	56	0.1173	0.579	0.448	0.632	0.01094
	民营	47	0.1064				

从表 5 - 3 可以看出，由于价值创造、经济价值、社会价值、环境价值 F 统计量的 Sig. 值大于 0.05，此时参考 "Equal variances assumed"（假设方差齐性）所在那行对应的 t 值，分别为 0.204、0.150、0.325、0.632 均大于 0.05，说明企业性质，即国有企业与民营企业在价值创造

（经济价值创造、社会价值创造、环境价值创造）方面无显著性差异。

2. 企业规模的单因素方差分析

根据员工人数与营业收入将企业规模分为大、中、小三类，采用单因素方差法进行分析，结果见表 5 - 4。

表 5 - 4　　　　企业规模对企业社会责任价值创造的影响方差分析

变量	平方和	自由度	方差齐性检验		均值差异比较	
			Sig.	是否齐性	F 值	Sig.
价值创造	0.089	2	0.175	是	1.621	0.203
经济价值	0.229	2	0.189	是	1.463	0.237
社会价值	0.052	2	0.198	是	2.032	0.136
环境价值	0.017	2	0.745	是	0.639	0.530

注：方差齐性检验的显著性水平为 0.05。

从表 5 - 4 可以看出，价值创造、经济价值、社会价值、环境价值 F 值对应的 Sig. 大于 0.05，说明企业规模对价值创造及其细分维度未表现出明显差异。

（三）企业社会责任承担对企业价值创造的影响

1. 相关分析

相关分析是一种常见的用于研究不同变量间相互关联强度的统计方法。本研究采用 Pearson 相关分析法进行变量间的分析，对 "4R + 2C + 3V" 模型[①]涉及的自变量企业责任承担、因变量企业价值创造、中介变量关系改善与能力提升，四个变量间的相关性依次做了研究，同时分析自变量四个维度与因变量三个维度之间两两的相关性。

（1）企业社会责任承担内部维度相关分析

表 5 - 5　　　　　　企业社会责任承担内部相关分析矩阵

		经济责任	法律责任	伦理责任	慈善责任	责任承担
经济责任	Pearson 相关性	1	0.962**	0.374**	0.606**	0.621**
	显著性（双侧）		0.000	0.000	0.000	0.000
	N	103	103	103	103	103

---

① 由于本次实证暂时剔除文化价值，因此验证模型为 "4R + 2C + 3V"。

续表

		经济责任	法律责任	伦理责任	慈善责任	责任承担
法律责任	Pearson 相关性	0.962 **	1	0.455 **	0.609 **	0.682 **
	显著性（双侧）	0.000		0.000	0.000	0.000
	N	103	103	103	103	103
伦理责任	Pearson 相关性	0.374 **	0.455 **	1	0.743 **	0.959 **
	显著性（双侧）	0.000	0.000		0.000	0.000
	N	103	103	103	103	103
慈善责任	Pearson 相关性	0.606 **	0.609 **	0.743 **	1	0.827 **
	显著性（双侧）	0.000	0.000	0.000		0.000
	N	103	103	103	103	103
责任承担	Pearson 相关性	0.621 **	0.682 **	0.959 **	0.827 **	1
	显著性（双侧）	0.000	0.000	0.000	0.000	
	N	103	103	103	103	103

注：** 表示在 0.01 水平（双侧）上显著相关。

由表 5 - 5 中数据可知，企业责任承担四个维度经济责任、法律责任、慈善责任、伦理责任两两之间在 0.01 水平上显著正相关，维度之间彼此相互依存又不会替代，因此从经济责任、法律责任、伦理责任、慈善责任这四个方面衡量企业责任承担的维度选择是合理的。

（2）企业价值创造内部维度相关分析

表 5 - 6 企业价值创造内部相关分析矩阵

		经济价值	社会价值	环境价值	价值创造
经济价值	Pearson 相关性	1	0.978 **	0.909 **	0.749 **
	显著性（双侧）		0.000	0.000	0.000
	N	103	103	103	103
社会价值	Pearson 相关性	0.978 **	1	0.859 **	0.622 **
	显著性（双侧）	0.000		0.000	0.000
	N	103	103	103	103
环境价值	Pearson 相关性	0.909 **	0.859 **	1	0.605 **
	显著性（双侧）	0.000	0.000		0.000
	N	103	103	103	103

续表

		经济价值	社会价值	环境价值	价值创造
	Pearson 相关性	0.749 **	0.622 **	0.605 **	1
价值创造	显著性（双侧）	0.000	0.000	0.000	
	N	103	103	103	103

注：** 表示在 0.01 水平（双侧）上显著相关。

由表 5 - 6 中数据可知，企业价值创造三个维度经济价值、社会价值、环境价值两两之间在 0.01 水平上显著正相关，且相关系数均大于 0.5，维度之间彼此相互依存又不会替代，因此从经济价值、社会价值、环境价值这三个方面衡量企业价值创造的维度选择是合理的。

（3）企业责任承担与企业价值创造相关关系分析

表 5 - 7　　　　企业社会责任承担与企业价值创造相关分析矩阵

		经济责任	法律责任	伦理责任	慈善责任	责任承担
经济价值	Pearson 相关性	0.658 *	0.677 *	0.820 **	0.940 **	0.902 **
	显著性（双侧）	0.000	0.000	0.000	0.000	0.000
	N	103	103	103	103	103
社会价值	Pearson 相关性	0.684 *	0.636 **	0.578 *	0.910 **	0.707 **
	显著性（双侧）	0.000	0.000	0.000	0.000	0.000
	N	103	103	103	103	103
环境价值	Pearson 相关性	0.448 **	0.429 **	0.467 **	0.557 **	0.533 **
	显著性（双侧）	0.000	0.000	0.000	0.000	0.000
	N	103	103	103	103	103
价值创造	Pearson 相关性	0.676 **	0.675 **	0.768 **	0.935 **	0.863 **
	显著性（双侧）	0.000	0.000	0.000	0.000	0.000
	N	103	103	103	103	103

注：** 表示在 0.01 水平（双侧）上显著相关。

由表 5 - 7 中数据可知，企业责任承担与企业价值创造相关系数为 0.863，在 0.01 水平上显著相关；且企业经济责任、法律责任、伦理责任、慈善责任四个维度对企业价值创造的相关系数分别为 0.676、0.675、0.768、0.935，均显著相关。

2. 回归分析

相关分析能够检验各因素之间是否存在相关性以及关系的程度，而回归分析可以通过指明关系的方向来检验因素之间是否存在因果关系。为了进一步理清企业责任承担、关系改善、能力提升与企业价值创造的关系，本研究在相关分析的基础上进行多元回归分析。

表 5 – 8　　　　　　　4R 对企业价值创造的多元回归分析

进入回归模型变量	未标准化系数		标准系数	t	Sig.	调整后 R^2
	B	标准差	Beta 分配			
常数	3.997	0.030		0.000	1.000	
经济责任	0.368	0.123	0.368	2.991	0.004	
法律责任	− 0.179	0.122	− 0.179	− 1.468	0.145	0.908
伦理责任	0.226	0.050	0.226	4.535	0.000	
慈善责任	0.652	0.054	0.652	12.014	0.000	
F 值	251.762					
显著性 P 值	0.000					

注：因变量为企业价值。

从表 5 – 8 中的数据可知，具体结果如下：

（1）模型拟合优度：回归结果 F 值为 251.762，其显著性 P 值为 0.000，小于 0.05，达到了显著效果，说明回归有效。企业责任承担各维度进入模型，调整后的可决系数 R^2 为 0.908，已解释方差占总方差的 90.8%，模型拟合效果较好。

（2）回归系数：回归结果显示，企业经济责任、法律责任、伦理责任、慈善责任一起进入回归方程，且经济责任、伦理责任、慈善责任与企业价值创造的回归系数均达到了显著水平，回归效果较好。因此，H_1 系列假设得以验证：

H_1：企业承担社会责任行为对企业创造价值有直接的正向影响，成立；

H_{1a}：企业承担经济责任行为正向影响企业创造价值，成立；

H_{1b}：企业承担法律责任行为正向影响企业创造价值，不成立；

H_{1c}：企业承担伦理责任行为正向影响企业创造价值，成立；

H_{1d}：企业承担慈善责任行为正向影响企业创造价值，成立。

根据回归分析的结果，可以得出企业责任承担各维度与企业价值创造的标准化回归方程：企业价值创造 = 0.368 * 经济责任 + 0.226 * 伦理责任 + 0.652 * 慈善责任

（四）企业社会责任承担对关系改善、能力提高的影响

1. 相关分析

表 5 - 9　　企业社会责任承担与关系改善、能力提升相关分析矩阵

		关系改善	能力提升
经济责任	Pearson 相关性	0.739 **	0.881 **
	显著性（双侧）	0.000	0.000
	N	103	103
法律责任	Pearson 相关性	0.739 **	0.883 **
	显著性（双侧）	0.000	0.000
	N	103	103
伦理责任	Pearson 相关性	0.708 **	0.208 *
	显著性（双侧）	0.000	0.035
	N	103	103
慈善责任	Pearson 相关性	0.885 **	0.319 **
	显著性（双侧）	0.000	0.001
	N	103	103
责任承担	Pearson 相关性	0.831 **	0.441 **
	显著性（双侧）	0.000	0.000
	N	103	103

由表 5 - 9 中数据可知，企业责任承担与关系改善相关系数为 0.831，在 0.01 水平上显著相关；且企业经济责任、法律责任、伦理责任、慈善责任四个维度对关系改善的相关系数分别为 0.739、0.739、0.708、0.885，均显著相关；企业责任承担与能力提升相关系数为 0.441，企业经济责任、法律责任、伦理责任、慈善责任四个维度与能力提升的相关系数分别为 0.881、0.883、0.208、0.319，均显著相关。

2. 回归分析

表 5 – 10　　　　企业社会责任承担对关系改善的多元回归分析

进入回归模型变量	未标准化系数		标准系数	t	Sig.	调整后 R²
	B	标准差	Beta 分配			
常数	− 3.77	0.038		0.000	1.000	
经济责任	0.375	0.155	0.375	2.424	0.017	
法律责任	− 0.035	0.153	− 0.035	− 0.231	0.818	0.855
伦理责任	0.176	0.063	0.176	2.813	0.006	
慈善责任	0.548	0.068	0.548	8.046	0.000	
F 值	150.916					
显著性 P 值	0.000					

注：因变量为关系改善。

从表 5 – 10 中的数据可知，具体结果如下：

（1）模型拟合优度：回归结果 F 值为 150.916，其显著性 P 值为 0.000，小于 0.05，达到了显著效果，说明回归有效。经调整后的可决系数 R^2 为 0.855，已解释方差占总方差的 85.5%，模型拟合效果可以接受。

（2）回归系数：回归结果显示，经济责任、法律责任、伦理责任和慈善责任一起进入回归方程，且经济责任、慈善责任、伦理责任与关系改善的回归系数显著性分别为 0.017、0.006、0.000 均达到了显著水平，回归效果较好。因此，H_2 系列假设得以验证：

H_2：企业承担社会责任行为对关系改善有直接的正向影响，成立；

H_{2a}：企业承担经济责任行为正向影响关系改善，成立；

H_{2b}：企业承担法律责任行为正向影响关系改善，不成立；

H_{2c}：企业承担伦理责任行为正向影响关系改善，成立；

H_{2d}：企业承担慈善责任行为正向影响关系改善，成立。

根据回归分析的结果，可以得出企业责任承担与关系改善的标准化回归方程：

关系改善 = 0.375 * 经济责任 + 0.176 * 伦理责任 + 0.548 * 慈善责任

表 5 – 11　　　　　　企业社会责任承担对能力提升的多元回归分析

进入回归模型变量	未标准化系数		标准系数	t	Sig.	调整后 R^2
	B	标准差	Beta 分配			
常数	8.209	0.035		0.000	1.000	
经济责任	0.550	0.146	0.550	3.770	0.000	
法律责任	0.575	0.145	0.575	3.974	0.000	0.870
伦理责任	0.024	0.059	0.024	0.413	0.681	
慈善责任	− 0.382	0.064	− 0.382	− 5.942	0.000	
F 值	172.276					
显著性 P 值	0.000					

注：因变量为能力提升。

从表 5 – 11 中的数据可知，具体结果如下：

（1）模型拟合优度：回归结果 F 值为 172.276，其显著性 P 值为 0.000，小于 0.05，达到了显著效果，说明回归有效。经调整后的可决系数 R^2 为 0.870，已解释方差占总方差的 87.0%，模型拟合效果可以接受。

（2）回归系数：回归结果显示，经济责任、法律责任、伦理责任和慈善责任一起进入回归方程，且经济责任、法律责任、慈善责任与能力提升的回归系数显著性为 0.000 < 0.05，均达到了显著水平，回归效果较好。因此，H_3 系列假设得以验证：

H_3：企业承担社会责任行为对能力提升有直接的正向影响，成立；

H_{3a}：企业承担经济责任行为正向影响能力提升，成立；

H_{3b}：企业承担法律责任行为正向影响能力提升，成立；

H_{3c}：企业承担伦理责任行为正向影响能力提升，不成立；

H_{3d}：企业承担慈善责任行为正向影响能力提升，成立。

根据回归分析的结果，可以得出企业责任承担与能力提升的标准化回归方程：

能力提升 = 0.550 * 经济责任 + 0.575 * 法律责任 − 0.382 * 慈善责任

（五）关系改善、能力提高对企业价值创造的影响

1. 相关分析

表5－12 关系改善、能力提升与企业价值创造相关分析矩阵

		关系改善	能力提升
经济价值	Pearson 相关性	0.942 **	0.393 **
	显著性（双侧）	0.000	0.000
	N	103	103
社会价值	Pearson 相关性	0.814 **	0.358 **
	显著性（双侧）	0.000	0.000
	N	103	103
环境价值	Pearson 相关性	0.575 **	0.235 *
	显著性（双侧）	0.000	0.017
	N	103	103
价值创造	Pearson 相关性	0.920 **	0.387 **
	显著性（双侧）	0.000	0.000
	N	103	103

由表5－12中数据可知，关系改善与企业价值创造相关系数为0.920，在0.01水平上显著相关；企业经济价值、社会价值和环境价值三个维度对关系改善的相关系数分别为0.942、0.814、0.575。能力提升与企业价值创造相关系数为0.387，在0.01水平上显著相关；企业经济价值、社会价值和环境价值三个维度对能力提升的相关系数分别为0.393、0.358、0.235。

2. 回归分析

表5－13 关系改善、能力提升对企业价值创造的多元回归分析

模型	进入回归模型变量	未标准化系数		标准系数	t	Sig.	调整后 R^2
		B	标准差	Beta 分配			
1	常数	8.364	0.039		0.000	1.000	0.845
	关系改善	0.920	0.039	0.920	23.592	0.000	

续表

模型	进入回归模型变量	未标准化系数		标准系数	t	Sig.	调整后 R^2
		B	标准差	Beta 分配			
2	常数	8.785	0.038		000	1.000	0.850
	关系改善	0.967	0.044	0.967	21.885	0.000	
	能力提升	0.095	0.044	0.095	2.142	0.035	
F 值		290.472					
显著性 P 值		0.000					

注：因变量为企业价值创造。

从表 5 – 13 中的数据可知，具体结果如下：

（1）模型拟合优度：回归结果 F 值为 290.472，其显著性 P 值为 0.000，小于 0.05，达到了显著效果，说明回归有效。关系改善、能力提升逐一进入模型，模型 1 调整后的可决系数 R^2 为 0.845，模型 2 调整后的 R^2 为 0.850，已解释方差占总方差的 85.0%，模型拟合效果较好。

（2）回归系数：回归结果显示，关系改善、能力提升依次进入回归方程，且两者与企业价值创造的回归系数达到了显著水平，回归效果较好。因此，H_4、H_5 系列假设得以验证：

H_4：企业关系改善对企业价值创造有直接的正向影响，成立；

H_{4a}：企业关系改善正向影响企业经济价值，成立；

H_{4b}：企业关系改善正向影响企业社会价值，成立；

H_{4c}：企业关系改善正向影响企业环境价值，成立；

H_{4d}：企业关系改善正向影响企业文化价值，成立。

H_5：能力提升对企业价值创造有直接的正向影响，成立；

H_{5a}：能力提升正向影响企业经济价值，成立；

H_{5b}：能力提升正向影响企业社会价值，成立；

H_{5c}：能力提升正向影响企业环境价值，成立；

H_{5d}：能力提升正向影响企业文化价值，成立。

根据回归分析的结果，可以得出关系改善、能力提升与企业价值创造的标准化回归方程：企业价值创造 = 0.967 * 关系改善 + 0.095 * 能力提升

（六）中介效应分析

当自变量对中介变量、中介变量对因变量、自变量对因变量均有显

著的因果关系时，将待验证的中介变量与自变量都放入回归方程，若自变量的回归系数有显著性下降，说明中介变量起到了部分中介的作用，若自变量的回归系数显著性消失，则起到完全中介的作用。

根据回归分析的结果，本研究需要验证的中介效应主要有：关系改善、能力提升在企业经济责任与企业价值创造的关系中起到中介的作用；关系改善、能力提升在企业法律责任与企业价值创造的关系中起到中介的作用；关系改善、能力提升在企业伦理责任与企业价值创造的关系中起到中介的作用；关系改善、能力提升在企业慈善责任与企业价值创造的关系中起到中介的作用。

表5-14　　　　　　　　　　关系改善的中介效应分析

模型	进入回归模型变量	未标准化系数		标准系数	t	Sig.	调整后 R²
		B	标准差	Beta 分配			
1	常数	3.997	0.030		0.000	1.000	0.908
	经济责任	0.368	0.123	0.368	2.991	0.004	
	法律责任	-0.179	0.122	-0.179	-1.468	0.145	
	伦理责任	0.226	0.050	0.226	4.535	0.000	
	慈善责任	0.652	0.054	0.652	12.014	0.000	
2	经济责任	0.253	0.118	0.253	2.152	0.034	0.921
	法律责任	-0.168	0.113	-0.168	-1.487	0.140	
	伦理责任	0.172	0.048	0.172	3.577	0.001	
	慈善责任	0.483	0.065	0.483	7.452	0.000	
	关系改善	0.308	0.075	0.308	4.132	0.000	
F 值		237.860					
显著性 P 值		0.000					

注：因变量为企业价值创造。

从表5-14中数据可见，经济责任、法律责任、伦理责任、慈善责任对价值创造的总效应 c 分别为 0.368、-0.179、0.226、0.652，显著性 Sig. 为 0.004、0.145、0.000、0.000，因此，经济责任、伦理责任、慈善责任的 c 显著，法律责任的 c 不显著；由表5-10所示经济责任、法律责任、伦理责任、慈善责任对关系改善的 a 值分别为 0.375、-0.035、0.176、0.548，显 著 性 Sig. 为 0.017、0.818、0.006、

0.000，因此，经济责任、伦理责任、慈善责任的 a 显著，法律责任的 a
不显著；关系改善对价值创造的 b 值为 0.308，显著性为 0.00 < 0.05，
b 显著；经济责任、法律责任、伦理责任、慈善责任对价值创造的间接
效应 c'分别为 0.253、- 0.168、0.172、0.483，显著性 Sig. 为
0.034、0.140、0.001、0.000，因此，经济责任、伦理责任、慈善责任
的 c'显著，法律责任的 c'不显著。综上可得结论，关系改善对经济
责任、伦理责任、慈善责任与企业价值创造的关系起部分中介作用。

表 5 – 15　　　　　　　　　　　能力提升的中介效应分析

模型	进入回归模型变量	未标准化系数		标准系数	t	Sig.	调整后 R^2
		B	标准差	Beta 分配			
1	常数	3.997	0.030		0.000	1.000	0.908
	经济责任	0.368	0.123	0.368	2.991	0.004	
	法律责任	- 0.179	0.122	- 0.179	- 1.468	0.145	
	伦理责任	0.226	0.050	0.226	4.535	0.000	
	慈善责任	0.652	0.054	0.652	12.014	0.000	
2	常数	6.277	0.028		0.000	1.000	0.935
	经济责任	0.521	0.125	0.521	4.166	0.000	
	法律责任	- 0.020	0.125	- 0.020	- 0.157	0.876	
	伦理责任	0.233	0.047	0.233	4.916	0.000	
	慈善责任	0.546	0.060	0.546	9.086	0.000	
	能力提升	- 0.278	0.081	- 0.278	- 3.431	0.001	
F 值		225.901					
显著性 P 值		0.000					

注：因变量为企业价值。

从表 5 – 15 中数据可见，经济责任、法律责任、伦理责任、慈善责任
对价值创造的总效应 c 分别为 0.368、- 0.179、0.226、0.652，显著性
Sig. 为 0.004、0.145、0.000、0.000，因此，经济责任、伦理责任、慈善
责任的 c 显著，法律责任的 c 不显著；如表 5 – 11 所示经济责任、法律责
任、伦理责任、慈善责任对能力提升的 a 值分别为 0.550、0.575、0.024、
- 0.382，显著性 Sig. 为 0.000、0.000、0.681、0.000，因此，经济责
任、法律责任、慈善责任的 a 显著，伦理责任的 a 不显著；能力提升对价

值创造的 b 值为 - 0.278，显著性为 0.001 < 0.05，b 显著；经济责任、法律责任、伦理责任、慈善责任对价值创造的间接效应 c' 分别为 0.521、- 0.020、0.233、0.546，显著性 Sig. 为 0.000、0.876、0.000、0.001，因此，经济责任、慈善责任的 c' 显著，法律责任、伦理责任的 c' 不显著。综上可得结论，能力提升对经济责任、慈善责任与企业价值创造的关系起部分中介作用。

（七）研究假设的验证结果

本研究通过实证分析对提出的各项假设进行了有效验证，检验具体结果如表 5 - 16 所示。关系改善、能力提升在责任承担对价值创造影响过程中的中介效应结果见表 5 - 17。

表 5 - 16　　　　　　　研究假设验证结果汇总表

序号	研究假设	结论
H_1	企业承担社会责任行为对企业创造价值有直接的正向影响	成立
H_{1a}	企业承担经济责任行为正向影响企业创造价值	成立
H_{1b}	企业承担法律责任行为正向影响企业创造价值	不成立
H_{1c}	企业承担伦理责任行为正向影响企业创造价值	成立
H_{1d}	企业承担慈善责任行为正向影响企业创造价值	成立
H_2	企业承担社会责任行为对关系改善有直接的正向影响	成立
H_{2a}	企业承担经济责任行为正向影响关系改善	成立
H_{2b}	企业承担法律责任行为正向影响关系改善	不成立
H_{2c}	企业承担伦理责任行为正向影响关系改善	成立
H_{2d}	企业承担慈善责任行为正向影响关系改善	成立
H_3	企业承担社会责任行为对能力提升有直接的正向影响	成立
H_{3a}	企业承担经济责任行为正向影响能力提升	成立
H_{3b}	企业承担法律责任行为正向影响能力提升	成立
H_{3c}	企业承担伦理责任行为正向影响能力提升	不成立
H_{3d}	企业承担慈善责任行为正向影响能力提升	成立
H_4	企业关系改善对企业价值创造有直接的正向影响	成立
H_{4a}	企业关系改善正向影响企业经济价值	成立
H_{4b}	企业关系改善正向影响企业社会价值	成立
H_{4c}	企业关系改善正向影响企业环境价值	成立
H_{4d}	企业关系改善正向影响企业文化价值	成立

序号	研究假设	结论
H_5	能力提升对企业价值创造有直接的正向影响	成立
H_{5a}	能力提升正向影响企业经济价值	成立
H_{5b}	能力提升正向影响企业社会价值	成立
H_{5c}	能力提升正向影响企业环境价值	成立
H_{5d}	能力提升正向影响企业文化价值	成立

表 5-17　　　关系改善、能力提升的中介效应汇总表

中介变量	影响关系	中介效应
关系改善	企业承担经济责任对企业价值创造的影响	部分中介效应
	企业承担法律责任对企业价值创造的影响	无中介效应
	企业承担伦理责任对企业价值创造的影响	部分中介效应
	企业承担慈善责任对企业价值创造的影响	部分中介效应
能力提升	企业承担经济责任对企业价值创造的影响	部分中介效应
	企业承担法律责任对企业价值创造的影响	无中介效应
	企业承担伦理责任对企业价值创造的影响	无中介效应
	企业承担慈善责任对企业价值创造的影响	部分中介效应

三　结果讨论

根据描述性统计分析、相关分析、回归分析、中介检验、调节作用等数据处理方法，主要结论如下所示。

（一）责任承担对价值创造的影响

企业责任承担与企业价值创造的相关系数为0.863，在0.01水平上显著相关，经济责任、法律责任、伦理责任、慈善责任与经济价值、社会价值、环境价值均为显著正相关关系。根据回归分析的结果，最终得出企业责任承担与价值创造的标准化回归方程：企业价值创造 = 0.368 * 经济责任 + 0.226 * 伦理责任 + 0.652 * 慈善责任，由于本次实证研究法律责任选择的核心指标为依法纳税与经营安全，103 家食品上市企业在这两方面的表现并无显著差异，因此与价值创造的相关性、回归系数并不显著。责任承担的四个维度对价值创造影响程度大小依次排序为：

慈善责任、经济责任、伦理责任、法律责任。因此，假设 H_1：企业承担社会责任行为对企业创造价值有直接的正向影响成立；H_{1a}：企业承担经济责任行为正向影响企业创造价值成立；H_{1b}：企业承担法律责任行为正向影响企业创造价值不成立；H_{1c}：企业承担伦理责任行为正向影响企业创造价值成立；H_{1d}：企业承担慈善责任行为正向影响企业创造价值成立。

（二）　责任承担对关系改善的影响

企业责任承担与关系改善的相关系数为 0.831，在 0.01 水平上显著相关，经济责任、法律责任、伦理责任、慈善责任与关系改善的 pearson 相关系数分别为：0.739、0.739、0.708、0.885，均为显著正相关。根据回归分析的结果，最终得出企业责任承担与关系改善的标准化回归方程：关系改善 = 0.375 * 经济责任 + 0.176 * 伦理责任 + 0.548 * 慈善责任，其中履行慈善责任对关系改善的影响最为显著。因此，假设 H_2：企业承担社会责任行为对关系改善有直接的正向影响成立；H_{2a}：企业承担经济责任行为正向影响关系改善成立；H_{2b}：企业承担法律责任行为正向影响关系改善不成立；H_{2c}：企业承担伦理责任行为正向影响关系改善成立；H_{2d}：企业承担慈善责任行为正向影响关系改善成立。

（三）　责任承担对能力提升的影响

企业责任承担与能力提升的相关系数为 0.441，在 0.01 水平上显著相关，经济责任、法律责任、伦理责任、慈善责任与能力提升的相关系数分别为：0.881、0.883、0.208、0.319，均为显著正相关。根据回归分析的结果，最终得出企业责任承担与能力提升的标准化回归方程：能力提升 = 0.550 * 经济责任 + 0.575 * 法律责任 − 0.382 * 慈善责任，其中经济责任对能力提升的影响最为显著。本次研究伦理责任采用生态伦理和员工伦理进行测量，能力提升则是通过研发能力与营销能力为代表性指标，而生态伦理与企业的研发能力或是营销能力的提升并无明确的必然联系，因此，实证结果显示伦理责任对能力提升并无显著影响。因此，假设 H_3：企业承担社会责任行为对能力提升有直接的正向影响成立；H_{3a}：企业承担经济责任行为正向影响能力提升成立；H_{3b}：企业承担法律责任行为正向影响能力提升成立；H_{3c}：企业承担伦理责任行为正向影响能力提升不成立；H_{3d}：企业承担慈善责任行为正向影响能力提升成立。

(四) 关系改善、能力提升对价值创造的影响

关系改善与企业价值创造相关系数为 0.920，在 0.01 水平上显著相关；企业经济价值、社会价值和环境价值三个维度对关系改善的相关系数分别为 0.942、0.814、0.575。能力提升与企业价值创造相关系数为 0.387，在 0.01 水平上显著相关；且企业经济价值、社会价值和环境价值三个维度对能力提升的相关系数分别为 0.393、0.358、0.235。根据回归分析的结果，最终得出企业关系改善、能力提升与企业价值创造的标准化回归方程：0.967 * 关系改善 + 0.095 * 能力提升，关系改善对企业价值创造的影响明显高于能力提升。因此，假设 H_4：企业关系改善对企业价值创造有直接的正向影响成立；H_{4a}：企业关系改善正向影响企业经济价值成立；H_{4b}：企业关系改善正向影响企业社会价值成立；H_{4c}：企业关系改善正向影响企业环境价值成立；H_{4d}：企业关系改善正向影响企业文化价值成立。假设 $_{H5}$：能力提升对企业价值创造有直接的正向影响成立；H_{5a}：能力提升正向影响企业经济价值成立；H_{5b}：能力提升正向影响企业社会价值成立；H_{5c}：能力提升正向影响企业环境价值成立；H_{5d}：能力提升正向影响企业文化价值成立。

此外，企业性质、企业规模在企业价值创造及其细分维度上无显著差异。综上所述，结合数据分析的结果，对第三章"4R + 2C + 4V"的初始研究模型进行修正和改进，其中未验证文化价值，因此最终的研究模型如图 5 – 1 所示（模型中实线箭头是经假设检验支持的，虚线箭头是假设检验不支持的，便于与初始模型进行对比）。

本章小结

本章主要对企业社会责任价值创造"4R + 2C + 4V"模型进行了实证与修正。第一节对核心测量指标进行了梳理和明晰，第二节着重以食品行业为例进行了模型验证。实证过程中有两点为前提：首先，综合考虑到行业差异性与食品行业当前企业社会责任缺失行为的频发情况，本次实证选取食品行业的 103 家企业作为实证样本；其次，由于文化价值较为隐性，测量难度较大，因此本次实证过程中暂时未对其进行验证。

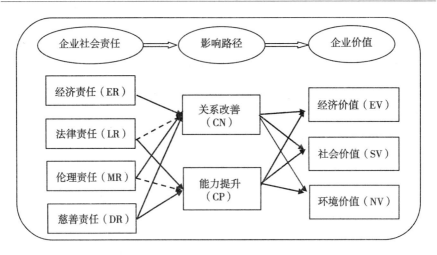

图 5 - 1　检验后修正模型

通过数理统计分析，本研究得出以下主要结论：企业社会责任承担在对企业价值创造的影响上，除除法律责任承担外，企业经济责任、伦理责任、慈善责任承担对企业价值创造影响呈正相关；企业社会责任承担对关系改善的影响上，除法律责任承担外，企业经济、伦理、慈善责任承担对关系改善在影响上呈正相关；企业社会责任承担对能力提升影响上，除伦理责任承担外，企业经济、法律、慈善责任承担对能力提升在影响上呈正相关；企业社会责任通过影响路径的关系改善和能力提升对企业价值创造影响呈正相关。最终，通过实证检验，修正了研究模型。

第六章　企业社会责任价值创造的个案研究

第五章以食品行业为例，对企业社会责任价值创造"4R＋2C＋4V"模型进行了实证分析，验证了企业社会责任、影响路径、企业价值的相关关系。在此基础上，本章选取五家企业，从综合价值与价值体系中的侧重价值出发，对其企业社会责任价值创造的实践经验进行了分析与总结：海康威视，安防卫士，以研发创造经济价值的企业样本；三替集团，家政领袖，让平凡工作创造社会价值的企业样本；盾安集团，制冷产业领跑者，承担社会责任创造环境价值的企业样本；阿里巴巴集团，互联网平台巨头，全心打造"新商业文明"，创造文化价值的企业样本；吉利集团，民族汽车的骄傲，以"红色引擎"和"元动力"工程为核心，承担多元责任，创造综合价值的企业样本。这五家企业在社会责任价值创造方面有益经验和管理实践，对正在践行企业社会责任的企业具有一定启示作用。

第一节　聚焦研发战略，世界领先技术
创造巨大经济价值
——基于杭州海康威视数字技术股份有限公司的
社会责任实践考察

一直以来，"中国制造"常因"质次价低"而受到种种诟病，也因为缺乏核心技术或自主研发能力，致使大量中国制造企业在市场上丧失话语权。在竞争日趋激烈的今天，企业自主创新既是对自身可持续发展的一种责任，也是对中国制造业转型升级的责任。

杭州海康威视数字技术股份有限公司（以下简称"海康威视"），是"中国安防十大民族品牌"，在"中国安防百强"中位列首位。该企

业专注于安防产品，依靠强大的研发团队，打造出专属公司的民族品牌，面向全球提供领先的视频产品、专业的行业解决方案与内容服务，连续八年（2007—2014 年）以中国安防第一位的身份入选 A&S《安全自动化》、"全球安防 50 强"，且连续四年（2011—2014 年）蝉联 IHS 全球视频监控企业第 1 位。①

海康威视不断以强烈的经济责任提升研发能力，获得了可持续的快速发展，不仅在行业内被视为经济保值增值能力极强的企业，在行业外也展示了作为一个民族品牌在高科技行业中的深厚实力，引领"中国智造"的发展。作为全球视频监控数字化、网络化、高清智能化的见证者、践行者和推动者，海康威视重视研发，通过承担社会责任创造显著经济价值方面的经验有一定借鉴意义。

一　海康威视社会责任的主要实践

海康威视对于企业社会责任承担有深刻的理解，这造就了在企业成立之初对企业成长之路长远的规划：提升研发能力，进行持续创新。

（一）壮大研发团队，为企业成长夯实基础

海康威视十分明确自身作为一个经济单位对经济责任的承担，因此对研发团队非常重视，始终关注安防行业的前沿技术。2014 年，海康威视共有研发人员 5333 人，占公司总员工人数的 45%，这一研发团队规模在全球安防行业中尤为凸显。同时，研发团队内拥有多位优秀成员和专家，协作主持或参与多个安防行业标准和安防相关行业标准的制订。海康威视的迅速发展令业界赞叹，但公司团队规模的极速扩展更令人吃惊。从最早的 28 人创业团队发展到 2014 年的 1.2 万名员工、5333 名研发人员的高科技企业，研发人员占比 45%，远高于占比 29% 的生产人员和占比 21% 的销售人员（见图 6 - 1），可见海康威视对研发的重视程度。

在同行业中，45% 的研发人员占比已是一个十分亮眼的数字。2013 年到 2014 年，海康威视的研发人员数量增加了 764 人，可见该企业对

---

① 本节数据和资料主要来源于海康威视官方网站，http: //www. hikvision. com/cn/index. html？jmode = j1。

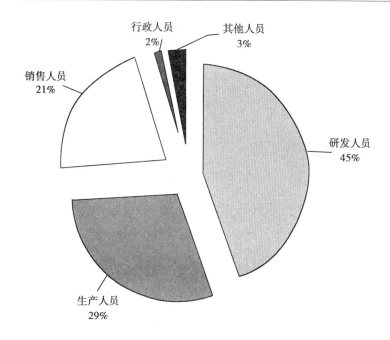

图 6 - 1　2014 年海康威视以工种划分的员工构成

研发的关注。此外，海康威视也非常重视员工学历的多样性，企业内的人力资源由多层次的学历人才构成，总体以本科生为主，同时不乏高学历人才。至 2014 年底，公司共计拥有本科生近 6000 名，硕、博人数近 1200 名（见图 6 - 2），公司每年都在不断招进大量的新员工。近 60% 的人员拥有本科及以上学历，这些员工成为公司研发创新的强大动力。

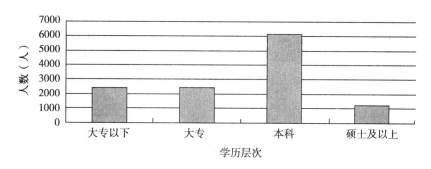

图 6 - 2　2014 年海康威视以学历划分的员工构成

值得注意的是，海康威视的研发团队非常年轻，平均年龄 28 岁，这为企业研发创新提供了强有力的后劲，这一点也得到了国家领导人习近平主席的肯定和认可。2015 年 5 月在视察海康威视过程中，习主席听取了员工的专题汇报后指出，海康威视这些"80 后""90 后"是公司发展的后劲所在。

(二) 自主专利研发，为企业成长添砖加瓦

截至 2014 年底，海康威视的自主知识产权包含了 626 项专利 (含专利申请)、258 项软件著作权；同时，海康威视的合作研发能力也尤为突出，在 2014 年度国家科学技术奖励大会上，海康威视和华中科技大学、中兴通讯共同研发的"主动对象海量存储系统及关键技术"获得 2014 年度国家技术发明奖二等奖。这种令人惊叹的研发成就，在 2015 年 5 月份国家主席习近平视察后，更被推上了万众瞩目的地步，习主席对其"创新"及"人才"的高度评价证实了"研发推动成长"的效应。

从国内外的企业来说，2014 年国内 500 强的平均研发强度 (企业研发投入总量与产品销售收入的比值) 仅为 1.1%，美国则为 4%，日本为 3.4%①。而海康威视研发费用占企业销售额 7% 以上，绝对数额占据业内前茅，远超于三国 500 强企业的平均水平，总体上呈现出研发投入力度不断加大的趋势 (如图 6 - 3)，其研发投入始终保持在行业前列。

海康威视的研发费用从 2010 年的 2.44 亿元增加到 2014 年的 13 亿元，显示出其作为一个高新技术企业对创新的重视，促使自主研发能力的增强，最终表现为企业较高的有效发明专利数。从国内制造行业来说，海康威视的研发能力也格外突出。2015 年 3 月，浙江省高新技术企业协会第一届第四次理事会暨浙江高新产业论坛在绍兴举行，会议揭晓了"2014 年全省高新技术企业百强"的评选结果：海康威视从全省 5137 家高新技术企业中脱颖而出，成为"百强"之首。② 这些百强企业

---

① 资料来源：投资界，《中国企业 500 强 VS 世界 500 强：制造业研发投入较低》，ht-tp：//pe. pedaily. cn/201509/20150901387747. shtml。

② 资料来源：浙江科技新闻，赵磊，《浙江最牛高企都在这了！2014 浙江省高新技术企业百强出炉》，http：//st. zjol. com. cn/system/2015/03/20/020563685. shtml。

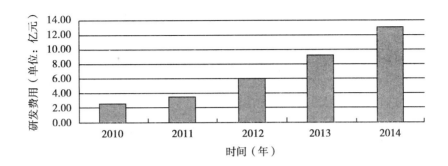

图 6 - 3　2010—2014 年海康威视的研发投入

累计拥有有效发明专利 2600 件，平均每家 26 件，是全省规模以上工业企业平均水平的 46 倍，而海康威视在这些企业中更为突出，拥有有效发明专利数授权百件以上，远高于百强企业的平均专利数，原因在于海康威视对研发逐年递增的投入。

（三）领先尖端产品，为企业成长插上翅膀

长期以来，在全球产业链的分工中，中国企业更多地充当着制造者而非创造者和设计者的角色，这导致中国产业在国际分工中始终处于"微笑曲线"的低端位置，即加工制造环节，附加值最低。这样的窘境急需国内企业从中国制造走向中国"智造"，逐步迈入"微笑曲线"附加值更高的左右两端——研发、专利、行业标准制定与市场营销、服务，这样既能产出优质的"中国制造"，更能创出独特的"中国智造"，甚至能够引发新一轮的行业革命。

早在 2013 年 5 月，在肯尼亚首都内罗毕召开的"第三届东非安防研讨会"上，Security World 公司 CEO Karanja Njama 对海康威视高度赞扬并表示 Security World 将继续把"海康威视"作为唯一品牌，加大在金融、教育、交通等领域的合作。在安防行业，海康威视成为中国民族品牌的代表，产品先进的性能、完善的售后服务，将引领着中国其他安防企业继续发出"中国声音"；同年 9 月，美国媒体 Hispanic Business 在一项针对中国安防企业的调查中表示，海康威视赢得了全球买家的最高满意度及认可度。海康威视引领安防行业从制造走向智造，逐步扭转了中国制造在海外的负面形象，并以其一步步强大起来的产品基础迅速打开和稳固了海外市场。

海康威视在 2015 年 10 月 29 日—11 月 1 日于深圳会展中心举办的第十五届中国国际公共安全博览会上推出"无人机",瞬间聚焦了在场众多观众的眼光。海康威视行业级无人机的发布,定义了安防行业无人机领域产品新标准,满足了多种行业的业务需求,标志着安防行业开始进入空地立体防控时代。深厚的研发积累无疑为研发无人机打下了深厚基础,同时海康威视在视频监控技术、平台的构建经验等方面,也有着其他安防企业无法比拟的优势。

继"无人机"推出轰动全场后,海康威视携 DT1.0、Smart265 等业界领先技术、创新性全系列产品以及端到端、系统级的整体解决方案亮相大会,推启"智能安防 2.0"时代的大门。"智能安防 2.0"是海康威视提出的概念,指建立在多维感知、视频信息结构化为基础的大数据应用之上,以业务融合、内容服务、智慧应用为基本特征的新型安防业务模式,代表着行业未来发展的方向。海康威视率先开启"智能安防2.0"时代,将安防领域的传统优势与云计算、大数据进行深度化学反应,使安防应用从"安全"到"效率"继而走向全面的价值创造,让安防与各行业的跨界融合成为"内容服务"的新内涵,赢得了国内外参会者的频频称赞。而对国人来说,这种"骄傲"再次证明民族品牌和中国智造会带给人们更多期待和惊喜。

智能制造是工业 4.0 的核心要义,在经济形势面临"转型换挡"的关键时期,中国制造走向中国"智造"是必然趋势;而在安防行业,海康威视开启的"智能安防 2.0"时代是走向民用、大众化、更加便捷化的必然趋势,更是建立与小微客户良好关系的重要开端。海康威视旗下推出的"萤石云"与一系列消费类产品,如微视频摄像机,可以通过连接智能手机,利用萤石微视频 APP,随时随地远程关注家中老人或儿童的生活情况,这些成果得到央视等主流媒体关注。民用安防是在智慧生活的大背景下,基于安全为基础的微视频应用,是智慧生活的重要组成部分,也是海康威视经济价值创造新的增长点。

二　海康威视经济价值的综合表现

强劲的研发实力为海康威视带来了经济实力的高速增长。2013 年,海康威视主营业务收入首次突破 100 亿元大关,成为国内首家突破亿元收入的安防厂商；2014 年，海康威视主营业务收入达 172.3 亿元，同比增长 60.4%。[①] 截至 2015 年 9 月，海康威视 2015 年三季报营业收入为 166.8 亿元，同比增长 56.3%[②]，按照此增长速度，海康威视主营业务收入很有可能在 2015 年突破 200 亿元，意味着从 100 亿元到 200 亿元，海康威视将只用两年的时间完成。

结合净利润来看，海康威视的保值增值能力亦十分突出。净利润代表着一个企业经营的最终成果，是衡量一个企业经营效益的主要指标，净利润越多，表示企业的经营效益就好。海康威视从 2010 年到 2014 年，企业净利润以不断增长的趋势表明了其良好的经营效益（见图 6 - 4）。

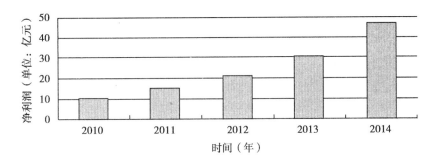

图 6 - 4 2010—2014 年海康威视的净利润走势

在 2010 年到 2014 年五年的经营发展中，海康威视的净利润增长率也呈现出上升的趋势：如图 6 - 4 所示，2011 年净利润为 14.8 亿元，相较于 2010 年 10.5 亿元来说，同比增长 41%，2012 年则以 21.3 亿元的净利润较 2011 年增长 43.9%，2013 年与 2014 年的净利润分别同比增长 44.1%、52.1%。海康威视持续高增长在于，一方面以强大的研发能力推动企业技术的更新升级，从模拟、IP、高清到智能进而带来新增市场的需求；另一方面，强大的品牌效应和研发能力吸引并维持众多的新老客户，使企业拥有顺畅的国内外渠道关系。

总资产收益率是企业净利润与平均资产总额的比值，直接反映了企

---

① 资料来源：慧聪安防网，http://info. secu. hc360. com/2015/07/241105831018. shtml。

② 资料来源：网易财经，http://quotes. money. 163. com/f10/cwbbzy_ 002415. html，以下图中数据来源于同一出处。

业的竞争实力和发展能力。海康威视在近五年稳健发展的同时，也通过该指标展示出强大的竞争力和发展势头（如图6–5）。

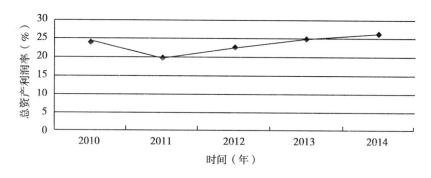

图6–5　2010—2014年海康威视总资产利润率走势

从这些数据来看，海康威视在2011年的总资产里利润率有所下降，这是由于企业在2011年度，一方面坚持走国际化道路，开始积极地海外扩张；在保证海外业务增长的同时加大自有品牌的出货比例，而且在稳定现有海外市场的情况下，逐步深入南美、非洲两个市场；另一方面海康威视进行了业务转型：由硬件设备制造商向安防综合解决方案供应商的转型。以2011年为转折点，海康威视的经营业绩表现在总资产收益率呈现逐年上升趋势：由2011年的19.9%增长到2014年的26.5%。在经历了海外扩张和业务转型后，海康威视仍以较高速的增长在行业中脱颖而出，取得了耀眼成绩。

净资产利润率是企业净利润与股东权益的比值，是配股的必要条件之一，可以反映股东收益水平。海康威视在经济责任的驱动下，以研发提升企业技术创新能力，不断维护并提升消费者利益，以稳定中上升的净资产利润率回应了股东对企业的投资（如图6–6）。

结合海康威视公司战略调整，并与图6–5相比后发现，2011年的净资产收益率并未下降，且以稳定的增速上涨，在2014年达到了31.4%的水平。这说明海康威视给予股东持续增长的回报并未受到企业战略调整的影响，给投资者带来愈来愈高的收益。由此可见，企业的增值盈利能力十分稳定，且稳中有升。

从全球安防行业来看，海康威视自2007年首度进入A&S"全球安防50强"到2015年取得全球第二、亚洲第一的佳绩，离不开其对自主

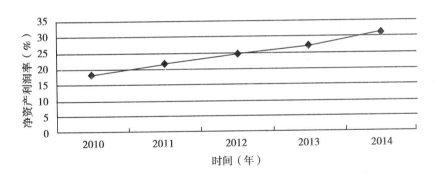

图 6 – 6　2010—2014 年海康威视净资产利润率走势

品牌以及技术创新的重视，海康威视有望在未来能继续保持稳定的增长态势。2007 年，海康威视首次入选全球知名的工业媒体 A&S《安全自动化》（MFNE 法兰克福新时代传媒）的"全球安防 50 强"，名列第 21 位，作为国内唯一的安防企业入选，其中 2005—2006 年销售增长率位居第 1 位；① 2010 年，在"全球安防 50 强"榜单中，海康威视以全球排名第 10、亚洲第 5 的佳绩名列其中；② 2013 年，海康威视在"全球安防 TOP50 排行榜"中跃升至全球第 4 名；③ 2014 年，A&S《安全自动化》根据安防行业产品销量，优选出 2014 年全球安防 50 强，海康威视凭借多年持续高速稳定的增长趋势，荣膺 A&S 杂志 2014 年度全球安防 50 强前三强，并成功跻身全球安防大市场三大领军企业之一。在监控领域，作为全球领先的视频产品及内容服务提供商，海康威视连续三年蝉联全球监控排名第一位。④ 近日，海康威视凭借卓越的业绩在 A&S《安全自动化》发布的 2015 年度"全球安防 50 强"榜单中跃居"全球

---

①　资料来源：海康威视官网，《海康威视入选全球安防 50 强》http://www. hikvision. com/cn/news_ detail_ 63_ i50. html。

②　资料来源：海康威视官网，《海康威视冲入全球安防 50 强前 10 位》http://www. hikvision. com/cn/news_ detail_ 63_ i205. html。

③　资料来源：海康威视官网，《海康威视晋升 A&S 2013 年全球安防 50 强排行榜第 4 名》http：//www. hikvision. com/cn/news_ detail_ 63_ i750. html。

④　资料来源：海康威视官网，《海康威视跃居 2014 年度"全球安防 50 强"排行榜第 3 名》http：//www. hikvision. com/cn/news_ detail_ 63_ i1197. html。

安防 50 强"第二名，蝉联亚洲第一名。①

从创业之初到如今，海康威视通过公司变革和提升研发能力驱动自身可持续发展。海康威视以对股东、员工、合作伙伴的责任承担，内化为公司研发能力的提高，最终获得骄人业绩，实现经济价值一路高歌猛进。

三　海康威视经济价值的创造机理

海康威视经济价值创造的核心在于"研发为先，提升生产要素边际贡献"。海康威视以企业社会责任承担内化为企业研发能力的提升，通过壮大研发团队、申请自主专利、开发尖端产品一步步驱动企业创造经济价值。

（一）从企业社会责任承担到研发能力提升与关系改善

在全球经济一体化和开放的大背景下，传统基于制造过程的规模经济很快达到了极限，规模扩张的正反馈效应被组织庞大臃肿带来的负反馈效应所取代。与此相对应，生产与制造过程迅速实现商品化，使企业投资回报率趋同于社会平均报酬率，企业难以保持持续的竞争优势与增长。② 由"微笑曲线"现象可以看出，企业研发投资与营销的成功远比生产与制造会给企业盈利能力带来更加持续和长期的积极影响。研发作为价值链的首个环节，会产生更大的"网络效应"：强大的研发能力能够使企业在行业中占有一席之位，为企业营销成功增添筹码，从而更易于维持、提高用户及合作伙伴的满意度，开拓市场新高度。海康威视积极承担企业社会责任，首先需要维持自身成长，承担起经济责任。基于经济责任以及对价值链上各环节的分析，海康威视造就了高水平的研发能力，同时也改善了与利益相关者的关系。

（二）从研发能力提升与关系改善到企业经济价值创造

研发能力与关系网络作为一种无形资产，与企业中的有形资产有所区别。有形资产更具竞争性即资产用途的排他性，在配置给定后，就排

---

① 资料来源：海康威视官网，《海康威视跃居 2015 年度"全球安防 50 强"第二名》ht-tp：//www. hikvision. com/cn/news_ detail_ 63_ i1685. html。

② 卓华夏：《中小企业板上市公司无形资产价值相关性研究》，西南财经大学，2009 年。

除了同时用于其他方面的可能，直接导致资产正的机会成本和稀缺性。① 但是，研发能力和关系网络在企业中却是非竞争性的，可以同时配置于不同场合及重复使用且不影响其效用，其机会成本往往可以忽略不计。同时，新生产要素说强调了知识、客户及网络的作用，也指出劳动、土地及资本等在经济价值创造活动中地位的下降，这也可从经济学角度说明研发能力作为知识的应用对企业价值创造具有越来越大的贡献。研发能力的提升优化企业资源配置，调整生产要素的构成比例，提高单位产出量，助推企业发展方式从"粗放型"转向"集约型"。在企业内部，海康威视以研发优势代替部分生产与销售人员，将一个研发人员的边际贡献发挥到最大，在人力成本不变或略有增加的同时取得最大的产品和服务效益。在企业外部，良好的关系网络使海康威视降低了交易成本，优质的产品和服务不仅使海康威视在国内市场占有率稳增，还帮助其开拓了海外市场，创造了经济价值新的增长点。

四　海康威视的案例启示

海康威视的重要启示是"突破单一博弈，注重未来收益"。海康威视以创新科技和专业经验为依托，致力于构建"人人轻松享有安全的品质生活"的和谐社会，积极履行企业社会责任，为企业创造多元价值，尤其是经济价值。企业社会责任的践行也能为企业消除各种不实、不利的信息，比如 2015 年 10 月，杭州市中级人民法院对海康威视诉安信证券就"棱镜门"事件的名誉权侵权一案做出终审判决，法院认定安信证券构成对海康威视的名誉权侵权，判决安信证券在指定媒体上刊登向海康威视的道歉声明，为海康威视消除影响、恢复名誉。海康威视强大的责任感使之源源不断地发展培养自身研发团队，引领行业发展，拓展海内外市场，这些增强了海康威视内部技术创新能力。有强大的技术能力作支撑，稳定的顾客关系作保障，海康威视无往不利，经济价值的创造成为海康威视承担企业社会责任后自然而然获得的成果。在这过程中，海康威视致力于为"中国智造"发声，在行业中崭露头角，稳定

---

① 茅宁：《无形资产在企业价值创造中的作用与机理分析》，《外国经济与管理》2001 年第 7 期。

国内市场的同时积极拓展海外市场。将这些综合起来，本研究认为，海康威视的发展历程及成就能够为其他企业带来两点启示：

（一）突破市场竞争者间的博弈，寻找安防行业的新蓝海

海康威视自成立以来都是将企业重点放在内部的"自我肯定与否定"上，通过无限重复的动态博弈不断变革技术研发，持续创新。2007年，海康威视作为重要国产摄像机品牌，入围四大国有银行，成为民族安防品牌的标杆，开启了海康威视进军高端领域的大幕。海康威视不断积极主动地从客户角度出发，2013年再次率先提出将高清化和智能化进行融合，将自主研发的 Smart 技术率先应用于金融行业中。高水平的客户满意度不仅深化与老客户的合作，还会得到新客户的认可——2015年10月份，海康威视与华润置地有限公司签署的视频监控独家战略合作协议，将其转变成华润置地有限公司 2015 年—2017 年底唯一的视频监控系统供应商，包括前端摄像机，后端存储、解码、大屏等全系列产品。海康威视在国内市场的独特之处还体现在其于 2015 年 4 月 27 日与浙江省公安厅签订合作协议，共同开展视频监控与智慧警务相关领域的技术与应用研究，共同开发新技术和新产品；同时，基于国家层面高度重视网络安全问题，共建"嵌入式"系统安全技术实验室，破解新技术应用中遇到的网络安全问题。

（二）突破收益与成本的博弈，打开安防领域的价值空间

与短暂的收益与成本间的平衡相比，海康威视更加注重长远的、未来的收益与成本间的关系。"让用户满意、让员工满意、让供应商满意、让股东满意"，这是海康威视一直坚持与利益相关者共赢的管理理念，这种理念导向是其长远眼光的体现。多年来，海康威视始终秉持全员、全面、全过程的质量管理理念，广大员工由"要我对产品质量负责"向"我要对产品质量负责"的意识转变，为产品质量的全面提升打下了坚实的基础，最终满足客户需求。这种以客户为中心、兼顾员工、供应商及股东利益的理念体现出对利益相关者的重视，在短时间内为企业的收益做出的贡献不能说是极大，但这是一个业绩长青的企业的必备条件，支持着企业发展长远利益。海康威视由最初的名不见经传发展到近几年的业绩日益耀眼，其编解码设备在国内市场占有率榜上连年稳居前列，占 40% 以上，已成为全球最大的编解码设备研发制造商之一；在

摄像机/球机产品方面，2010 年市场占有率已跃居国内第一位；目前为国内近 2 万家客户提供产品和服务。这些都是海康威视"厚积薄发"的体现，都是坚持企业当前与未来的长期博弈结果。关注研发、关注质量、关注积累的态度值得中国制造企业学习借鉴。

第二节　于平凡之处显不凡，领军家政
服务业创造社会价值
——基于杭州三替服务集团的社会责任实践考察

2013 年，我国第三产业增加值占 GDP 比重首次超过第二产业，达46.9%；2014 年进一步提升至 48.1%；2015 年上半年第三产业继续领跑，占 GDP 比重 49.5%，稳稳支撑我国经济增长的"半壁江山"。[①] 随着第三产业的不断发展，越来越多的服务型企业也开始进入快速发展阶段，杭州三替服务集团（以下简称"三替集团"）就是表现较为突出的企业之一。

三替集团是我国家政服务行业的排头兵，自 1992 年创立以来，三替集团已由最初的搬家服务发展成为涵盖家政、搬家、物业管理、装饰工程等众多项目的综合性服务企业。[②] 在"替您解忧、替您解难、替您受累"的服务宗旨引领下，三替集团不仅为数以万计的无学历、无技能人员提供了就业机会，更让大众有机会从繁琐的家务劳动中解放出来，安心工作。2006 年 12 月 31 日，时任浙江省委书记的习近平同志专程视察三替时说道："社会需要更多像三替这样能帮助政府排忧解难的企业，一定要把三替的事情办好，为社会作贡献需要形成一种合力。"[③] 正如习总书记所说，三替集团是一家具有强烈社会责任感的企业，从事着最平凡的工作却创造出不平凡的价值，帮扶最平凡的大众创造出不平凡的业绩。三替集团也由此获得了"浙江省最具社会责任感单位""浙江省安置下岗职工再就业突出贡献企业"等多项荣誉，在承担社会责

---

① 资料来源：中国新闻网站：www. chinanews. com/cj/2014/01–20/5755211. shtml。

② 资料来源：杭州三替集团有限公司官方网站–公司简介：www. cnsanti. com/introduction/index. aspx。

③ 资料来源：浙江在线：www. edu. zjol. com. cn/system/2013/09/12/019591708. shtml。

任，创造社会价值方面做出了积极表率。

一　三替集团社会责任的主要实践

三替集团董事长陶晓莺在谈到对企业社会责任的理解时讲到："我不知道三替集团承担了什么社会责任，甚至也没意识到我们已经在承担社会责任，只是希望在企业发展的同时，带领更多人富起来。"由此可见，社会责任实践对三替集团而言并不是目的性地选择承担，它已融入企业的日常运行中，成为一种自然而然的企业行为。

（一）不断深耕挖潜，创新服务项目

创新产品与服务是企业发展的持续动力，也是作为行业领导者的应尽责任。成立至今，三替集团业务范围涉及家政、搬家、装饰、园林园艺、物业管理、电子商务、网上购物、广告传媒、生活服务平台、金钥匙管家、培训学校、实业发展等多方面。2007 年已被评为"全国首届服务业科技创新奖·服务业创新型企业"，如今已成为中国最大的家政服务集团。以三替服务为核心，目前三替集团的业务系统不断完善。

如图 6 - 7 所示，服务是三替集团的业务核心，做专、做细是三替集团在服务上的特色与优势。其服务项目包括：搬家服务、维修服务、清洁服务、装饰服务、物业服务、管家服务、早教服务、月嫂服务、保姆服务、园艺服务、家政服务等。

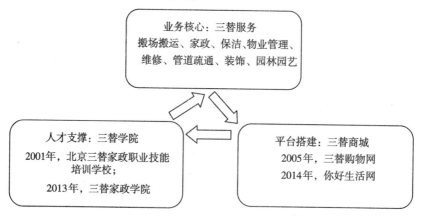

图 6 - 7　三替集团的业务系统

在搬家服务方面，三替集团坚持"做专"。三替搬家公司经过 22 年的发展，已经成为佳质量、高效率、好服务的象征。由于三替的用心服务，三替搬家公司成为了许多企事业单位的搬家首选。2013 年，三替集团通过招标形式，成为阿里巴巴集团整体搬迁的业务承担企业；同年，浙江省博物馆搬迁中，三替集团承担了文物搬迁工作；2014 年，杭州师范大学校区整体搬迁业务也由三替集团承担。[①] 在搬家队伍不断壮大的同时，三替集团始终坚信唯有用心服务才能满足顾客的服务需求，为此，三替还致力于为不同家庭、单位的搬家需求提供个性化的服务。

在家政服务方面，三替集团保持"做细"。通过不断深耕挖潜，三替集团细致化把握大众的各类家政需求。如今，三替集团能为企业事业单位提供十八大类共一百余项服务，成为企事业单位和家庭后勤服务的有力保障。其中，金钥匙管家服务是家政服务中的优势项目，该项目根据客户需要专业配备不同级别的管家，从而形成多样化、个性化的服务体系（如表 6 - 1 所示）。

表 6 - 1　　　　　　　　　三替集团金钥匙管家服务项目

服务分类	服务项目	服务人员
家庭管理服务	安排管理保姆、小时工、厨师、司机、花工等工作。组织筹备家庭聚会、完成主人安排的其他工作。	高级管家
综合性家庭服务	营养餐制作、酒店式备房、高档衣物洗涤保养、居室美化、家庭旅游服务、家庭聚会服务、商品服务的订购等。	初、中级管家单人或团队
专业性家庭服务	育婴服务、月嫂服务、小时工服务、早教服务、学龄前儿童辅导服务等。	专业管家
一专多能型管家服务	除为家庭提供"综合性家庭服务"外，还提供开车服务、保健服务、学习辅导服务、秘书服务等个性化服务项目。	个人或团队

为保障三替集团的服务人员队伍，三替集团于 2001 年成立了北京三替家政职业技能培训学校，专业开展多项培训；2013 年，三替集团与杭州师范大学合作创立了三替家政学院，专业培养全能型家政人才；

① 资料来源：杭州三替集团有限公司官方网站 - 搬家服务 www.cnsanti.com/service/bcby/introduction. aspx。

在电子商务领域，三替集团也进行了有益探索，2005 年创立了三替购物网，2014 年平台升级并更名为"你好生活网"，依托三替集团的社区服务门店及优质家政资源，在线销售家庭餐桌所需的优质食品。①

（二）制定行业标准，规范服务行为

作为中国家政第一品牌，三替集团勇敢承担起了规范行业行为、促进行业可持续发展的责任。2005 年，由浙江省政府与香港政府联合举办的"杭港现代服务业品牌论坛"中，三替集团成为杭州成功的现代服务品牌代表被予以隆重介绍。随后，国家发改委现代服务业调查组到杭州调研时专程走访了三替集团，要求三替制定行业标准，并将其理念、体系和模式推向全国。

在此背景下，三替集团发挥在家政服务行业的领先探索和先行优势，于 2011 年 8 月相继通过了由商务部委托制定的两项标准，即《搬家标准》与《家政服务基本标准》。② 三替也因此成为中国家政行业唯一的两个标准制订单位和家政综合服务类企业唯一的中国驰名商标获得者。这两项标准的出台为我国家政服务业的规划化发展提供了操作指南，意义显著。此外，三替集团在家政服务领域的定价标准也成为同行业企业的重要参考。

（三）设立家政学院，培训员工技能

为提升家政服务的专业性，三替集团在设立学校、开设专业、技能实训等方面也做了有益探索。其中，北京三替家政职业技能培训学校自成立以来已为三替集团培养了众多优秀学生，壮大了家政服务团队，其特色如下：

贴合市场需求的专业设置：学校在专业设置上充分考虑市场需求的多样性、层次性与多变性，由此设置星级培训：家务服务师培训、母婴护理师培训、育婴师培训；特色培训：家政经理培训、美食技能培训、西点技能培训、金牌巧妇培训、儿童情商引导师、三替喜庆家宴烹饪培训；最新培训：育儿早教师培训、催乳师培训、老人护理员培训等。

---

① 资料来源：杭州三替集团有限公司官方网站 – 新闻中心 www.cnsanti.com/news/report.aspx。

② 资料来源：杭州三替集团有限公司官方网站 – 集团荣誉：www.cnsanti.com/introduction/honor.aspx。

真正锻炼技能的实操实训：学校拥有 6000 平方米专业培训基地，共有教室及实操教室等 108 间，包括中餐、西餐教学实操教室，母婴护理实践教室，家政保洁实操教室，保健按摩教室，衣物洗涤教室，多媒体教室及宠物、植物养护基地等。①

多元化网络化的就业保障：三替集团为学员提供多重就业保障（如图 6 - 8），在为集团培养人才的同时，也为我国家政服务行业输送了专业人才，提升了家政服务行业的整体水平。

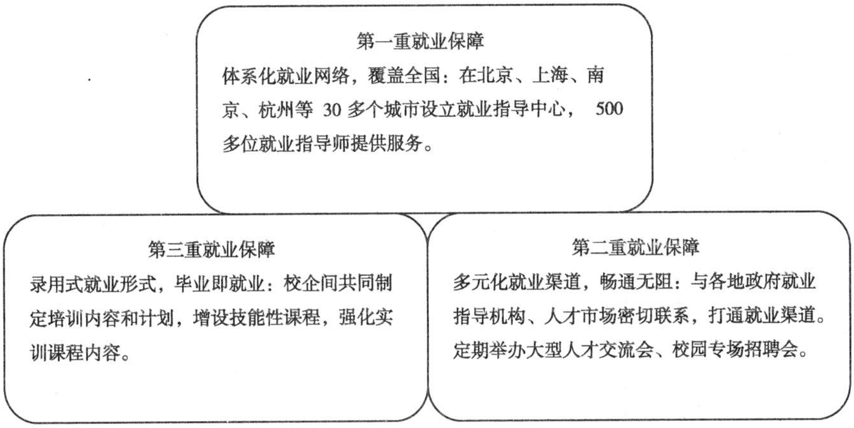

第一重就业保障
体系化就业网络，覆盖全国：在北京、上海、南京、杭州等 30 多个城市设立就业指导中心， 500 多位就业指导师提供服务。

第三重就业保障
录用式就业形式，毕业即就业：校企间共同制定培训内容和计划，增设技能性课程，强化实训课程内容。

第二重就业保障
多元化就业渠道，畅通无阻：与各地政府就业指导机构、人才市场密切联系，打通就业渠道。定期举办大型人才交流会、校园专场招聘会。

图 6 - 8　三替集团的三重就业保障体系

（四）援疆扶川行动，热心帮扶地方

强烈的社会责任感是贯穿三替集团企业文化始终的重要精神，受到责任文化的引领，三替集团在做好公司业务、为经济发达地区提供优质服务的同时，也积极响应政府号召，主动承担起帮扶贫困地区经济发展的社会责任。例如，三替集团利用自身消化剩余劳动力强、服务市场范围广的优势，参与到"援疆""扶川"的对口项目中，充分挖掘双方的合作潜能，扩大交流与合作，加快投资项目进展，与边疆政府共谋发展大计，推动共赢实现。

援疆行动：2013 年 10 月，陶晓莺率领考察团一行，到阿克苏市考察投资环境并对进一步加强合作与交流进行签约洽谈。会谈结束后，三

① 资料来源：三替职业技能培训学校官方网站：www. santischool. com/App_ Templet/Default/zt - chef. html。

替集团与阿克苏市的果林企业代表签订了项目合作意愿书，通过三替集团旗下"你好·生活"这一品牌为红枣、核桃、苹果等阿克苏特色果品在国内其他地域的售卖提供服务。除此之外，客户还可通过三替集团旗下的"www. nihaoshenghuo. com"和"96365"信息服务平台等多种途径，为阿克苏市的果林推广与发展提供帮助①。

扶川行动：2014年11月，三替集团对口帮扶青川劳务和农特产品战略合作签约仪式在杭州举行。三替集团与青川县政府将在劳务输出、技能培训及特色农产品销售等领域开展深度战略合作。三替集团将组织青川当地的富余劳动力输入杭州，并提供岗前技能培训和就业机会；还将依托旗下实体门店、网络营销渠道和配送渠道，为青川在杭州搭建特色优质农产品营销合作平台，实现产供销一体化，助推当地经济发展②。

二　三替集团社会价值的综合表现

三替集团在市场中扮演着家政服务者的平凡角色，却帮助平凡的劳动者创造出了不平凡的业绩，让平凡的工作岗位创造出了不平凡的价值。可以说，三替集团社会责任价值创造的核心是社会价值，是在平凡中创造不平凡的典型案例。

（一）从平凡的岗位创造社会价值

家政服务本身是一项创造社会价值的工作，它虽然平凡、琐碎，例如帮助客户清扫、做饭、照顾孩子老人等，却让忙于工作的大众能有时间、有自由，促进了社会分工的专业化。因此，作为社会生活的必要组成部分，家政服务的工作性质本身创造社会价值。尤其随着工作压力的加大以及生活水平的提升，人们对家政服务的需求更加多元化、专业化、高品质化。三替集团在家政服务领域的开拓创新，以及在行业标准方面的积极探索，使得家政服务行业日趋规范，让"粗活"变成了"细活"，大大提高了家政服务的附加价值，也让社会对家政工作有了重新的认识和定位，尊重家政服务、尊重家政人员，创造了显著的社会

---

① 资料来源：杭州三替集团有限公司官方网站－集团新闻 www. cnsanti. com/news/show_1579. aspx。

② 资料来源：杭州三替集团有限公司官方网站－集团新闻 www. cnsanti. com/news/show_1696. aspx。

价值。

在三替集团，员工上岗必须领到毕业证。"考试合格才能毕业，如果没合格，就回炉继续学习，一直到考试过关。"此外，在录取过程中，培训学院除对年龄、形象、文化素质等多方面进行量化考核外，还进行面试考核，严格把关。这种对员工、对客户负责任的态度，塑造了三替集团的良好品牌形象，公司及陶晓莺本人也因此获得了来自社会各界的一致肯定与高度评价。在企业荣誉方面，三替集团先后获得"浙江省服务质量信得过单位""浙江省著名商标""首届中国商业服务名牌""杭州市新兴商贸（家政）服务业示范企业""浙江省十佳商业模式创新企业""全国百强家庭服务企业"等多项奖励[①]。陶晓莺也先后被授予"全国劳动模范""全国杰出女企业家称号""浙江省改革开放30周年30个青年精英之一""第二届世界浙江大会创业创新奖"等多项荣誉。

（二）帮助平凡之人创造社会价值

与一般企业为社会提供的就业岗位不同，三替集团在吸纳就业对象方面有其特殊性，该集团吸纳的人员往往是"双无"人员，无学历、无技能，还有很大一部分是下岗工人。这批人员就业或再就业难度非常大，成为了影响社会稳定的重要因素。三替集团通过提供专业培训，让这批"双无"人员有了工作保障，让"短工"变成"员工"，提高了这些人员的归属感和工作价值感，从而让这些人在平凡的岗位上能够创造不平凡的价值。

在帮扶弱势群体和失业人员再就业方面，三替集团成效显著。例如三替家政学院每年为贵州黔东南州贫困学子提供约100个接受高等教育的机会[②]。在三年的教育学习过程中，三替集团还为优秀学员提供赴台交流学习的机会，例如2015年7月，三替家政学院11名师生应邀赴台参加"国际青年生命学习营"的全球青年交流活动，三年学习期满，顺利毕业的学生可以选择留在三替工作，并能拿到5万元—7万元的年薪，在解决就业方面，三替还专门开设了"800"下岗、失业人员再就

---

① 资料来源：三替集团有限公司官方网站 – 公司荣誉：www.3tgroup.cn/site/aboutus4/。

② 资料来源：三替集团有限公司官方网站 – 新闻中心：www.3tgroup.cn/site/news/。

业免费专线。① 几年来，免费为下岗、失业人员介绍再就业达8800多人次，公司内部吸纳安置下岗失业失土人员500多名，免费为600多名大学生提供勤工俭学帮助，还吸纳了部分残疾人就业。公司由此获得了"浙江省妇女创业就业服务中心""浙江省再就业工程贡献企业""浙江省安置下岗职工再就业先进企业""杭州市和谐劳动关系先进企业""杭州市工会促进再就业工作先进集体"等多项荣誉。

三替集团在有效利用下岗职工这一庞大社会劳动力资源的同时，也帮助其实现了"再职业化"，使得数以万计的普通员工找到了实现自我价值的途径，也分担了众多家庭的生活负担，提高了家庭生活质量，促进了整个社会的和谐发展，使平凡的人真正创造了不平凡的价值。公司员工也凭借出色的工作业绩，获得了多项荣誉。例如从杭州自行车厂下岗的女工夏美琴，经过在三替公司的不断培训，用自己真心诚恳的品格和优质服务赢得了所有与她接触过顾客的信赖，老客户几乎都点名要她服务，如今荣获了"全国优秀家政服务员""全国商业服务明星""全国五一劳动奖章"。②

再如杭州电缆厂下岗女工韩美华经过三替公司的培训，做起了钟点工，她通过自身吃苦耐劳精神，担任了几个家庭的钟点服务，最后更是影响她丈夫也一同加入钟点工服务，使得他们的月收入增加，她不仅被公司评为"明星钟点工"，而且还被省妇联邀请作为下岗女工的代表到各地进行巡回演讲，2000年还被推荐到美国的一个家庭做了家政工。③从杭州轴瓦厂下岗的女工林桂珍进入三替公司后，经过三替公司帮助重新扬起了生活的风帆，被杭州市总工会评为"十佳家政服务员"。④ 这样的事例在三替集团数不胜数。为无业人员提供就业机会，为客户创造更轻松的生活，为企业带来更多经济价值，三替家政真正做到了将这三者的融合及转化。

---

① 资料来源：三替集团有限公司官方网站 – 新闻中心：www.3tgroup.cn/site/news_ detail/id/56。

② 资料来源：三替家政品牌总经理陶晓莺访谈：www.maigoo.com/fangtan/284372.html。

③ 同上。

④ 同上。

三　三替集团社会价值的创造机理

以"为员工的成长创造舞台，为客户的品质生活提供服务保障，为社会的和谐发展创造更多的就业机会"作为自身使命的三替集团，对企业社会责任的承担与践行，是一种不自觉的行为，并融入到企业自身多项业务开展中，由此强化了与政府、员工、客户、社区能各方主体的关系，提升了集团本身的服务与发展能力，由此创造了显著的社会价值。

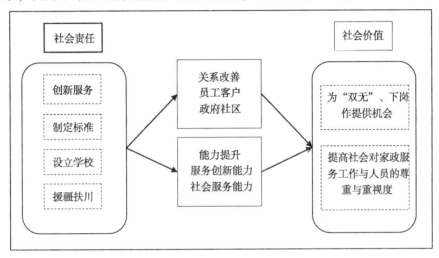

图6-9　三替集团社会价值创造机理

如图6-9所示，三替集团通过承担多样责任，分别从不同出发点开始，通过利益相关者关系的改善与服务能力的提升，最终实现社会价值的创造，这一创造机理正是三替集团社会责任承担与社会价值创造连接的真正桥梁。

通过承担对员工的责任，三替集团的员工获得了较全面的自我发展，增强了员工的归属感，促进了员工满意度的提升，使得企业与员工的关系更加密切。三替集团的员工在集团强烈的人文关怀下，其工作的积极主动性被最大程度激发，加之集团提供的各种专业培训，员工的服务能力都得到最大程度提升，从而使得创造的合力即集团整体的能力获得了质的飞跃。此外，企业为社会中一部分综合素质及能力较弱的群体提供了培训教育机会，使得这部分人获得了能在社会中生存甚至过上更好生活的能力基础，这一行动积极响应了政府提高全民素质、改善民生的号召，从而促使企业与政府间的关系进一步增强。通过为顾客提供经过企业专业培训的高质量服务者，三替集团真正做到了帮助顾客从繁杂的生活琐事中解脱出来，也因此获得了较高的顾客满意度，集团与顾客之间的关系桥梁更加牢固。

由于三替集团关系网络不断扩大并不断加固，再加上集团自身能力的提升，使得三替集团如今已经发展成中国家政服务类的龙头集团。同时，由于集团的快速成长，顾客的迅速增加，集团对高质量员工的需求也进一步扩大，因此，三替集团为越来越多的无业人士提供了就业机会，使他们不仅能真正学会技能，更能谋得一份工作。在为社会创造更多就业机会的同时，三替集团所创造的社会价值也就越来越大。

在援疆扶川过程中，三替集团与当地政府结下深厚情谊，其行动获得浙江政府的大力支持及赞扬，集团与帮扶地政府及集团所在地政府的关系都大大加强。同时，三替集团积极主动参与慈善的行动得到了广大媒体的关注，获得媒体及大众广泛好评，从而提高了集团与社区关系的强度。由于三替集团与政府及社区等关系的不断增强，集团公众形象不断提升，更多人选择三替集团并成为其忠实客户，由于顾客群体增大，使得企业向社会提供更多就业岗位。另一方面，三替集团开办三替家政学院，免费为贫困地区学子提供受教育机会，进入该学院学习的学生在专业技能、综合素养等各方面都获得大幅度提升，成为高素质与高能力并存的人才。虽然三替集团免费为其提供教育机会，并不要求其毕业后必须进入三替集团工作，但是由于学员多被集团文化及精神等感染，大多数从该学院毕业的学生都会选择在三替集团就业。由于这些"双高"人才的加入，三替集团服务能力等得到进一步提升，使得顾客满意度随之提高，市场也逐步扩大。

四　三替集团的案例启示

通过三替集团承担社会责任创造出可观的社会价值这一案例，发现服务企业可以把目标定位社会化，更为关注社会民生，不断提升服务质量，丰富服务内容。

（一）服务目标社会化：改善社会民生

三替集团自创办以来，其在解决下岗职工再就业，吸纳社会闲置人力资源方面展现出强大的能力。随着我国产业结构的不断调整，下岗工人的就业问题早已成为社会关注的热点。一直以来三替集团秉持为群众"排忧、解难、受累"的发展理念，致力于通过自己的努力，帮助平凡的人创造不平凡的价值，在发展公司业务的同时也在最大程度解决大批下岗失业人员的就业问题，为改善社会民生做出了自己的贡献。在我国经济社会急剧变化的今天，家政服务公司也如雨后春笋般迅速发展，但是大部分的企业都是依据出台的多种优惠政策来加快自身的发展。我国家政服务行业的发展应该以积极承担企业社会责任为导向，将目光聚焦于社会整体的发展过程当中，以改善民生的视野管理公司，深入挖掘企业社会价值，在我国这一社会制度下，利用自己的优势平台，积极开展帮扶项目，不仅要为本地区的发展做出贡献，也要帮助贫困地区的致富寻找出路，加深不同地区的沟通交流，为区域间合作建立良好的平台，借此进一步梳理家政公司、用户、社会民生之间的关系，增强家政服务的社会服务能力。

（二）服务依据标准化：提升服务质量

首先，服务质量的高低关系到企业信誉、企业文化、企业价值，因此为顾客提供优质服务是赢得顾客、赢得市场关键。为社会提供更优质的服务是三替发展的根基，三替制定企业自身质量标准与"不经技能培训不能上岗"的制度，将家政服务按不同种类和不同档次进行合理安排，通过实施专门的家政服务员技能培训工程全面提高其家政服务的质量与水平。其次通过宣传教育、制度约束、环境熏陶等手段，培养家政服务人员的爱岗敬业、诚实守信、服务群众的职业道德，加强社会公德等职业修养提升，进一步促进家政服务人员遵守职业守则，努力提高家政服务人员的职业道德和修养，以此规范、提高家政服务人员的服务质量。

（三）服务业务品牌化：丰富服务内容

品牌作为企业最具竞争力的无形资产，是企业盈利的源泉。随着社会经济的发展以及人们消费需求的不断多元化，品牌的价值和功能日趋丰富，这一点应当引起企业的重视，也要求企业要树立新的观念，采取新的策略。三替集团公司在发展过程中积极建立自身品牌，不断丰富服务内容，凭借其强大的品牌效应，在全国各地已拥有二千万忠实客户，是我国家政服务业的楷模。我国家政服务业应该从品牌的价值入手，加强对品牌的研究运营，使这一看不见、摸不着的力量为企业发展以及品牌的延伸提供强有力的支持，在消费者心目中树立良好的企业形象和品牌形象。这不仅能为企业带来可观的经济效益，还能创造出不可计量的社会价值。

第三节　争当绿色低碳经济标兵，创造显著环境价值
——基于盾安控股集团有限公司的社会责任实践考察

2015年3月24日，中共中央政治局于《关于加快推进生态文明建设的意见》中首次提出"绿色化"，强调构建科技含量高、资源消耗低、环境污染少的产业结构和生产方式，养成勤俭节约、绿色低碳、文明健康的生活方式和消费模式。绿色化生产是对习近平总书记"两山"理论即绿水青山就是金山银山号召的积极响应，也是作为社会公民的企业应该主动承担的社会责任。

盾安控股集团有限公司（以下简称"盾安集团"）成立于1987年，现已发展成为一家以制冷产业为主体，多种产业并行发展的集团式企业，入选"中国企业500强""中国自主创新企业100强""福布斯亚洲顶尖企业100强"等。盾安集团在企业成长过程中，尤为注重"绿色节能，低碳环保"，《盾安企业宪章》中强调：环境是人类的家园，节能减排、保护环境是盾安人应尽的责任，盾安的发展不以环境的破坏为代价。在环保理念指导下，盾安集团加大绿色创新力度，加快"节能环保、新材料、新能源"领域的技术研发，已成为民营风力发电领军企业、镁合金循环经济领军企业，工业余热回收技术也全国领先。环保行动创造的环境价值得到了社会各界的肯定，盾安集团相继获得"浙江省首届绿色低碳经济标兵企业""中国企业社会责任榜优秀实践奖""2011中国低碳发展领军企业"等多项荣誉，是承担社会责任创造环境价值的典范。[①]

---

① 该案例相关数据与资料主要来源于课题调研与盾安集团官网。

一 盾安集团社会责任的主要实践

如何让绿色未来更美好？以资源可持续开发利用为核心，盾安集团不断探索着更为满意的答案，以主动、积极的态度承担社会责任，逐步形成以责任承担推动绿色研发和生产、提供绿色产品和服务、创造绿色生活和工作的责任实现路径（如图 6 - 10），在经济的可持续发展方面履行一个企业公民的职责。

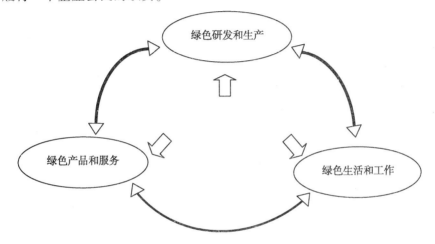

图 6 - 10　盾安集团的社会责任实现路径

（一）推动绿色研发和生产

盾安集团重视研发和生产工艺的绿色革新，追求减量和循环使用资源，尽量降低废弃物排放量。2010—2014 年，盾安集团在研发上的投入力度都非常大，研发强度（研发投入与营业收入的百分比）高于中国企业 500 强平均研发强度（如图 6 - 11）。2014 年当中国 500 强企业研发强度仍旧下降的情况下，盾安集团已经开始强势反弹。

在此过程中，盾安集团开始思考是否可以开发新能源代替原有常规能源，使其投入到研发和生产中，以创造出更绿色的产品，打造一个更绿、更蓝、更美的和谐生态环境。盾安环境①董事长葛亚飞曾表示，节能是一个系统工程，只有统筹考虑系统每一个环节的优化设计及优化运

① 盾安环境即浙江盾安人工环境股份有限公司，是盾安集团旗下核心产业，2004 年在深交所上市。

单位：万元

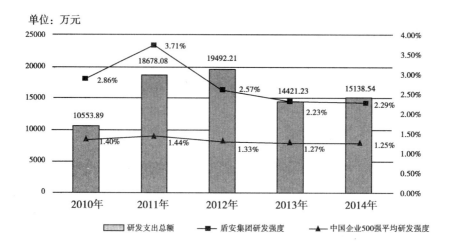

图 6 - 11　2010—2014 年盾安集团的研发投入

行，才能实现整体节能的最佳效果。不仅要提升能源的综合利用效率，
还应该积极开发新能源，突破常规能源使用的瓶颈和束缚。在此基础
上，盾安集团万众一心，以扎实有力的三大步迈向新能源时代（如图
6 - 12）。

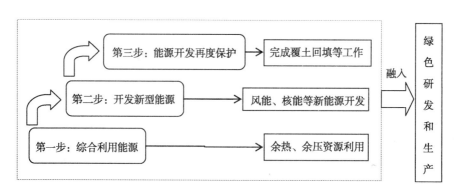

图 6 - 12　盾安集团新能源开发融入绿色研发和生产

第一步：综合利用能源

盾安集团在拥有节能意识的初期，并没有直接投入大量人力、物力、
财力去探寻新能源来替代常规能源，而是转变思维，根据集团发展现状，
结合自身研发能力，整合研发相应资源，合理推进企业节能战略实施。

可见，盾安集团的第一步走得既踏实又稳健，为推进新能源时代大踏步向前打下扎实的基础。集团管理人员发现节能手段"简单粗暴"，没有将余热余压等现有资源利用起来。盾安集团马上行动起来，充分调动员工积极性，鼓动管理人员精诚合作，终于在 2012 年成功完成山东莱阳巨力化工工业余热利用项目。集团将废弃的资源重新利用起来，成为生产过程中的新原材料，进一步减少了能源消耗，为环境做出了自己的贡献。

第二步：开发新型能源

在踏稳第一个台阶后，盾安集团果敢迅速地迈出第二步，这是最关键也是最核心的一步。盾安集团惊喜地发现风力发电可以作为核心新能源，管理层第一时间做出统一决策，决定 2011 年在宁夏、内蒙古、新疆等地建设、投产风力发电，经过一年的尝试，解决了北方一批城市集中供暖的困局。盾安集团为探寻新能源代替常规能源做出的第一次尝试得到了良好的反馈。集团在这一基础上继续加大对风能的探寻力度，希望可以进一步加大对于风能的使用效率，终于在 2012 年成功研制中国首台兆瓦级风力热电联供机组，并在大连夏家河子 2 万平方米的小区实施运行；2015 年 9 月，盾安电气研制出两台 2.0WM 直驱风力发电机，又一次以环境保护为着力点推动了产品开发。

盾安集团对于探求新能源的渴求非同一般，研发人员提出疑问，除了风能，难道就没有其他新能源可以被利用、开发，进而投入生产运营中？就这一问题，研发人员团结合作，终于在之前研发成果的基础上发现以核能代替常规能源可以创造巨大节能效果，基于该理念生产出了离心式冷水机组。2015 年 10 月 21 日又将核能运用于"华龙一号"技术上，在与英国企业达成"绿色环保"理念一致的前提下，盾安环境成为"华龙一号"的紧密设备供应商，随之集团公告了核电领域的 5 个项目合同，涉及金额 1.81 亿元，致力将核能用于生产中。随着核电战略"走出去"的步伐明显加快，不仅有利于集团布局已久的核电业务呈现良好发展态势，而且充分保护了身边的环境免遭污染，充分体现出盾安集团承担伦理责任的决心。①

---

① 资料来源：《中英核电合作，"华龙一号"紧密设备供应商盾安环境再迎发展契机》，http：// www. dunan. net/ news_ detail/ newsId = 232. html。

　　第三步：能源开发再度保护

　　在获得巨大成功之际，盾安集团并没有沉浸在所获荣誉之中，而是在不断反思，风能、核能等新能源在代替常规能源时虽能带来显著的节能效果，但在开发这些新能源时，有没有在无意识地破坏环境？对此问题，盾安集团采取了负责任的举动：风电场集电线路全部地埋；施工垃圾深坑掩埋；覆土回填；施工车辆严格要求按指定线路行驶；场区污水生物净化处理再利用；配备风功率预测、低电压穿越等系列辅助设备，不对电网安全生产起负作用。这些举措再一次证明了盾安集团对于环境保护、承担企业法律、伦理责任的决心和毅力，盾安集团每迈出一步都是在不破坏环境，甚至改善环境的基础之上。也正是与环境的友好相处让盾安集团的可持续发展势头不减。

　　（二）提供绿色产品和服务

　　2006 年，盾安环境董事长葛亚飞无意中发现，一些中小企业都在从事节电方面的项目，盾安集团面临严重的行业产品同质化问题，集团难以持续稳定占领市场。中国能耗大且浪费严重的应该是供热，而不是简单的节电及变频等。基于这种思考，盾安集团果断转型，在采取产品技术创新手段的同时仍秉持着对环境负责、对生态负责的研发理念，取得了在推进产品升级的同时处理好与周边环境关系的显著效果。本研究查阅盾安集团近 3 年重大产品研发成果（见表 6 - 2），无一例外地发现集团始终走在绿色环保的道路上，逐渐从绿色生产革新向绿色技术创新转变。

表 6 - 2　　　　　　盾安集团绿色产品和服务责任体现状况①

领域	年份	责任体现	所属公司
制冷配件	2012 年	将制冷配件制造升级成行业领先	盾安集团
	2012 年	改进挤压模锻压工艺，并成功运用于制冷配件设备上	盾安集团
	2014 年	四款制冷产品通过省级新产品鉴定	盾安人工环境股份有限公司
	2015 年	五套全新制冷系统应用解决方案和 12 项制冷新品核心技术	盾安人工环境股份有限公司

---

　　① 文中图表资料来源：根据盾安集团社会责任报告、网站新闻整理而得。

领域	年份	责任体现	所属公司
暖通制造	2013 年	生产的椭圆管换热器	盾安集团
	2013 年	利用暖通技术顺利研发无刷直流风机盘管	盾安集团
	2013 年	生产变革创新降膜式水（地）源热	盾安集团
民爆化工	2014 年	研发"无固定操作人员智能化粉状乳化炸药生产线"	安徽江南化工股份有限公司
	2015 年	销毁过期民用爆炸物品	新疆天河爆破工程有限公司
	2015 年	实施巢湖烟囱定向控制爆破拆除	安徽江南化工股份有限公司
镁合金	2015 年	将镁还原渣变成水泥等建筑材料	太阳镁业有限公司
污水循环	2012 年	首创污水地源热泵系统	盾安集团
	2012 年	利用污水源热泵空调系统	盾安集团

1. 点水成冰，制冷更高效

2012 年，面对日益严重的环境保护问题，盾安集团成功将制冷配件制造升级成行业领先的装备产业，成功研制中国首台兆瓦级风力热电联供机组，在大连夏家河子小区实施运行，使用反响热烈，多数社区居民为盾安集团环保理念点赞。

2014 年 12 月，盾安环境四款产品通过省级新产品鉴定，见证了盾安集团制冷配件技术的真正成功。其中"中央空调 IAQ 与节能管理系统"达国际领先水平，"冷凝排风热回收新风一体机""微功耗散热机柜热管机组"达国际先进水平，"PM2.5 净化新风机组"达国内领先水平。专家一致认为后三款产品技术先进、创新性强、应用范围普遍、开发潜力大。

2015 年 4 月，在上海新国际博览中心的中国制冷展上，盾安环境携旗下五套全新系统应用解决方案和 12 项新品核心技术强势出击，吸引了众多行业观众驻足咨询、洽谈，现场人气火爆，[①] 再一次让盾安集团制冷技术得到了推广和认可。

2. 暖意通客户，标准领行业

盾安集团研发创新，让换热器技术逐渐成熟，并通过广泛运用让其

---

① 资料来源：王晓雅，《盾安环境炫酷 2015 中国制冷展》，http：//www. dunan. net/news_ detail/newsId = 224. htm。

进入大众视野，推动了民族空调换热技术的创新式大发展。2015 年初，受全国冷冻设备标准化技术委员会委托，盾安环境作为执笔单位负责组织起草了国家标准 GB/T 29363《核电厂用蒸气压缩循环冷水机组》，受国家能源局委托参与起草了能源行业标准 NB/T20039.18《核空气和气体处理规范通风、空调与空气净化第 18 部分：制冷设备》，两项标准目前均已发布实施。[①] 截至 2015 年 10 月，盾安环境不断拓展核电暖通产业链，市场占有率和影响力逐渐提高。在深耕暖通市场的同时，盾安环境积极主导和参与相关国家和行业标准的制定，为我国核电暖通行业的规范发展做出了积极贡献。

3. 民爆化工，于有形中创无形环保

盾安集团不断从改进炸药配方及爆破技术来整体推动民爆化工技术，尤其是集团旗下安徽江南化工股份有限公司，坚持爆破业务安全保障、生态环境不受影响。工信部安全生产司相关人员表示，江南化工研发的"无固定操作人员智能化粉状乳化炸药生产线"在民爆行业科技进步上具有划时代意义。

2015 年 7 月，新疆天河爆破工作成功销毁过期民用爆炸物品，盾安集团旗下新疆天河爆破工程有限公司派出骨干爆破技术人员具体实施，任务顺利完成并受到一致好评；同一时期，安徽江南化工股份有限公司成功实施巢湖烟囱定向控制爆破拆除。在公司总工及工程部的精心部署下，项目现场采取了详尽的安全防护措施，技术员、爆破员、安全员分工合作、明确职责、精确施工。此次爆破得到了巢湖市公安局、市经信委领导的高度评价，也得到了周边居民与监理单位的赞赏。

4. 元素变革，让镁丽加分

盾安集团的镁合金循环经济模式通过白云岩、硅石矿、煤矿在循环经济链中上下联动，大幅降低废气排放，逐步实现了废物最小化、资源化、无害化。此模式拥有一系列环境友好、污水零排放、节能水平高、自动化程度高的技术工艺。2015 年 10 月，盾安集团旗下太阳镁业公司将镁还原废渣综合利用工程投入运行，经过筛分处理的镁还原渣变成水

---

① 资料来源：《盾安环境成为核电暖通行业标准制定者》，http://www.dunan.net/news_ detail2/newsId=218.html。

泥等建筑材料，形成循环经济，创造新的价值。公司的精益管理理念倡导的绿色环保的态度获得了社会的认可和赞同。

5. 化浊为清，循环走进你我他

盾安集团对于在生产、建设过程中产生的污水排放问题也给予了充分重视，集团将生产过程及冲洗车间产生的污水经生化处理后再利用，减少对环境的污染。2012 年，盾安集团首创污水地源热泵系统，该系统主要是以生活、工业原生污水作为提取和储存能量的冷热源，借助热泵机组系统内部制冷剂的物态循环变化，消耗少量的电能，从而达到制冷制暖效果的一种新型节能技术。[①] 采用盾安污水源热泵空调系统，可以满足 10 万平方米的办公及住宅区采暖和制冷需求。其中，利用世界首创、技术水平国际领先的污水源热泵专利技术，盾安集团成功解决了恶劣水质对换热设备及管路堵塞与污染的世界性难题。

（三）创造绿色生活和工作

盾安集团极力营造绿色的生活空间和舒适的工作环境，不仅在工作中保证员工安全，而且投入大量资金创造更环保的工作情境，以满足员工更高的需求。

2008 年 12 月底，盾安发展大厦建成，该大厦采用了大量绿色节能技术：双层呼吸式幕墙使气流实现"可呼吸式"调节，保证室内有足够新鲜空气。同时，双层幕墙之间还配置原装进口百叶，可随阳光强度自动调节，达到隔音、隔热、防水、防潮、防紫外线等效果。[②] 各楼层使用的热水就来自盾安节能型中央空调的循环用水，做到了以最低的成本换取最高质量的环保效果。

除此之外，自盾安集团成立以来，年年发起"低碳工作、低碳生活"倡议书，使低碳行为成为一种工作与生活方式。电脑多使用待机模式、随手关灯、打印纸双面使用等行为无时无刻不体现在每一位盾安集团员工的身上，真正将绿色环保理念植入员工脑海中，让这种意识成为一种习惯。

---

① 资料来源：《盾安集团 2010—2012 年社会责任报告》。

② 同上。

二 盾安集团环境价值的综合表现

盾安集团能源开发促节能转型，技术创新促节能升级，从新能源开发的三个阶段来看，盾安集团在每个阶段承担责任后，都创造了显著的环境价值（见表6-3）。从盾安集团近几年大事件发生的时间节点看，盾安集团在有效利用可回收能源的同时也在探寻新能源来替代常规能源，在发现风能、核能、太阳能等新能源可以提高节能减排效果的第一时间，盾安集团就在思考由新能源开发可能带来的环境破坏问题，这也就可以解释为什么盾安集团在短短5年时间就能创造如此明显的环境价值。从节能减排的效果来看，盾安集团在开发新能源来替代常规能源进行研发和生产过程中对于环境价值的提高尤为明显，例如使用风力发电可以减少二氧化碳排放46.3万吨。

表6-3   盾安集团能源开发创造的环境价值

年份	发生事件	环境价值（成就）	环境价值（体现）
2012年	山东莱阳巨力化工工业余热利用项目	成为亚洲规模最大的工业余热利用项目，提高能源利用效率，环保节能效果显著	余热年回收量140万吉焦
			年节水63万吨
			年节约标煤6万吨
			年减少二氧化碳排放15.5万吨
			年减少二氧化硫排放1194吨
			年减少氮氧化物排放418吨
			年减少烟尘排放896吨
2011年—2015年	开发风能代替常规能源进行产品生产和流水线作业	避免常规能源使用带来的环境污染	
		2.0WM直驱风力发电机各项性能指标均优于国家标准	
		使用风力发电	发电4.97亿千瓦时
			年减少二氧化碳排放46.3万吨
2014年	开发核能、太阳能代替常规能源进行产品生产和流水线作业	生产出离心式冷水机组。	年省电17.7万度
		中标三门核电站二期AP1000核电反应堆3、4号IHP堆顶冷却风机项目，成为相关设备国内唯一供应商	
		光伏发电场建设地桩采用新型螺旋桩旋压技术	发电1500万千瓦时
			年减少二氧化碳排放1.4万吨

从技术创新的角度来看，盾安集团在承担相应社会责任后，在提升企业研发生产能力的同时取得了巨大的节能成就（见表 6 - 4）。盾安集团每年都有技术创新并且都能获得良好的体现，得到政府、社会、群众的认可。横向比较每一类技术创新所带来的环境价值，不难发现盾安集团 5 项技术创新所带来的环境价值基本相同，节能减排均在同一水平上。

表 6 - 4　　　　　　　　盾安集团技术创新产生的环境价值

技术创新	年份	环境价值（成就）	环境价值（体现）
制冷技术	2012 年	改进挤压模锻压工艺，并成功运用于制冷配件设备	年节电 1300 万千瓦时
			年减少用酸量 45 吨
			年减少废水排放 6200 吨
			年减少废渣排放 350 吨
		废水综合回用运用于制冷配件设备	年节水 6000 吨
		水检替代技术	年减少氟利昂排放 72 吨
暖通技术	2013 年	研发无刷直流风机盘管	节能 45%
		首创节能电机等专利技术	节能 30% 以上
		变革创新降膜式水（地）源热	节能 30% 以上
			年节约标煤 3.8 万吨
			减少二氧化碳排放 9.8 万吨
民爆化工技术	2014 年	"无固定操作人员智能化粉状乳化炸药生产线"通过国家工业和信息化部组织的科技成果鉴定	年减少有毒气体排放 400 余万立方米
镁合金循环经济技术	2012 年—2015 年	工业治沙	生产污水零排放
			吨镁耗水比行业均值减少 39%
		节能锻造工艺	热耗降低 40%
			产量提升 30%
		新兴还原炉技术创新	节能 30% 以上
污水循环技术	2012 年	生产节能技术创新	年节约用电 35.2 万千瓦时
		研发污水地源热泵系统	年节约标煤 1.35 万吨
			年减排二氧化碳 3.5 万吨
			年减排二氧化硫 400 吨
			年减排氮氧化物 54 吨
			年减排粉尘 269 吨

对比分析表 6-3 和表 6-4，从环境价值创造的数据来看，技术创新的变革帮助盾安集团成功升级技能手段，而新能源开发可谓从根本上解决问题，成功为盾安集团转型节能减排途径，真正实现"绿色环保，节能减排"理想。

除此之外，盾安集团承担社会责任、创造环境价值的同时，还能引发社会效应，可以帮助企业树立良好形象。例如企业在开发风能代替常规能源进行产品生产和流水线作业这一事件中，盾安新能源总工程师庄树鹏问鼎杰出贡献奖，成为十名获奖者之一。他将宁夏寨科风电场打造成为盾安新能源"标杆风电场"，并将标杆经验逐步推行到各风电场，使风电场安全生产管理迈上更高的台阶。[①]

三　盾安集团环境价值的创造机理

盾安集团创造环境价值体现在新技术研发能力以及新能源开发能力的两翼齐飞，在这两项能力提升过程中，盾安集团每年专利申请数以及成功受理的专利数稳中有进，在 2013 年达到顶峰，2014 年较好地保持了上升势头（如图 6-13）。盾安集团在整体能力不断上升的过程中，在研发生产、产品服务等方面均有所体现，逐步推进集团创造环境价值的创造。

企业社会责任环境价值创造机理是一种价值融合，即用社会责任理念和要求重新审视企业运营全过程调整或者改进企业日常运营活动在此过程中，逐渐形成新的行为惯例并固化下来，从而实现社会责任的制度化。[②] 只有将责任内化于企业经营发展的每一个环节，才能使得企业有所改变，与此同时提升自身的整体能力，进而创造价值。价值融合具体指将社会责任理念融入企业运营全过程，包括生产、销售、服务等基本活动，也包括采购、财务、技术创新、人力资源管理等辅助活动。盾安集团就是将"绿色环保，节能减排"的社会责任理念融入集团研发、生产、管理、服务等方面，形成绿色研发和生产、绿色产品和服务以及

---

① 资料来源：《盾安新能源总工程师庄树鹏问鼎中国风能产业杰出贡献奖》，http://www.chinadunan.com/News/Event/index/show-2459.html。

② 王欣：《社会责任融合视角的企业价值创造机理》，《经济管理》2013 年第 12 期。

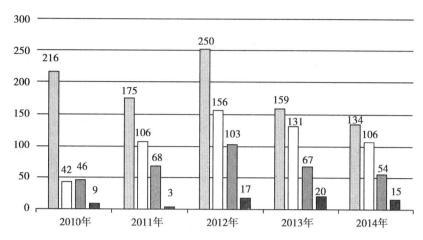

图例：申请受理专利数　成功受理专利数　申请发明专利数　成功授权专利数

图 6 – 13　2010—2014 年盾安集团专利申请和授权数

绿色生活和工作责任发展模式，从而为企业可持续发展创造巨大环境价值。

　　具体来看，盾安集团环境价值创造机理可以分为两步：集团首先承担了法律责任和伦理责任——法制化生产、规范化服务、绿色化创新，从而让集团突破研发生产瓶颈，在技术创新和新能源开发方面取得了里程碑式提高，增加 5 个新技术创新点，以三步走的开发方式完成新能源时代转型。其次，在集团技术研发能力和新能源发开能力提高后，逐渐为集团创造环境价值。盾安集团能力提升进一步加强了集团节能减排效果，例如自 2011 年盾安集团开始在全国开展"碧水蓝天行动计划"，该项目完成后可每年节约标煤 180 万吨，年减少二氧化碳排放 465.8 万吨、二氧化硫 5.34 万吨效果。①

　　盾安集团社会责任承担创造环境价值机理进一步证明了"社会责任承担—能力提升—创造价值"模型，同时为其他企业通过承担社会责任创造环境价值树立了行业榜样。

---

　　①　资料来源：王一鸣、于骁：《工业余热利用，实现多方共赢》，http://www.cnepaper.net/file/dunanbao/2013 – 12 – 5/html/894954.html。

四 盾安集团的案例启示

综观盾安集团案例，本研究认为盾安集团是环境保护、节能减排的优秀企业典型，其承担责任的同时创造环境价值的现象更值得其他企业学习和思考，很多企业在经营发展过程中不愿意花费多余成本去承担社会责任，通过盾安集团的例子可以让类似的企业转变这种思维方式。绿色化带来转型的压力和动力，要把握互联网时代、大数据环境带来的契机，为企业注入绿色基因，实现轻型化、柔性化的绿色组织构架设计、绿色生产制造、绿色采购营销。企业可以先从绿色理念开启责任承担的大门，通过一系列的行动来展现企业责任承担的风采，最后用相关法律来辅助企业向创造价值迈进。

（一）绿色理念先行

盾安集团认为企业社会责任价值创造过程是在依法经营基础上，倡导绿色环保理念，将企业做大、做强、做优，为社会创造更多财富，为客户创造更多价值，进而推动社会发展。所以，盾安人一直以自己卓越的创造创新能力，结合绿色环保理念，推动企业迈向新的发展方向。作为优秀的环境保护者、绿色传播者，盾安集团持续跟踪国际最新技术和产品，推广应用节能降耗新技术、新装备，重点发展技术含量高、附加值高、资源和能源消耗低的产品。作为社会责任承担的推广者、宣传者，盾安集团还要加强节能管理和成本管理，学习、引进、消化国际先进的生产组织和经营管理经验，并在行业内全面实施，确保先进的技术和设备切实发挥先进的效益。

（二）节能行动保障

走绿色制造、生态友好之路不仅是政府对企业提出的要求，更应是传统制造企业可持续发展的应尽职责。做好节能减排工作，不仅仅是为企业贴上"绿色标签"，生态化制造要真正内化为企业的核心价值观。传统制造企业要通过承担"绿色责任"真正焕发绿色生命力。盾安集团将节能与减排相结合，走向生态化制造，认为建设美丽中国就必须从绿色事业入手，那些缺乏环保意识甚至以经济利益为目的，对环境大肆破坏的企业都是在透支企业未来的价值，他们没有可持续发展的条件和基础。相比之下，盾安集团尤为重视承担生态伦理责任，积极为社会提供优质的节能环保产品，始终致力于通过自身不断努力、技术创新、开发新能源等途径，实现与利益相关者的共同成长、全面发展、多方共赢，从而助推企业更好地实现可持续发展。

（三）相关法律护行

在中国处于经济新常态，各产业要求转变经济发展方式的关键时期，政府以及社会公众要求企业最大程度地发挥"道德实体"的作用，积极主动地采取环境保护措施。这期间，企业承担环境责任所创造的价值包括政府对于企业的认可和扶持，包括消费者对企业品牌偏好的建立和忠诚感的加强，包括企业拥有更多的社会资本。从法律层面来说，2015年税制改革将提速，环境保护税立法成为工作重点，这将促进重污染企业转型，倒逼企业技术改革与创新，大力承担社会责任，走可持续发展之路。

第四节　打造"新商业文明"，电商平台体系塑造深远文化价值
——基于阿里巴巴集团的社会责任实践考察

在"大众创业、万众创新"的时代背景下，创业成为了推动中国经济继续前行的新引擎。阿里巴巴集团（以下简称"阿里巴巴"）由18个人初创的电子商务公司发展为横跨电商、金融、无线通信等多种业态交互的商业奇迹，为企业社会责任践行及价值创造提供了良好的学习和借鉴的范本。马云曾经说过，一个企业家如果以赚钱为目的来运营一家企业，这家企业是无法长期可持续获得利润的。因此，承担社会责任从来不会成为阿里巴巴的负担，他们每天都在反复做同样的事——为利益相关者服务、为社会提供就业机会，通过增强与利益相关者的关系以及提高企业的综合能力来创造企业价值。阿里巴巴将企业文化根植于客户心中，继而向员工、股东进行辐射，从而升华到以消费者为中心的新商业文明高度。

一　阿里巴巴社会责任的主要实践

阿里巴巴将自身定位为"一家使命驱动的公司"，以解决社会问题

作为一切产品和创新的灵感来源，并以此为核心建立了明显可识别的阿里文化。

2014 年的 9 月 19 日，阿里巴巴在纽交所敲钟上市。然而让人意想不到的是，阿里巴巴上市的敲钟人不是马云也不是股东，而是八位客户——两位网店店主、云客服、快递员、阿里巴巴用户代表、电商服务商、网络模特和来自美国的农场主。对此，马云解释称："我们努力了十五年，不是为了让我们自己站在台上，而是为了让他们站在那里。因为我们相信，只有他们成功，我们才会成功。"[①] 真正提醒世人"阿里巴巴用客户价值观掀起了一场颠覆革命"。

阿里巴巴以"让天下没有难做的生意"作为企业发展使命，为此制定了透明、公平的规则，致力于做商业生态圈基础设施的建设者；打造一个开放、协同、繁荣的商业生态系统，让客户相会、工作和生活在阿里巴巴是其源于使命的商业愿景，阿里巴巴以此建立内生与商业模式的社会责任，通过为利益相关者创造价值，推动社会发展进步，进而实现企业持续发展至少 102 年的目标；突破企业传统上"股东第一"的价值观，阿里巴巴坚持"客户第一、团队合作、拥抱变化、诚信、激情、经营"的企业文化，力图将开放、透明、分享、责任的精神体现在日常生活中。

同时，阿里巴巴认为企业文化不应被困于企业内部规章之中，而更需要保持其鲜活性和社会性，充分发挥企业文化的社会引导力。因此，阿里巴巴不仅推动企业文化助力于经营管理，还将企业文化与社会发展密切结合。

（一）打造互联网时代的诚信文化

2012 年，阿里巴巴查实 2009、2010 年两年间分别有 1219 家（占比 1.1%）和 1107 家（占比 0.8%）的"中国供应商"客户涉嫌欺诈。在调查环节中，有迹象表明 B2B 公司直销团队的一些员工为了追求高业绩高收入，刻意导致一些涉嫌欺诈的公司加入阿里巴巴平台。随后，阿里巴巴 B2B 公司宣布，为维护客户第一的价值观、捍卫诚信原则，

---

① 资料来源：人民网，《2014 "中国时间" 年度经济盘点：十大经济热词》，http://fi-nance. people. com. cn/n/2015/0104/c1004 - 26317268. html。

2010 年该公司有约 0.8%（即 1107 名）"中国供应商"因涉嫌欺诈被终止服务，该公司 CEO 卫哲、COO 李旭为此引咎辞职。[①] 阿里巴巴认为诚信是企业的最大理性选择，企业应该通过透明和道德的行为，为自己的决策和行为承担相应的责任。

阿里巴巴一直在关注消费者权益保障问题，希望通过企业诚信经营，建立阿里巴巴平台，同时规范其运营。为了让消费者在网购中更有话语权，淘宝网于 2012 年 12 月 18 日启动大众评审制度。大众评审委员会的成员由淘宝上的资深会员构成，在交易纠纷、商品违规等案例中对卖家或者买家进行投票，淘宝按照投票结果执行打款或退款操作，以解决争议。通过商品管理规则的校验切入，目前已逐步发展到商品处罚申诉、假货申诉、交易纠纷判定、淘女郎甄选等业务。截至 2015 年，评审案件的数量已超过 170 多万件（如图 6 – 14）。[②]

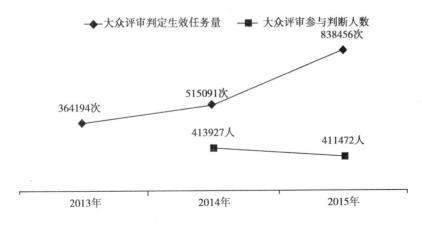

图 6 – 14　2013—2015 年阿里巴巴大众评审情况

从 2012 到 2013 年，为了确保跨境贸易诚信，阿里巴巴国际站强制要求公司员工对供应商进行实地认证，大幅降低了诈骗量。同时，为了避免集团内部员工舞弊所造成的不良影响，阿里巴巴成立廉正合规部，从廉正调查、廉正预防和廉正教育三个方面开展工作。同时，阿里巴巴

---

① 资料来源：《阿里巴巴 CEO 引咎辞职，马云铁腕整肃价值观》，http://tech.ifeng.com/internet/special/weizhe/content – 1/detail_ 2011_ 02/21/4775132_ 0. shtml。

② 数据来源：根据《阿里巴巴 2013—2014 年社会责任报告》《阿里巴巴 2014—2015 年社会责任报告》整理而得。

还采取公开透明的方式以防止舞弊，例如向网商发出公开信，邀请网商和社会各界共同监督和打击阿里员工收受不正当利益的行为并公开了举报邮箱，承诺保护举报人等等。

另外，为了维护诚信的网络商业环境，阿里巴巴集团与全国公安、工商、版权、质检、知识产权局等部门联动，持续不断对淘宝假货行为保持高压态势，利用大数据将维权行动从线上推延到线下，深挖生产制造假货的源头（如图 6 - 15）。

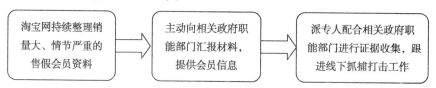

图 6 - 15　淘宝网协助线下打假示意图①

企业不仅是一个经济组织，也是社会的一个器官，也是一种社会组织。企业的诚信选择，不仅关乎企业自身利益，而且关乎整个社会秩序。阿里巴巴集团董事局主席马云表示："诚信，是阿里巴巴最珍视的价值观基础，这包括我们员工的诚信以及我们为小企业客户提供一个诚信和安全的网上交易平台。我们希望释放一个强烈信息，就是任何有损我们文化和价值观的行为均不可接受。"②

（二）创新文化催生商业模式裂变

阿里巴巴的创立本身就是一种创新。eBay 曾坚定地认为："免费不是一种商业模式。"用通俗的话来说就是：天下没有免费的午餐。因此，eBay 坚持向客户收费，维护着自己"作为一种商业模式"的标志。然而，eBay 在进入中国后却始终没有立足之处，相反，"免费"的阿里巴巴从最初年交易额 1 亿元，增长到 2014 年总交易额 2.3 万亿元，实现超过两万倍的规模增长。③

阿里巴巴用自己的创新引领了商业模式的创新，并逐渐影响了整个

① 资料来源：《阿里巴巴 2014—2015 社会责任报告》。

② 资料来源：凤凰网，《阿里巴巴 CEO 引咎辞职，马云铁腕整肃价值观》，http://tech. ifeng. com/internet/special/weizhe/content - 1/detail_ 2011_ 02/21/4775132_ 0. shtml。

③ 数据来源：《阿里巴巴 2014 年企业年报》。

产业链。首先，阿里巴巴创立了免费的淘宝。为了吸引买家和卖家，淘宝使出"开店免费"的杀手铜，并在价格、交易体验、支付服务、增值服务等方面做了大胆的创新：第一，为了创造更符合市场交易习惯的客户体验，淘宝发展形成了竞价搜索模式；第二，淘宝通过与客户沟通，在用户的建议下推出支付宝模式，在解决了在线支付的信用和担保问题，同时也创造了新的商业价值；第三，为了方便买卖双方的交流沟通，淘宝创新推出即时通讯工具阿里旺旺，以更好满足双方交易体验（如图 6 - 16）。

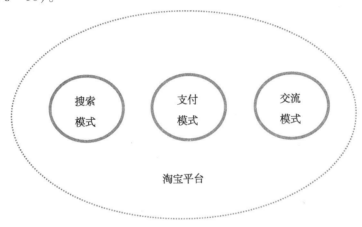

图 6 - 16　淘宝催生的三类创新

其次，阿里巴巴创立了支付宝，并持续创新。为了支持淘宝业务，阿里巴巴创新性推出支付宝。通过创建担保平台同时增加买家确认环节，让用户更加容易接受网上支付，并逐渐独立成第三方支付平台。2003 年 10 月，淘宝网首次推出支付宝服务，作为淘宝网上交易双方信用的第三方担保平台。与 eBay 的同类服务相比，淘宝多了一个买家确认环节，从心理上让用户觉得更为安全。2005 年，支付宝独立为一个第三方支付平台，并开始与各大银行合作，将网银直接接入，支付宝逐渐成为中国线上交易的一个基础平台。2013 年，阿里巴巴开创性地涉足金融领域，发展理财工具。为了满足普通居民及中小企业对于小额、低风险、高流动性理财产品的需求，阿里巴巴推出阿里小贷和余额宝，正式开启了互联网金融无门槛理财。明显高于存款收益率的余额宝迅速吸引了大批用户，也在很大程度上提升广大居民的理财观念。之后，支付宝平台陆续推出了更多理财工具，成功地在解决了传统金融行业与小微企业贷款之间信息不对称的问题。虽然余额宝本质上属于支付宝平台内的货币基金，但其服务产品及购买模式仍被看做互联网金融领域影响最大的创新之一。余额宝用户可以直接购买理财产品，不限购买金额、投资期限，随时可存、可取的特点潜移默化地影响年轻人的理财理念，对国内金融市场的培育和发展带来了积极影响（如图6-17）。

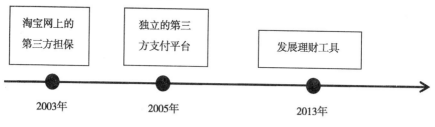

图6-17　支付宝的发展历程

最后，阿里巴巴创新性推出数据库服务。互联网诞生前，商业数据需要人工收集；互联网诞生后，大量交易数据自然沉淀，在满足了公司内部决策需求后，催生出阿里巴巴的又一个创新点：面向公众的数据服务。2012年7月，阿里巴巴推出聚石塔平台，为电商及电商服务商等提供数据云服务，阿里巴巴大数据平台基本形成。而随着阿里将业务延伸至金融领域，阿里金融也迅速成为业内数据产品的标杆。

阿里巴巴认为企业创新不单是技术创新，更包括体制机制创新、管理创新、模式创新，而让对手感到最可怕的就是这种融入于阿里巴巴团队建设、企业文化以及业务服务的创新种子。

二　阿里巴巴文化价值的综合表现

与旧文明时代"股东利益最大化"的价值取向以及面向生产者的"大规模标准化低成本"相对应，新商业文明要求在新的格局中，对利益相关者的关系进行重新思考和定义，并对商业模式、企业竞合、企业组织、商业文化等做出实质性的转变。2008年12月初的中国企业家领袖年会上，马云呼吁中国企业家应该行动起来，为世界商业体系重建而积极努力。阿里巴巴通过身体力行，带动社会各界创造了巨大的诚信文化、创业文化，致力于"新商业文明"的开创。

（一）带动知名企业行动

阿里巴巴联合四家海外认证机构推出在线检测认证采购通道"阿里巴巴检测认证平台"（www.cert.alibaba.com），为国际站上的卖家提供工厂和产品检测认证服务（见图 6-18）。这种特殊规则制定以及改变既满足了消费者的需求又维护了运营商的合法利益，提高了网上交易的成功率与买卖双方的满意度，营造了诚信交易的网购氛围。

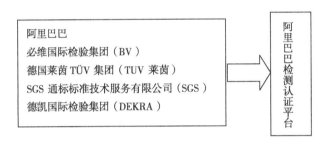

图 6-18　阿里巴巴推出综合在线检测认证采购通道

阿里巴巴认为诚信是企业经营的基石，更是行业持续发展的重要保障，为此阿里巴巴不仅从自身做起，更联合周围企业建立诚信机制，共同打造高效诚信的行业发展环境。2015 年 6 月 18 日，阿里巴巴联合众多企业共同发起"中国企业反舞弊联盟"，旨在推动建立跨行业的廉洁从业信息交流与共享平台。根据联盟公约，联盟成员企业将建立职员诚信档案，并在符合法律法规的前提下，承诺重视招录人员的诚信和道德，优先招录诚信人员，拒招不诚实守信人员。近年来舞弊、诚信缺失的情况频发，导致社会公德水平下降，交易成本增加，阿里巴巴力图通过联盟的建立，帮助企业实施反舞弊行动和制度建设，形成"诚信执业"的良好社会风尚，这也是中国首个由企业发起成立的反舞弊为目标的民间非营利性合作组织。2015 年 7 月 30 日，阿里巴巴与八家企业发起成立了"中国电商诚信共同体"，致力于维护电商开放包容、公平诚信的发展环境。成员企业公约包括承诺诚信经营、拒绝舞弊、清除内部腐败、建立员工诚信档案、协作反舞弊、保护知识产权、保护客户数据安全七项承诺。阿里巴巴希望通过相互交流协作，共同维护电商生态圈开放包容、公平透明的诚信廉洁环境,推动商业文明的健康发展(见图6-19)。

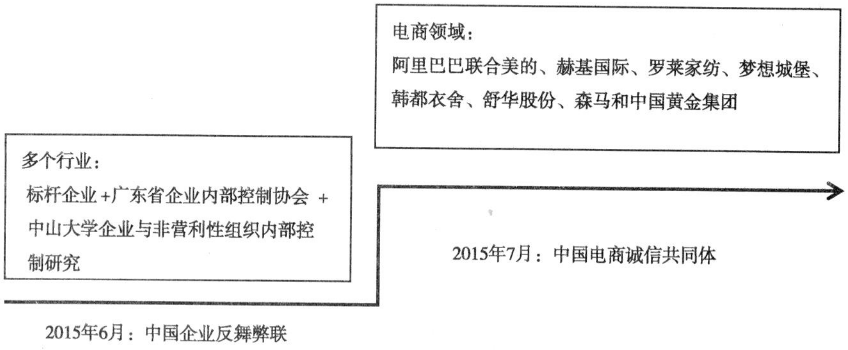

电商领域:
阿里巴巴联合美的、赫基国际、罗莱家纺、梦想城堡、韩都衣舍、舒华股份、森马和中国黄金集团

多个行业:
标杆企业+广东省企业内部控制协会+中山大学企业与非营利性组织内部控制研究

2015年7月:中国电商诚信共同体

2015年6月:中国企业反舞弊联

图6-19 从多行业到电商领域的"诚信渗透"

企业的诚信水平与中国市场经济的发展阶段有关,在我国改革开放初期确实有很多不诚信的企业存在。但是在全球化、市场化、网络化的今天,消费者和企业以虚拟的方式交往,诚信就显得更为重要,企业诚信行为可以说是唯一选择。阿里巴巴作为世界级电子商务企业,作为交易平台提供方,联合其他企业成立电商诚信共同体,是阿里巴巴企业社会责任的具体表现,也是企业文化价值的体现,引领创造诚信的商业氛围。

(二)点燃"凡客"创业梦

2015年1月,李克强总理来到柴火创客空间,在体验各位年轻"创客"的创意产品时说:"创客充分展示了大众创业、万众创新的活力。这种活力和创造,将会成为中国经济未来增长的不熄引擎。"① 随着我国经济步入"速度增长换挡期、结构调整期和动力更新期",面对经济增速的放缓,必须通过大众创业、万众创新,建立以市场需求为导向的创业生态,充分激发和释放新的消费潜力。

阿里巴巴通过自身平台的提供,直接或间接帮助众多平凡大众蜕变

---

① 资料来源:《李克强赞"创客"充分展示大众创业、万众创新活力》,http://news.if-eng.com/a/20150104/42856081_0.shtml。

为创业者，并助其完成了创业梦想。带动中小企业创业：阿里巴巴的
B2B 发展目标是 meet at alibaba，即帮助有交易与贸易需求的人在阿里巴
巴相遇，致力于帮助世界各地数以百万计的买家和供货商，带动中小企
业创业风潮；带动大众创业：阿里巴巴 C2C 的发展目标是 work at alib-
aba，即通过打造行业领先的免费电子商务平台，为所有有想法的人提
供开店平台，带动人人创业风潮。2014 年 10 月阿里巴巴发布了农村战
略，提出了"服务农民，创新农业，让农村变美好"的目标，计划在
未来 3—5 年，拿出 100 亿元投入到 1000 个县的 10 万个行政村，用于
当地电子商务服务体系的建设，并且通过设立线下的县级运营中心和村
级服务站积极帮助农村地区的人们依托电子商务平台创新创业，帮助他
们脱贫致富。[1] 阿里巴巴认为，自从有了电子商务，世界就是平的，电
子商务所带来的诸多效应已在各个领域中充分显现，大公司不再独享信
息垄断、渠道垄断的优势。阿里巴巴致力于通过提供信息对称、机会均
等的平台，为中小企业及社会大众提供更多的发展动力和介入机会，实
现人人创业的社会新风潮。

　　阿里巴巴在逐渐做大做强的过程中不断帮助商家升级后台，优化各
模块的功能，还扶持刚毕业的大学生到阿里巴巴旗下 3 大平台大胆创
业。2013 年，淘宝为了提升商家服务体验，对新开店的中小卖家定向
推出《桃漫话》栏目，以小二视角的生动漫画解读淘宝开店的基础规
则。截至 2013 年底，已推出 31 期，浏览人次 145 万。[2]

　　在盛产理想和梦想的时代，阿里巴巴的成功也带给大众巨大的精神
影响。从创业初期的艰难付出，到现在换来的荣耀和认可，阿里巴巴让
遥不可及的"创业梦"变成现实，不仅培养了类似吴志祥、程维、陈
琪等勇于创新的"阿里人"（如图 6 - 20），还鼓励无数创业者勇于踏上
追求梦想的步伐，为社会带来正向联动效应。

　　在阿里巴巴做了两年销售员后，吴志祥萌发通过借鉴阿里巴巴运
营模式，搭建旅游业的交易平台的想法，因此创建了苏州同城旅游网
络科技有限公司（即同程网）并于 2003 年 7 月正式上线。吴志祥认

---

① 资料来源：《阿里巴巴集团 2014—2015 社会责任报告》。

② 资料来源：《阿里巴巴集团 2013—2014 社会责任报告》。

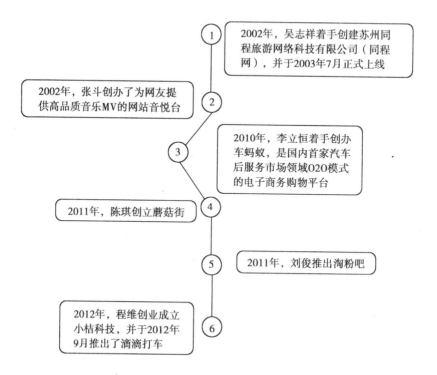

图 6 - 20　"原阿里人"典型创业项目

为阿里巴巴对自己影响不仅仅在于对互联网的涉及和了解，更多的是团队的激情感染力，阿里巴巴告诉每一个人创业不是一件遥远的事，只要有想法、有目标就可以去努力。在创业初期，同程网几乎完全按照阿里模式运营，但随着项目的逐渐成熟，吴志祥开始向新的商业模式挑战。同程旅游发展至今，连续三年入选"中国旅游集团20强"，2014年位列第9名，成为中国在线旅游行业三大企业集团之一①。受到阿里巴巴影响开始自主创业的还有蘑菇街创始人陈琪，作为淘宝商城创始团队核心成员，她在工作六年后看到了新模式的商机，决定开始自己的创业之路。陈琪认为，阿里巴巴的成功不仅在于经济上，还在于他们做了自己真正喜欢的事情。受到这种理念的影响，不惜舍弃了千万期权，卖房创业，决心奋力一搏。公司成立至今，蘑菇街注册

---

① 资料来源：同程官网，http：//www. ly. com/about/about17u/intro. html。

用户数已突破一个亿，移动端月活跃用户超过 6000 万，在最近一轮的融资中，公司估值约 10 亿美元。截至 2014 年 11 月，月均交易额已突破 3 亿元。①

我国有 13 多亿人口，9 亿劳动力，7000 万企业和个体工商户，蕴藏着无穷的创造力，因此要鼓励草根创业精神，让人们在创业创新中不仅创造物质财富，而且也实现精神追求和人生价值。阿里巴巴用自己的奇迹，培养了千万个 "阿里人"，他们带着阿里的烙印上路，通过自己的努力开创了一个个故事传奇，激励了无数创业者为了梦想坚持努力，催生了经济社会发展新动力。

（三）传递开放共享精神

阿里巴巴认为开放和共享是企业成长以及社会持续发展的基本理念。阿里巴巴致力于为社会公众搭建可信赖的、人人参与的平台，并依托阿里巴巴海量资源，建立完善的数据分析中心，真正将开放分享传递到社会每个角落。

阿里巴巴以自身技术优势为基础，通过为公益机构提供免费的开店资源、设立公益宝贝、公益创投等活动构建捐赠平台，为社会大众参与公益创造机会。2014 年，2.13 亿网友通过阿里巴巴公益平台做了超过 11.1 亿次善举，捐款总额超过 2.8 亿元。② 阿里巴巴积极地推动商业、社会资源和公益的融合，创造和提倡开放共享的文化价值理念，带动人人参与的社会文明建设，在最大范围内扩大了其正向影响。

同时，为了以开放、合作、共建、共享的方式打造具有影响力的新商业知识中心，阿里巴巴依托集团海量资源数据建立了阿里研究院，免费向大众提供各类研究案例与数据，并定期提供分析报告。阿里研究院以 "洞察数据，共创新知" 为价值目标，针对信息经济、电商物流、互联网与就业、消费、进出口等进行专业研究并提供数据结果。阿里巴巴力图秉承开放、分享的互联网精神，面向研究者和智库机构，通过数据、技术、案例、理念的分享，成为新经济与新治理的平台中心（如图

---

① 资料来源：蘑菇街官网，http://www. mogujie. com/us/? ptp = 1. BtWxRgdy. _ foot. 4. kpxaKp。

② 资料来源：《阿里巴巴集团 2014—2015 社会责任报告》。

6 – 21)。

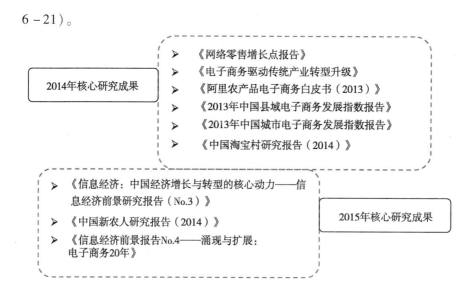

图 6 – 21　2014—2015 年阿里研究院核心研究成果发布情况①

三　阿里巴巴文化价值的创造机理

阿里巴巴建立了内生与商业模式的社会责任，通过诚信和创新向社会大众分享了阿里文化。阿里巴巴认为承担社会责任最佳的方式是和所有合作伙伴一起运营好新经济的平台，为行业营造良好的发展环境，让更多人可以把梦想变成现实，创造了巨大的文化价值。

（一）从企业社会责任承担到关系强化与能力提升

企业与利益相关者关系，很多情况会以非物化要素表现出来，比如企业文化及其传承、品牌形象、企业精神、创新意识、社会责任能力等。企业因履行社会责任，获得良好的社会形象，取得利益相关者及社会大众的高度认同或者确信，从而能在社会网络中取得较大的支持和较好的社会地位。② 阿里巴巴集团秉承着"客服第一，员工第二，股东第三"的社会价值观，其社会责任的承担在很大程度上帮助集团强化了核心利益相关者之间的关系，同时也获得了社会大众的认可。首先，以塑

① 资料来源：根据《阿里巴巴 2013—2014 社会责任报告》整理而得。

② 程云喜、田炜巍：《企业社会责任对企业"软实力"的作用及影响机理研究》，《企业活力》2012 年第 6 期。

造诚信的商业文化拉近集团与客户的关系，让客户真正感受到阿里巴巴的诚信与公平。阿里巴巴通过构建诚信体系，致力于维护买家与卖家的合法权益，也在电子商务发展过程中激励卖家、刺激消费、扶持优质小企业、打击恶意卖家、帮助消费者识别同行业对比数据等等诸多方面起到了举足轻重的作用。阿里巴巴与客户关系维系得更加牢固，客户也充分信任集团。其次，阿里巴巴社会责任的承担得到了社会大众的广泛认可，拉近了与公众的距离。阿里巴巴通过自己一步步的努力，为社会大众分享了"客户第一、团队合作、拥抱变化、诚信、激情、经营"的企业文化，同时通过良好氛围的营造，为社会带来了积极向上的正能量。社会责任的承担在很大程度上强化了企业利益相关者之间的关系。

（二）从关系强化与能力提升到企业文化价值创造

阿里巴巴通过与利益相关者关系的改善，从而提高其知名度，同时塑造良好的企业文化和品牌形象，为企业带来良好的声誉资本，形成巨大的外部感应，进而转化为经营战略优势，最终以文化引领的方式带动了知名企业、培育了优秀创业者、传递了开放共享文化，传播了属于阿里巴巴的文化价值，也真正做到了通过关系强化创造文化价值。

阿里巴巴正是在与小企业、创业家及消费者共同携手的基础上，通过互联网平台，共同推动新商业文明。从这个角度来看，与利益相关者关系的改善无疑可以推动企业文化更好地辐射大众群体，让更多的消费者、同行企业家、公众接触、认识、了解阿里巴巴文化，真正受到阿里巴巴企业文化的影响和引领作用。

除此之外，与客户、消费者的关系改善推动企业形象更加光辉，同时根植于企业员工的文化也会对其产生作用。阿里巴巴集团形象的树立让马云更具有感召力，通过个人魅力和行为进一步改良企业形象，建立与更多利益相关者的良好关系，逐步形成循环模式，即关系强化推动阿里巴巴文化价值的创造，同时企业文化不断受到认可又会助力关系的改善。

可见，阿里巴巴的文化价值创造机理已内生于企业经营管理过程中，通过承担社会责任强化与利益相关者关系，从而创造文化价值。

四　阿里巴巴的案例启示

本研究旨在通过分析阿里巴巴的企业社会责任价值创造，分析其成功模式，以期对电商同行有一定的启示与帮助。虽然成功不可复制，但是通过学习成功案例的经验可以呼吁更多电商企业重视企业社会责任，从而尝试去深入了解企业社会责任这个重要议题。本研究认为企业应该按照"市场主导、行业自律、企业主体"原则，发挥各利益主体的作用，通过承担社会责任从而为企业创造价值（如图6-22）。

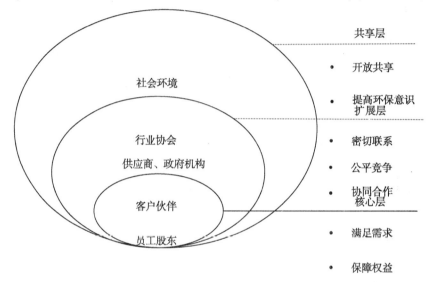

图6-22　阿里巴巴社会责任模型

（一）责任态度：社会责任成为企业基因

在互联网大环境处于低谷期时，阿里巴巴员工每人只拿500元的薪水，正是阿里文化彰显的力量留住了原有的创业团队，并逐渐扩容到两万多人；马云在阿里巴巴10周年庆典上很坚定地提出，阿里巴巴在未来的十年，第一是要为一千万家小企业提供生存发展的平台；第二是要为全世界创造一亿个就业机会；第三是要为十亿人提供消费平台。阿里巴巴创造了社会诚信文化、创业文化以及开放共享文化，企业由内而外得到认同，并积极影响了大众的理念与行动，开创了"新商业"文明。

究其原因在于阿里巴巴始终将社会责任的承担作为企业发展的重要部分，并使社会责任理念成为企业的基因。从1999年创业伊始，阿里巴巴就建立在这样的信念之上：解决社会问题是商业之源，只有致力于解决社会问题，才有可能成就一个有价值的可持续的商业模式。为了解决现实商业环境里中小企业的信息不对称困难，阿里巴巴创办了 Alibaba.com；为了让消费者和商家能直接对接，降低流通成本，阿里巴巴建立了淘宝；为了解决支付问题，阿里巴巴创办了支付宝；为了让数据能被更多人分享，阿里巴巴持续深耕阿里云；为了降低全社会的物流成本，阿里巴巴投入建设菜鸟驿站。

（二）责任践行：从身体力行到人人参与

阿里巴巴用"以责立世"的态度，在推动企业发展的同时推进企业社会责任的践行，阿里巴巴认为社会责任的承担不仅仅在于自身行动，更在于通过自己的行动带动更多的人共同参与文明推进和社会发展。

核心层：身体力行。阿里巴巴社会责任的承担首先体现在于企业身体力行地对客户、员工和股东责任的承担。阿里巴巴将客户、员工和股东作为共生的利益相关方，与之共同生存和成长。阿里巴巴坚持以"让天下没有难做的生意"为企业使命，决定了企业不会力图成为商业帝国，而是作为一个生态系统的运营者和服务者，通过为客户创造价值，让客户成功进而让自己成功；同时，阿里巴巴认为员工是阿里巴巴集团基业长青的基石，也是集团健康运营和发展的重要保障。阿里巴巴致力于保障员工的基本权益，健全员工发展体系，畅通职业发展通道，为员工创造良好的工作氛围；阿里巴巴也重视股东权益，并给予股东可持续的商业回报。为此，阿里巴巴通过健全内控体系，加强内部反腐，保障股东权益不受侵害，并搭建与股东交流的平台，通过多种方式与股东沟通，建立和谐的投资者关系。

扩展层：行业带动。阿里巴巴社会责任的承担其次体现在于对于行业发展的带动上。互联网正从信息科技时代向数字科技时代快速跨越，阿里巴巴也从一家电子商务公司向一家为未来商业提供基础设施的平台转型。与此同时，阿里巴巴通过联合企业及其他行业，构建诚信经营体系，营造良好的商业环境；鼓励重建淘宝的商会、协会，在各个品类里重建商盟体系，鼓励卖家通过协会、商会，跟淘宝有更好的连接，实现自治；通过密切联系、公平竞争、协同合作来促进与供应商、行业协会、政府机构这些扩展层利益相关者的合作与发展；通过扶持互助、提高环保意识，从而得到行业认可，致力于与市场、政府、社会和环境共享发展和进步。

共享层：人人参与。阿里巴巴社会责任的承担还体现在鼓励社会全员共同参与上。阿里巴巴基于自身的商业模式和业务专长，为平台使用者提供公益交流和互动的工具及机会，搭建可信赖的、人人参与的平台。在阿里巴巴看来，承担社会责任的最终任务是全社会的意识唤醒，因此，阿里巴巴致力于利用互联网平台的优势培育社会责任的参与感，让每一个用户有机会参与到社会和谐发展的事业中。

第五节　中国心、责任心，红色引擎发力创造综合价值

——基于浙江吉利控股集团的社会责任实践考察

自 2014 年 5 月习近平总书记指出要"适应新常态，保持战略上的平常心态"以来，经济新常态这一宏观大背景对社会经济生活产生的影响更加显性和具体化。由于资源约束力加大，经济增长率下降，新常态对制造业提出了增长方式与发展模式的更高要求。浙江吉利控股集团（以下简称"吉利集团"）是国内汽车制造行业的领军型企业，自 1997 年进入汽车行业以来，吉利集团多年来专注振兴实业、技术创新和人才培养，取得了快速发展，现资产总值已超过 2000 亿元，2012 年入围世界 500 强，是国家"创新型企业"和"国家汽车整车出口基地企业"。①在面临新常态带来的新压力时，吉利集团以积极的心态和行动拥抱变化、拥抱发展，通过承担企业社会责任创造综合价值的最大化。

一　吉利集团社会责任的主要实践

面对转型期社会矛盾的加剧和环境污染问题的日益严峻，吉利集团严格坚守企业使命，在商业活动中恪守商业道德，依法诚信经营，并通过商业模式和技术创新，为各利益相关者创造更多利益。同时，持续推动绿色研发，在生产各环节促进节能降耗，依靠高质量的培训、多元化的员工构成、完善的薪酬福利体系吸引高端人才，值得一提的是，吉利集团关注中国教育和公益事业的发展，努力实现企业与社会的和谐发展。吉利集团深知企业的发展得益于中国社会和经济的快速进步，因此

---

① 本案例数据与材料主要来自课题调研与吉利集团官网、相关新闻报道。

在成长路上始终将社会责任置于企业的核心议题，将其纳入整体战略规划，并制定了企业社会责任管理模型。

（一）保障价值链，实现协同发展

每一个企业都是在设计、生产、销售、服务等过程中开展活动的集合体，这些互相影响又相互关联的生产经营活动，构成了一个创造价值的动态过程，即价值链。整个价值链的综合竞争力决定企业的竞争力。吉利集团的价值链存在于各品牌和业务部门之间、集团和各子公司之间、上下游关联的企业之间，以及其他与吉利集团有利益关系的单元之间。通过各个部门的协同合作，吉利集团实现了在产品开发、材料供应、生产运行和市场营销等各个方面的协同发展。

在产品开发方面，吉利集团始终坚持自主创新，打造属于自己的"中国心"。吉利集团在研发时，不仅致力于以前沿的汽车技术研发实现跨越式发展，同时充分考虑技术创新可能给生态与生活带来的有益改变，探索未来绿色能源之路。除了在杭州、台州等国内城市建有汽车整车和动力总成制造基地，在国外多个城市还建设有研发设计中心，如澳大利亚的 DSI 自动变速器研发中心、西班牙的设计造型中心等，吉利产品开发得益于近几年来工程技术人员的增加。

吉利的工程技术人员从 2012 年的 2000 人增加到 2014 年的 4700人，截至 2014 年底，吉利集团总员工数为 18000 余人，工程技术人员占总员工人数的 26%，拥有院士 3 名、外国专家数百名、在册博士 60余名、硕士 800 余名，高学历人才的比重每年都在增加。①

在材料供应方面，吉利集团一直坚持"对标管理、品质经营"，引进全球最具竞争力的供应商。2014 年，吉利已拥有 277 家战略供应商，并对供应商进行分类，实现差别管理，对知名汽车主机厂直接配套的同类产品供应商进行快速准入机制管理；对其他常规供应商则从质量保证能力、研发技术能力、生产设备能力、价格与服务能力评价四个维度进行现场评审，确保供应商能力满足准入要求。此外，吉利集团每年还不定期派遣技术人员拜访供应商，交流学习，提升供应商管理水平和忠诚度。

---

① 数据来源：《吉利集团 2012—2014 社会责任报告》。

在市场营销方面，吉利集团则致力于规范与高效的渠道建设，通过网络优化整合，淘汰无效网点。截至2014年年底，吉利集团拥有有效经销商751家，覆盖全国所有省份，下沉至四线城市，部分已触及县乡和农村。同时为保持经销商的积极性，吉利集团每年还会对所有授权经销商进行星级评定，开展售前、售后以及新品发布关键岗位培训，并组织开展"吉利汽车服务顾问与维修技师大赛"，从而提升经销商营销与服务的专业能力。

（二）汇聚关爱打造企业"元动力"

员工是企业创新的源泉，是企业成长的决定力量。吉利集团坚持"人才资源是第一资源"的理念，把人才视作企业最宝贵的财富，实施开展了"元动力"关爱工程，将"领导为员工服务、部门为一线服务、员工考核领导、一线考核部门"作为核心思想，尊重员工主体地位，开展全方位员工关爱活动，让员工快乐工作、体面生活，使员工成为企业发展的力量源泉。

首先，根据国家相关法律建立完善的薪酬福利体系。吉利集团的薪酬体系以员工岗位价值为基础、高绩效为导向、员工能力和价值观为标尺来明确薪酬支付理念。在薪酬方面，吉利集团针对不同核心职能业务设置目标奖励金，并根据业务单位的贡献度、重要性等因素科学合理地分配年终奖金等；在福利方面，除了保障员工的基本法定福利，还制定了优惠购房购车政策、为有需要的员工设置全球商业保险等。此外每年还开展两到三次员工满意度调查工作，收集改善建议，制定具体措施推进实施，明确推进负责人，跟踪解决，出台了《集团合理化建议创新提案制度》，表彰奖励员工合理化建议，以提案人名字命名优秀合理化建议并授牌。

其次，关爱员工生活，关注员工成长。吉利集团设立了"吉利控股集团员工子女教育基金"；制定了《吉利控股集团职工互助办法（试行)》，建设了"吉利家园互助中心"，着力解决员工子女上学难、帮助家属就业、春节返乡探亲等实际困难，搭建家企互动平台。同时为员工成长推行了四条发展通道，设置了13级职级体系，制定了覆盖吉利汽车内部18000多名员工及吉利集团合作伙伴的人才培训与人才发展工作。针对各个业务单位开展符合职能要求的专业能力提升训练（如图6-23），吉利集团不论组织培训次数还是参与人员的总数都呈逐年递增的趋势。

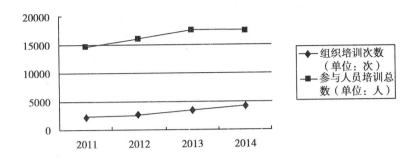

图6－23　2011—2014年吉利集团人才培训数据

最后，汇聚多元人才，吉利集团的人才获取主要以内生型人才为主，同时全方位多渠道吸纳海内外优秀人才。吉利深知一个成功的企业离不开多元化人才的支撑，而吸引人才的首要因素就是提高企业各方面的综合实力，建立完善的保障体系。因此吉利集团一直将筑巢引凤、吸引多元人才作为企业的战略重点，并对不同类型的人才实行差异化管理，对创业人才以股权激励方式给予创业支持，对技术专才营造能充分发挥其作用的环境，对职业经理人则通过期权等方式打造发展平台。

另一方面，吉利集团也一直坚持对每个员工进行"人尽其才"的管理和利用，通过充分地尊重其经验和个性，充分挖掘员工潜力，并为其施展才华创造条件。为此，吉利提出"元动力计划"。其内涵是指谁伤害了员工的心，谁就伤害了企业的元气，要把员工的所思所想转化为企业的发展动力，化为企业的市场竞争力。

吉利集团还制定了"星级"员工与"质量零缺陷"员工激励政策，鼓励员工通过自我价值的实现推动企业实现社会价值，并倡导员工互相尊重、彼此信任、通力合作、共享成功，完善的激励方式和对个人专业领域的充分授权使得吉利集团吸引了国内外众多汽车行业优秀人才。

（三）绿色驱动共建环保社会

如果企业确立了为利益相关者，如消费者、社区等履行社会责任的发展战略，就会通过不断改进生产工艺、开发新的技术、生产质优价廉、安全环保的产品，提高企业技术创新水平，探索未来绿色能源之路。吉利积极推崇绿色环保，在提高能效、降低排放、节约资源等方面努力持续改进，以应对汽车社会到来引发的社会问题，共建环保社会。

在新生产线的建设上，吉利集团融入了"建无害于环境的绿色工厂、造有益于人类的环保汽车"的环保理念，致力于采用先进的环保节能工艺和设备，打造绿色、环保、节能的现代化工厂。在以帝豪 EC718 为代表的新生产线建设上，烘房采用更为清洁的燃料天然气，供热采用市政集中供热，充分利用电厂发电后的低能位蒸汽，既节约了社会资源，又减少了燃油、燃煤使用污染物的排放。而在污水处理环节，整个系统采用了编程逻辑控制器（PLC）控制，运用"物化＋生化"工艺对污水进行处理，同时建造了标准排放口，并在每个排放口安装了监测系统进行实时监控。另外，集团通过公司的宣传和培训，创建了以"增强员工节能环保意识，降低办公消耗"为主题的绿色办公室，制定和颁发了《浙江吉利控制集团有限公司绿色办公管理办法》，对于资源利用和环保节能进行了具体的要求和规定，以在各个场所形成良好的办公习惯，落实绿色无害工厂的建设。

车辆的环保性能一直以来也是吉利集团考虑的重点，为此集团成立了专门的技术团队进行研发。吉利集团掌握了新能源车型动力系统匹配、集成开发与控制系统等关键技术，致力于在每款新产品的每个生命周期内都能表现出比上代产品更优异的环保性能。其基于吉利帝豪 EC7 平台开发的 FE－3Z 的纯电动车型，采用吉利高效永磁同步电机，三元材料锂离子电池，整车运用大量的节能技术如低阻力轮胎等，电耗小于 16kWh/100km。同时，吉利还致力于改善车内环境污染，汽车内饰中使用的胶水等辅料均采用水性级别，配备 PM2.5 空气净化装置，采用驻极体材料、静电吸附及多种混合吸附粒子，对空气中的大颗粒乃至 PM2.5 颗粒过滤，效率高于 97%。建立了多方近千人的气味评价团队——"鼻子团队"，由原来的"质量"单一化控制提升到对"车内环境品质"的人性化综合管控。帝豪 EC8 车内环境中的苯、丙烯醛指标接近于零，座椅等与人体直接接触部位的多环芳烃含量仅为 0.2mg/kg，可与婴儿直接接触，其他污染物指标也低于国家标准的 50%。①

---

① 资料来源：浙商网，《吉利汽车转型背后的故事》，http://biz.zjol.com.cn/system/2014/06/13/020079604.shtml。

与此同时，吉利不断探索创新并研发出了两项较具代表性的科研成果：爆胎监测与安全控制系统和电子平衡技术。前者解决了高速爆胎后的安全控制问题，有效避免灾难事故的发生，为全球首创技术；后者解决了节能降耗问题，与同排量汽车比较城市路况节油可达到35%以上，同时还降低了汽车行驶噪音，此项技术为世界先进技术。

（四）"红色引擎"引领企业文化

吉利集团在经历了创业期、成长期、发展期及转型期后，已经成为中国民族汽车工业的旗帜，成为参与世界竞争的知名跨国企业，无论在经济规模和实力，还是在核心竞争力上，已经走在了中国汽车行业发展上的前列，这些成绩的取得，离不开吉利集团党委的坚强领导。

2011年5月，吉利集团新一届经营管理委员会在杭州举行了首次会议，并将党课引入会议，这是吉利集团的一次创新尝试，由此催生了"红色引擎"这一词的提出。吉利红色引擎成为吉利集团新一轮党建工作的形象统称：红色让人联想到中国共产党；引擎是汽车发动机的核心部分，体现了汽车行业特点。吉利集团在各部门建立党小组，通过党内带动党外，实现"组织稳定人心"，将每一个基层党组织视为一个"发动机"，通过党员的示范表率作用，带动职工群众共同推动企业健康发展。吉利集团现有党员1400多名，集团党委在红色引擎工程的指引下坚持以党建工作引领企业文化建设，进一步提高企业职工整体素质和企业创新能力，有效提升党建工作实效，为集团发展注入了强大动力。[①]

自2004年起，吉利集团便创设了"吉利形势政策大讲堂"，树立了人人是老师、人人是学生的理念。鼓励员工走上讲坛，培养组建了一支由721名员工组成的企业内训师团队，并从中选拔出以党员为主的企业文化内训师50名、文化辅导员25名，定期对全体员工开展形势政策培训，2012年大讲堂总课时达720.5小时，参训人员14289人次，培训覆盖率达80.4%。伴随着员工的年轻化，针对集团内部的90后青年，吉利集团开通了"分享90"思辨论坛，引导90后青年树立理想信念，培养正确的价值认同。该论坛以"分享90后，分享90分"而得名，每期活动时间90分钟，论坛每期选取一个企业文化价值观方面的热点话

---

① 资料来源：据《吉利红色引擎系列》整理而得。

题，开展企业文化和企业精神大讨论、大辩论，形成思维的碰撞。[①]

此外，吉利集团还组建了吉利特色文化团队，引导广大员工和车友确立健康向上的人生观，打造中国汽车文化。吉利集团党委联合工、青、妇等群众组织，组建了吉利交响乐团、吉利合唱团、吉利赛车队等企业员工文化团队，定期开展文化活动，传播企业文化，均取得了不错的成绩，如交响乐团先后赴意大利、德国、瑞典等6国巡演，开创了中国汽车文化走向世界的先河。与此同时，吉利集团设立了吉利系列荣誉奖项，大力宣传践行企业核心价值观的先进典型。集团党委积极推动书福奖、吉利文化大使、吉利党员之星等评选工作，每年表彰在思想作风、道德水平、业务能力等各方面最优秀的员工，在每年的集团庆典上进行隆重表彰并制作手模，至2012年已有10届共99位员工获此殊荣。通过全面构建并落实这些行动，吉利集团真正做到了让党员"动"起来，让企业文化"活"起来。

（五）携手公益促进社会和谐发展

企业不仅仅是一个经济组织，还是一个社会组织，需要对社会发展做出自己的贡献。作为企业公民，吉利集团一直以"让世界感受爱"为公益价值主张，解决真实的社会问题、实现社区融合、推动吉利人深度参与、探索可持续的公益模式。吉利集团相信，每一个人和企业公民都有责任通过共同努力，让世界变得更加美好。因此，吉利集团从未停止过传递爱心的脚步，不仅持续为需要帮助的人群和地区竭尽所能地提供援助，并在任何民族发生大难时挺身而出，肩负着社会责任和民族道义，促进社会和谐发展。

多年来，吉利集团一直保持对教育事业的关注和支持，为中国的教育事业做出了很大的贡献，在教育事业发展方面投资数十亿元建立多所高等院校，在校学生超过4万人，每年有近万名毕业生走上工作岗位，为中国汽车工业和社会输送了宝贵的人才。除了投身教育事业，吉利集团也致力于回报社会，对慈善援助和社会关怀一贯坚持身体力行。

作为赞助2011年第八届全国残运会的民企，吉利集团持续向残运

[①] 资料来源：封飞行：《吉利红色引擎，激发创新活力》，天堂硅谷报。http://epaper.hhtznews.com.cn/shtml/ttgg/20150820/11088.shtml。

会提供了一系列资金和物资支持，其中包括现金捐助和残疾人保障车辆的捐助；为了使昔日贫困乡村面貌焕然一新，李书福资助教育基金会，于中央电视台"春暖2012"大型公益晚会向华润基金会捐助100万元人民币，用于华润希望小学项目；2013年，作为"韩红爱心"百人援疆公益活动的捐赠方之一，吉利汽车为援疆团队提供全程车辆保障并向新疆民政系统捐赠了15辆吉利汽车；2013年雅安地震之后，为了帮助灾区人民渡过难关，吉利控股集团向雅安灾区提供了2000万元的救灾和灾后重建援助计划，并先后捐赠46辆吉利及沃尔沃汽车用于救灾抢险工作；2014年，为宁波APEC第一次高管会议及青岛APEC第二次高管会议提供会议官方用车。与此同时，吉利集团还积极提供社区服务，为社区青年提供就业指导，搭建了吉利志愿服务队平台，首批成员99人，志愿队下设有汽车养护、电脑维修、知识产权、知识分享、法律咨询、义务劳动、理发等七个小分队，为社区市民送去优质的服务。更重要的是，为了更好的使员工奉献爱心、回馈社会，吉利于2011年启动了志愿服务项目，积极主动为社会提供专业化定点服务，如图6-24所示，从2011年到2014年期间，吉利集团的员工志愿者人数基本呈上升趋势，志愿者服务总小时数也是逐年大幅增加，这说明吉利集团在服务社会方面做出了很大的努力。①

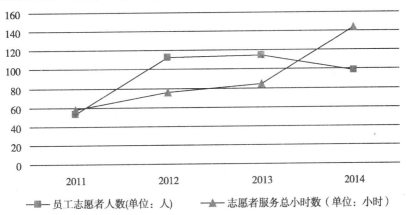

图6-24　2011—2014年吉利集团员工志愿者数据

① 资料来源：《2012—2014年吉利企业社会责任报告》。

二 吉利集团综合价值的具体表现

(一) 经济价值

吉利集团通过对公司治理结构的不断优化，营业额呈上升趋势，就吉利集团已有数据可以看出，吉利汽车控股有限公司 2014 年销售量 425773 辆，年营业收入达 217.38 亿元。吉利集团通过对组织构架的调整，形成了专业化、规范化的公司治理体系，使得企业风险评估与管控能力得以提升；通过定期召开股东大会，及时披露企业信息，使得企业与股东关系得到加强；以上行为使得企业内部管理更加完善，为企业创造了经济价值。2014 年是自主车企发展并不顺利的一年，大部分自主车企销量相比 2013 年有所减少，吉利汽车销售量相比 2013 年也下降了 22.50%（见图 6 – 25）。这主要源于吉利集团内部正在做销售和营销体系的重大改组，对此本研究进行了深入分析。吉利旗下的几款车型及 2014 年对应的销量见如图 6 – 26。①

单位：亿元

—◆— 吉利汽车股控有限公司年营业额

图 6 – 25　2011—2014 年吉利汽车控股有限公司营业额

如图 6 – 26 所示，2014 年吉利汽车旗下销量最好的是帝豪车型。2014 年 1—12 月虽然其他车型基本都有一定幅度下降，但帝豪共销售 165239 辆，吉利金刚以及吉利 GX7 分别以 78890 辆以及 62729 辆位列吉利汽车车型销量第二名与第三名。2014 年 7 月，吉利新帝豪上市后，

①　资料来源：中商情报网，《2014 年自主车企销量第五名：吉利汽车销量下滑 22.50%》。http://www.askci.com/news/chanye/2015/02/02/161417md6d.shtml

单位：万辆

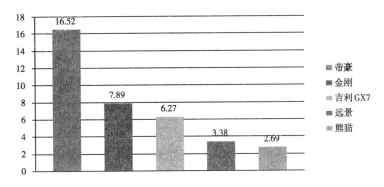

图 6-26　2014 年吉利部分车型销量一览

该车型销量一路上升，为企业创造了显著的经济价值。

追溯到吉利集团于 2009 年在上海车展提出的品牌战略，该战略指出停止将吉利作为轿车品牌使用，而是将它作为集团公司的名称。同时，公司引入了三大新品牌：帝豪、全球鹰和英伦。这三大品牌面向不同的细分市场，帝豪面向商务人士，全球鹰面向年轻消费者，英伦则定位为家庭用车。吉利集团希望借多品牌策略大幅提升吉利的销量，但事实证明不可行。作为一家年轻的公司，多品牌消耗了公司的销售和市场资源，这三个品牌挤压了相互的销量，同时也给公司的经销商增加了巨大的压力，由于缺乏强劲的品牌和具有竞争力的产品，2013 年吉利经销商的平均库存达到 90 天，而全行业大约为 45 天。[①]

中国其他汽车制造商也犯了同样的错误，比亚迪公司建立了过于庞大的经销商网络，奇瑞汽车公司和长城汽车公司则推出了过多的品牌。但这些公司已经解决了各自的问题，比亚迪于 2011 年缩减了经销商网络，长城汽车也在一年后取消了轿车品牌，同样，奇瑞也于去年用奇瑞代替了原先的四大品牌。吉利集团在意识到这一问题后，也快速做出了反应，于 2014 年开始重新转型到单一品牌战略。转型之后，吉利旗下产品脉络比之前清晰很多，市场表现也有了较为明显的提升。2015 年

———————

① 资料来源：网易汽车，《杨坚：销量大跌对吉利也许不是坏事》。http://auto.163. com/14/0221/09/9LJLIF0R00084TV6.html。

上半年吉利汽车销量达 25.2 万辆，同比增长 35%，帝豪上半年累计销量突破 10 万辆，同比增长 56%，企业经济价值不断提升。[①]

（二）社会价值

吉利在集团内部推行四条发展通道，即管理通道、专业工程通道、技能通道和项目管理通道，为社会提供了大量的工作岗位，缓解了就业压力。吉利每年都为社会提供多个就业岗位，促进就业率上升，更值得关注的是，少数民族员工雇佣人数逐年上升，从 2011 年的 188 人上升到 2014 年 465 人，吉利为维护民族团结和各民族共同发展贡献了自己的一份力量，[②] 这是很多企业无法做到的一点。在社会环境下生存的企业，在承担社会责任的同时，也必然会创造一定的社会价值。吉利通过科技创新致力于绿色环保之路的探索，这个过程本身就为中国众多企业树立了榜样形象，带动各行业更加关注环保事业，引导社会形成节能环保、共创美好家园的和谐氛围。

（三）环境价值

在吉利集团的发展理念中一直将"建设美丽中国"作为企业发展的责任，致力于成为环境责任的领导者，在研发、生产、运营、产品使用和回收处理等过程中降低每个环节的环境影响。经过不懈的努力，吉利集团创造了显著的环境价值（见表 6 - 5）。

表 6 - 5　　　　　　　　2011—2014 年吉利集团环境价值数据

指标	单位	2011 年	2012 年	2013 年	2014 年
每万元产值消耗生产物料重量	kg	钢材消耗量 73.96 油漆消耗量 2.22	钢材消耗量 72.11 油漆消耗量 2.06	钢材消耗量 53.77 油漆消耗量 2.10	钢材消耗量 53.00 油漆消耗量 2.01
每万元产值废水排放量	t	0.42	0.30	0.19	0.22
每万元产值 SO_2 排放量	g	10.57	13.68	17.81	17.00
危险废物安全处置量	%	100	100	100	100
每万元产值水资源总量	t	1.24	0.63	0.51	0.59

① 资料来源：京华时报，《吉利上半年销量逆势增长 35%》，http：//epaper. jinghua. cn/html/2015 - 07/16/content_ 215936. htm。

② 资料来源：《吉利集团 2012—2014 社会责任报告》。

由表 6-5 看出，2011—2014 年，吉利集团每万元产值消耗的钢材和油漆由 73.96kg 和 2.22kg 分别降到了 53.00kg 和 2.01kg，每万元产值废水排放量由 0.42t 减少到 0.22t，每万元产值废水排放量由 0.42t 减少到 0.22t，每万元产值水资源总量由 1.24t 减少到 0.59t。[①] 在吉利集团年生产量逐年递增的情况下，其能耗数据却大致呈每年递减的趋势，可见吉利集团的节能环保技术已与所有业务环节密不可分，由此所产生的环境价值也不可小觑。

（四）文化价值

吉利集团推出的"红色引擎"系列活动，建设了民营企业党建文化，形成了独特的吉利员工生命周期关爱体系，这种针对员工的特有企业文化增强了企业的软实力，提升了企业声誉，得到了社会的认同，并起到引领社会的作用。与此同时，吉利集团在积极履行慈善责任的过程中，将教育作为优先关注的社会议题，以基金规范化运作为基础，深度打造一系列的品牌公益活动。2014"吉利 HOPE 运动会"惠及乡村小学学生 1118 人，影响教师 89 人，并号召吉利车主、经销商代表、员工以及广大社会志愿者参与到其中，这一举措不仅增强了企业与利益相关者的关系，还帮助了更多贫困群体。同时这一举措也使得吉利品牌化得以加强，塑造了企业的良好形象，通过呼吁社会各个群体参与到吉利的战略发展中，在一定程度上也提高了产品的知名度，提升了企业形象，从而创造了文化价值。

三　吉利集团综合价值的创造机理

吉利集团作为一个以创业创新为己任的民族汽车企业，一贯秉承"源于社会，回报社会"的宗旨，将企业的发展成果与社会共享，积极承担企业的经济责任、法律责任、伦理责任和慈善责任。通过对这些责任的承担，吉利集团自身的综合能力得到了提升，其社会关系网络进一步扩大，与利益相关者的关系强度也得到了强化，从而创造了多元价值（见表 6-6）。

---

① 资料来源：《吉利集团 2012—2014 社会责任报告》。

表6－6　　　　　　　　　　吉利集团综合价值创造分析

变量	维度		保障价值链实现协同发展	汇聚关爱打造企业元动力	绿色驱动共建环保社会	红色引擎引领企业文化	携手公益促进社会和谐发展
社会责任	经济责任		√				
	法律责任			√	√		
	伦理责任		√	√	√	√	
	慈善责任						√
影响路径	能力	自主研发能力	√				
		人才培养能力		√			
		人才吸引汇聚能力		√			
	关系	股东	√			√	
		消费者	√		√	√	√
		员工	√	√	√		
		政府	√		√	√	√
		合作伙伴	√			√	
价值创造	经济价值				√		
	社会价值		√	√	√	√	√
	环境价值		√		√		
	文化价值					√	√

　　承担经济责任，以满足利益相关者的经济性需求，是所有企业不断发展的基础。吉利集团不仅和大多数企业一样，承担起必须的经济责任，并在完成经济发展的基础上，积极进行技术创新，真正使科学技术成为公司发展的第一生产力。吉利集团秉承自主研发、广泛合作、掌握核心技术的研发理念，通过通用化、安全第一、能源多样化三大科研战略，掌握了动力电池、电动控制器、整车控制器等新能源和关键零部件的自主研发能力，保持企业技术的先进性。继成功研制 M100 甲醇代用燃料轿车节能环保车型后，吉利正式启动了未来五年的节能环保汽车开发规划，其中弱度混合动力电动汽车、重度混合动力电动汽车均为国家"973"电动汽车重大专项开发项目。吉利集团不论在技术路线还是技术方案上，都保持着较高的研发能力和创新水平。

　　同时，在多年的发展中，吉利与上游供应商结成同呼吸共成长的

"命运共同体"，帮助供应商持续完善管理水准，快速提升综合实力。吉利以"1＋1＋1"合作共赢模式①，为经销商提供有条件的金融支持和担保支持以及技能提升训练，与伙伴建立了良好的、稳定的合作关系。通过经济责任的有效承担，吉利集团与股东、员工、供应商关系进一步增强，还获得了研发创新能力的飞跃式提升。这一能力的不断提升也为吉利集团带来了更强的市场竞争力，集团的收益也由此呈现出蓬勃增长的好态势。同时，创新技术将吉利集团所生产的产品对环境所产生的伤害降到最低，对环境的可持续发展做出了贡献。吉利集团通过承担经济责任，其研发创新能力得到显著提升，与股东、员工的关系增强，最后不仅创造了客观的经济价值，更创造了影响深远的环境价值。

　　吉利集团在员工培训、环保投入等多方面的积极行动中，承担起了伦理责任。集团不但注重员工自身的培训，还出资创办浙江汽车职业技术学院、北京吉利大学、三亚学院和浙江汽车工程学院等多所院校，让学生学会为人之道，更让学生掌握一技之长；关注员工和人才的发展只是吉利集团履行伦理责任的一部分，其对环境的关注与保护也进一步体现了对伦理责任的承担；"红色引擎"党建活动更是将伦理责任的承担发挥到了极致。吉利集团结合社会需求和企业自身的需要灵活开设专业，形成了具有吉利特色的人才培养模式、稳定的人才培养和输入链条。企业本着"人才和创新是立企之本"的理念，以"产教协同"思想为中心，整合各种优质教育资源，并根据社会需求进行不断创新，使得其人才培养能力得到极大的提升，为其余社会企业提供了很好的参考借鉴，集团研发创新能力也在这个过程中不断拔高。面对环保，吉利集团不仅只是单纯投入资金，更主动学习并运用先进技术，将其融入自身研发中，从而生产出更环保的产品，由此与政府、社区及消费者的关系更加紧密。"红色引擎"党建活动从形式、规模等各方面，都体现出吉利集团在党建方面的用心，其成效也是相当显著的，多期"红色引擎"不仅对集团员工进行了思想上的洗涤，也获得了政府的大力支持，拉近了集团与员工及政府的关系。由于伦理责任的承担而提升的研发创新能

---

　　① 吉利"1＋1＋1"合作模式：低成本、文化融合的本土供应商优势；高质量、高技术的国际供应商；吉利汽车在市场、信心方面的支持。

力及同时提高与社区、消费者、政府的关系，更为吉利集团创造出经济价值、环境价值。此外，员工及人才通过培训，自身能力得到提高，其满意度增强，从而创造出社会价值；"红色引擎"等活动在改善与政府、员工关系的基础上，创造出了显著的文化价值。

与很多大企业一样，吉利集团也积极承担着社会的慈善责任。向残奥会捐款、为援疆行动捐款捐车等一系列的慈善活动已经将吉利集团塑造成一个生产先进且乐善好施的高尚企业，使其获得社会广泛好评，集团与政府、顾客、社区的关系变得更亲密，通过慈善项目对社会宣扬正确价值观的同时，也创造了巨大的文化价值。

按照相关法律建立完善薪酬服务体系、其生产的绿色产品完全达到国家环保标准等一系列活动，说明吉利集团以实际行动来承担法律责任。通过法律责任的承担，员工利益得到更有效的保障，集团与员工关系增强，积极响应政府号召、遵纪守法的行事风格也使吉利集团与政府建立更好的关系，创造出更显著的社会价值。

四　吉利集团的案例启示

通过研究吉利集团承担社会责任全面价值创造这一案例，可以得出我国制造业在发展过程中值得借鉴的一些启示，制造行业可以通过技术创新、人才培养、上下游协同发展、企业文化建设等方面来促进企业的发展。

(一) 推动技术创新为企业发展增添动力

创新是知识经济条件下企业应当具备的最基本的特征。面对知识经济时代，只有通过培养人才，加强技术创新，才能在激烈的市场竞争中抓住机遇，迎接挑战，实现企业自身的跳跃式发展。企业创新能力是企业快速发展的动力和竞争力。创新能力的高低，直接关系到一个企业竞争力的强弱、生产力水平的高低、企业素质的等级。吉利集团在研发时，不仅致力于以前沿的汽车技术研发实现跨越式发展，同时充分考虑技术创新可能给生态与生活带来的有益改变，探索未来绿色能源之路，拥有各种专利 11800 余项，其中发明专利 2100 多项，国际专利 40 多项，被列为"中国企业知识产权自主创新十大品牌"。[①] 吉利集团除了

---

① 资料来源：浙江吉利控股集团官网，http://www.geely.com/introduce/intro/index.html。

在杭州、台州等国内城市建有汽车整车和动力总成制造基地，在国外多个城市还建设有研发设计中心。

（二）加强伙伴关系为协同发展提供保障

企业能够成功的关键因素不仅在于通过企业努力提高自主创新能力，而且还要积极与本企业相关的供应链上的其他组织展开合作，同各个利益相关者建立良好的沟通合作关系。同一条供应链上的企业具有一荣俱荣、一损俱损的特点，企业间有着十分密切和直接的利益关系。企业彼此都是对方的利益相关者，同时也是最好的合作伙伴。因此，一旦某一个企业创新成功，就会给同一供应链上的所有企业带来收益。加强协同是进一步增强公司综合竞争力的需要。在协同的过程当中，可提高市场竞争力、自主创新能力、优化资源分配。我国企业要想走向国际化道路，就必须提高国际竞争力，就必须要将公司整个供应链上的资源再次整合，优化配置，而协同就是在新的时期、新的阶段，为实现我国制造业发展愿景而进行的资源集中整合与优化配置。

（三）把握党建文化为企业提升软实力

企业文化是一种信念的力量、道德的力量、心理的力量。加强企业文化建设，是提高企业核心竞争力的内在要求。企业文化建设的根本意义在于它拥有一系列其他任何制度和规范所不具有的特殊功能：导向功能、激励功能、凝聚功能、约束功能。我国企业在发展的同时，也应该重视企业文化的建设，尤其要重视民营企业党建工作，面向全体员工开展思想政治教育，提高员工的思想道德素质；培育企业与员工的价值观，推动党的主张和企业的价值观在基层一线落地；建立特色企业文化，形成企业发展不可或缺的精神力量和道德规范。积极的企业文化会对企业产生积极的作用，使企业资源得到合理的配置，提高企业的竞争力，促进企业的可持续发展。

饮水思源深深烙印于吉利集团的经营理念之中，吉利取得的点滴进步离不开社会力量的支持。因此，作为利益共同体，吉利集团本着"造最安全、最环保、最节能的好车"的理念，时刻对品牌负责，在企业自身快速发展的同时，始终主动承担起企业公民的责任，并带动其员工加入到管理、研发、制造全过程的企业社会责任践行中。通过合法经营、环境保护、开展公益事业等一系列行为使企业与消费者、员工等关系更加融合，也进一步加强了企业的自主创新、生产运营、营销与服务能力，为公司创造了多元价值。从这个意义上来看，企业社会责任已经成为企业发展的一大动力，企业在承担社会责任的同时，通过增强能力和强化关系，创造了经济价值、社会价值、环境价值和文化价值，从而促进企业的健康持续发展。

目前，中国经济已经进入"中高速、优结构、新动力、多挑战"的"新常态"发展阶段。在这一历史背景下，吉利集团正在主动适应"新常态"，坚定自己的前进方向，正确选择属于自己的发展道路，把握"新特征"，创造"新风景"。面对用户需求和消费形态的全面升级，吉利集团将进一步深化集团内部、供应商、经销商以及价值链上其他合作伙伴的紧密协作，从设计到制造、从技术到品质、从内涵到外延全方位提供用户满意、环境友好的产品；以供需结合为基础，以虚实结合为核心，以智能制造为支撑，以绿色制造为保障，以全新姿态主动迎接来自经济新常态的挑战，在经济寒冬之下，继续保持"热血"发展，实现企业综合价值的最大化。

本章小结

本章选取了我国企业社会责任承担价值创造综合表现优秀的典型企业——海康威视、三替集团、盾安集团、阿里巴巴集团、吉利集团进行案例研究，基于本文构建的企业社会责任价值创造模型，案例分析中主要从企业承担社会责任、关系改善与能力提升、到企业价值创造这三个方面进行了深入的分析。

本研究认为，海康威视在履行企业经济责任时，通过不断加大企业研发投入，获得了可持续的快速发展，不仅有效地履行了经济责任，而且在业内外展示出雄厚的科研实力，引领"中国制造"的发展，创造了显著的经济价值。三替集团自创办以来就把企业社会责任作为实践的主要方向，通过培训下岗工人、吸纳社会闲置劳动力，使失业人群在平凡的岗位上创造出不平凡的业绩。这使得三替在消费者心目中树立一定的形象地位，这不仅能为企业带来可观的经济效益，还能创造出不可计量的社会价值。盾安集团在企业成长过程中非常注重绿色节能、低碳环保，在环保理念指导下，盾安集团加大绿色创新力度，环保行动创造的环境价值也得到了社会认可。阿里巴巴集团通过增强与利益相关者的关系，为利益相关者服务、为社会提供就业机会以及提高企业的综合能力来创造企业价值，通过身体力行，带动社会各界创造了巨大的诚信文化、创业文化，营造"新商业文明"；吉利集团通过建设企业"红色引擎"文化，对标管理、品质经营、实施开展"元动力"关爱工程，多角度承担了企业社会责任，并通过技术创新、人才培养、上下游协同发展、企业文化建设等方面为企业的发展创造了综合价值。

第七章　企业社会责任价值创造的管理应用

　　企业社会责任价值创造"4R＋2C＋4V"模型显示，企业通过承担经济责任、法律责任、伦理责任、慈善责任，强化了与利益相关主体的关系强度，由此获得企业可持续发展所需的各类资源；同时，企业社会责任的践行倒逼企业综合能力的提升，企业需要通过强化自身的资源吸纳与整合能力、技术创新与合作能力等，以破解社会责任承担过程中的"能力天花板"瓶颈，由此创造更显著的经济价值、社会价值、环境价值与文化价值。通过分析"企业社会责任、影响路径、企业价值"这三个变量之间的交互关系可以发现两点：首先，企业是社会责任的践行主体，同时也是社会责任价值创造的主体，因此企业社会责任价值创造的实施与推进始终要坚持以企业为主导；其次，企业社会责任总价值（CSRV）的实现需要以关系强化和能力提升为切入点，切实落实到企业运营管理的各个层面。

　　因此，对企业而言，如何深入理解"4R＋2C＋4V"模型带来的启示，关键还在于管理应用。企业社会责任只有内化为企业的管理行为与管理实践，才能有效、持续地创造价值。因此，在第六章对典型企业的社会责任价值创造经验进行总结借鉴的基础上，本章重点从企业管理视角探讨该模型在管理实践中的应用。本研究认为，企业应该从价值链角度出发，着重突出责任研发、责任采购、责任生产、责任营销四方面。

第一节　责任研发

　　随着我国社会主义市场经济体制的逐步完善，企业面临的市场竞争日益加剧。企业作为独立的市场主体，若想在激烈的市场竞争中立于不败之地，获取经济效益和长期可持续的竞争优势，就必须不断推陈出新，为消费者提供更有生命力、更符合市场要求的新产品或服务。因此对于现代企业来说如何通过技术创新做好研发工作十分重要，而在研发过程中强调责任优先则更为重要，这也决定了责任研发在企业供应链中不容忽视。

一　责任研发何以必要

企业研发的过程同时也是冒险的过程，不加以适当控制的冒险更是一种以人类整体利益为赌注的巨大赌博。如果研发出来的新产品或服务没有推动企业和社会的发展、没有造福人类，那创造出来的能量就是负能量，会产生负面效应，研发也就失去了它原有的意义。而且在研发过程中企业如果只是片面追求经济效益，忽视社会责任承担，这种没有道德和伦理底线的研发必然会给社会造成危害。近几年，企业社会责任失范是引发损害社会权益、侵犯公众利益等一系列事件中的重点负面归因。例如网络信息技术的研发便利了人们的工作和生活，但是部分企业和个人通过利用信息技术传播和泄露消费者个人信息非法获利；化工技术的研发本应造福于社会，但一些不法商贩利用化工技术生产人造鸡蛋、有毒奶粉等假冒伪劣商品，对社会造成恶劣的影响，对消费者的安全置若罔闻。由此可见，研发是一把"双刃剑"，如何有效发挥研发的"正能量"，规避研发带来的负面效应，急需一种责任加以引导与规范。① 因此，为了满足客户需求、维护客户权益、推动社会生产力发展、引导正确的技术发展方向，企业的研发过程必须是基于承担社会责任的责任研发。

二　责任研发概念界定

企业在研发过程中要想实现综合价值最大化，必须要以社会责任承担为出发点，所以在此基础上提出责任研发这一概念。本研究认为的责任研发是指企业为获得新的科技及知识以实现综合价值最大化为目的，在承担社会责任的基础上通过技术创新的方式对产品和服务进行不断改

---

① 易开刚、刘培、厉飞芹：《社会责任视角下企业技术创新向度与边界》，《科技进步与对策》2014 年第 18 期。

进的活动（如图 7 - 1）。

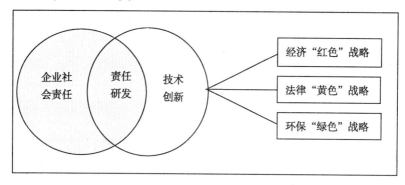

图 7 - 1　责任研发的内核和构成

责任研发主要由三个要素组成：以经济责任为导向，积极推行合作模式的"红色战略"；以遵守法律为导向，维护公平竞争为目标的"黄色战略"；以环保责任为导向，以实现企业与自然和谐发展的"绿色战略"。企业的重要活动都是以经济目的为前提，以创新技术为主导的，研发也是企业重要活动之一，企业责任研发能极大提高企业核心竞争力，因此研发活动中要以责任为核心和理念。在研发过程中，传统的以竞争为目的的企业独立研发已经不能在最大程度上满足社会需求，因此，寻求以合作共赢为主要模式的研发成为责任研发的重要诉求，这就构成了责任研发中关于经济因素的"红色战略"；在责任研发"黄色战略"中，法律责任的承担成为中心要素。这要求企业在研发过程中，必须以维护市场公平竞争为前提，将承担法律责任贯穿于责任研发始终，如此才能为企业的研发活动保驾护航。以环保为核心的"绿色战略"则要求企业在进行以技术创新为主要形式的责任研发时，应该自觉肩负起降污减排、保护环境的社会责任，并将新知识、新技术应用到实现企业与自然和谐共处的研发项目中，最终实现责任研发目标。

责任研发是在传统研发观念上的一次升华，为企业创造经济收益已经不再是研发的唯一目的。社会的发展、顾客的满意、环境的保护、利益相关者的维护等各方面的责任承担成为责任研发理念的出发点并贯穿始终，且最终落实到企业切实利益中。为此，企业必须树立社会责任承担的观念，并在此基础上进一步将其体现在研发的各个方面。

三　责任研发何以实现

在论述责任研发的重要性和现实意义之后，如何在常规研发的基础上融入责任理念并实施于企业研发管理中是重点也是难点。企业应该从哪些方面入手、具体怎么做、怎么做才算实现责任研发等问题应该是管理实践值得研究和探讨的关键。本研究从经济、法律、环境三个方面切入，探讨责任研发的实施和落实。

（一）以承担经济责任为导向的"红色战略"

企业的经济责任主要包括保持良好的经营业绩、保障股东权益等。在市场经济条件下，股东希望企业的长远发展为其提供稳定的投资机会并获得高额利润回报。企业为客户提供满意的产品或者服务，从而获取更多经济利润，这是对经济责任承担最直接的回报。研发作为企业价值链流程的第一步也是很重要的一步，必须要坚持以承担经济责任为导向，关注客户需求，准确地分析各种以技术创新为依托的研发方案的期望成本，适当摒弃传统竞争观念，与其他企业、科研院所、高等院校、行业基金会和政府等组织机构进行合作形式的责任研发。通过将经济导向与合作形式相结合，不仅能帮助企业克服研发中因自身的资金、技术、能力等欠缺所造成的不足，还能充分发挥合作双方最大优势，实现责任研发的最佳效益，为合作成员带来共同利益，从而确保企业获得良好的经营业绩，这就是以经济为核心的"红色战略"（如图 7 - 2）。

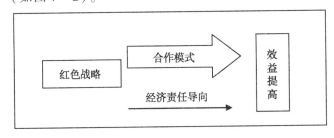

图 7 - 2　"红色战略"结构说明

诺贝尔经济学奖获得者科斯认为企业是作为市场机制的一种替代物而出现的。所以，企业首先是一个"经济人"，创造经济价值是企业生存和发展的基础。而社会责任要求企业要为股东创造效益、为员工提供实现自我价值的平台、为客户创造价值。杭州海康威视数字技术股份有限公司以技术创新和专业经验为依托，帮助构建和谐社会，积极履行企业社会责任，努力为社会经济与环境的可持续发展做贡献。在发展过程中，海康威视始终坚持以市场为导向，以技术创新为动力，以市场驱动创新为战略，建立完善的产品研发体系，依据用户需求研发产品和方案，持续为股东、员工以及客户等利益相关者创造更大价值，不仅为企业赢得了竞争优势和高额利润，还提升了企业的品牌价值，成为了深圳中小板具有最大市值公司。由此可见，经济价值创造促使企业不断开发新技术、新产品，走个性化发展道路，以市场需求为导向，形成企业自身的核心技术和产品，占据市场有利地位，从而提高经济利润。企业承担经济责任、创造经济价值为企业的责任研发指明了发展方向，增强了企业责任研发的自主性，使企业在责任研发的过程中不断发掘责任研发的正面效应和积极意义，从而不断提高企业的责任研发热情和研发能力，实现企业的健康、良性、可持续发展。

以合作实现互利共赢：企业责任研发能力的提升将帮助企业在日趋激烈的市场竞争中得以生存和发展，一个企业责任研发能力弱，就意味着竞争力的丧失，意味着被淘汰的必然。激烈而残酷的市场竞争催生着企业创新的市场压力，推动着企业不断进行责任研发。依靠这种创新精神，格力电器自成立以来，以"一个没有创新的企业是一个没有灵魂的企业"为座右铭，致力于技术创新，把掌握空调的核心技术作为企业立足之本，最终成为世界名牌。然而在追求责任研发所带来的经济效益背后，是企业间为争取利益高地而进行的研发竞争。经济市场是以竞争为基础的市场，这也就注定绝大部分企业在进行研发时，都会将竞争状态融入其中，然而在责任研发阶段，企业应当以实现"双赢"甚至"多赢"为责任研发的效益目的，以为顾客提供更满意的产品为最终目标，适度转换传统竞争观念，以探寻与其他组织形成合作形式的责任研发模式，最终实现顾客及合作组织的利益共赢。百度以"创新——开放——共赢"的竞争理念，开放应用平台，带动更多企业通过技术创新的方式繁荣发展，这种摒弃传统竞争观念，转而以新技术实现大规模合作的方式，最终实现了带动中国经济的持续增长。可见，在责任研发阶段，将竞争转化为合作，能帮助企业扬长避短，实现效益的飞跃式提升。

在责任研发阶段采取的"红色"经济战略中，追求企业最终经济价值是其最为基础的导向及最终归属，但同时不应忽略通过正确且巧妙的途径以实现其经济价值创造。在以"和谐"为时代名词的现代社会中，单纯的竞争观念已经不能帮助企业实现利益最大化，因此，在责任研发阶段，企业更应该将尝试以合作作为其研发及技术创新的主要形式，实现以和谐合作促进效益提升的最佳状态。

（二）以承担法律责任为导向的"黄色战略"

企业的法律责任包括守法经营、为员工提供安全健康的工作环境、不干扰企业所在社区居民正常生活、对企业可能造成的污染进行治理和补偿、在同行业竞争中遵守公平竞争原则等。而在责任研发这一过程所需承担的责任则包括守法经营、维护公平竞争环境，这就是责任研发的"黄色战略"（如图7-3）。在责任研发过程中，其发展观必须是科学的，任何研发都不能只顾眼前、不顾长远，也不能只顾局部、不顾全局，更不能只顾自身而不顾友邻。所以无论哪个企业，都要高度重视在"五个统筹"的科学发展观指导下的发展。

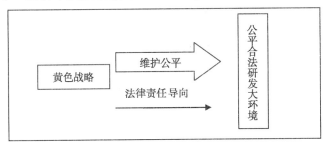

图7-3　"黄色战略"结构说明

1. 研发中要坚持守法经营之责

由于种种原因造成的诚信缺失正在破坏着社会主义市场经济的正常运营，由于企业的不守信，造成假冒伪劣产品随时可见，消费者利益也因此受损。很多企业因商品造假的干扰和打假难度过大，导致企业难以为继，岌岌可危。为了维护市场的秩序、保障人民群众的利益，企业必须从责任研发这关键的第一步开始，将诚信观念贯穿其中，以为顾客提供货真价实、物美价廉的产品为研发目标，主动承担起明礼诚信、确保产品货真价实的社会责任。在此责任研发基础上，企业将更有可能在后面环节中生产出达到甚至超过顾客期望的产品，从而实现企业经济增长、规模的逐步扩大，与此同时能不断扩大纳税份额、完成纳税任务，为国家发展做出更大贡献。

此外，要达到责任研发的守法要求，企业还应当将以人为本的观念贯彻始终，不以单纯追求自身利益而损害顾客利益为研发目标，而应当在责任研发中不仅实现企业内部员工的全面发展，还要更完善地满足顾客需求。以人为本的管理思想就是人作为管理中最基本的要素，人是能动的，与环境是一种交互作用：创造良好的环境可以促进人的发展和企业的发展；个人目标与企业目标是可以协调的，将企业变成一个学习型组织，可以使得员工实现自己目标，在此过程中，企业进一步了解员工，使得企业目标更能体现员工利益和员工目标；以人为本的管理要以人的全面发展为核心，人的发展是企业发展和社会发展的前提。

企业不仅是社会的基本经济单位，更是维护和促进人类社会发展的社会组织。企业为了研发所做的技术创新归根结底是为人类服务，离开了人，研发便显得没有价值和意义。以人为本要求企业站在市场角度思考，时刻倾听客户心声，不停地调整自身，靠自主创新去适应市场和客户——市场至上、客户至上让他们不断走向成功。只有坚持以人为本的技术创新才能充分调动广大科技人员的积极性、主动性和创造性，从而推动企业的健康、可持续发展。例如美的集团将"为人类创造美好生活"作为企业使命，坚持"以人为本、科技为先"的经营理念，在科技创新的同时不忘人本化原则，从而成为国内空调领域的领导者。恰恰相反的是，有些企业为了获得经济利益，利用技术创新走向"人本化"的对立面。大唐电信研发的产品"大唐神器"被媒体曝光恶意扣费，窃取手机用户的隐私，以赚取经济利润。这些赚钱手段违背了基本的商业伦理准则和"以人为本"的原则，侵犯了消费者的合法权益。技术创新的本质是为了方便人们的生活，使人类的生活更美好，而不是简单地创造经济价值。我们需要技术创新给人类带来的便利和好处，但我们更需要人性的关怀和满足。这就要求企业在进行技术创新的过程中，要认真地考虑自己的一举一动对人类社会的影响，要以社会利益为边界，以人为本，维护社会公众的权益，从事那些能够使社会变得更美好的事情，而不去做那些有损于社会的事情，从而促进企业和整个社会的和谐发展。

2. 责任研发须强调公平竞争秩序

企业之间虽然是以经济利益为纽带的市场关系，但是这种关系要以公平竞争为前提，在责任研发过程中，企业不能采用不正当手段参与竞争、争夺市场份额、获取非法利润。我们经常看到一些企业恶意污蔑竞争对手，利用技术手段盗取其他企业的商业信息。这些企业虽然获得了短期利益，却经不起考验，最终会自取灭亡。维护竞争市场的公平环境这一观念应当作为责任研发阶段的前提，责任研发虽然存在企业之间的竞争，但不能跨越公平的底线，否则不仅会对其他企业造成不当的伤害，更会给企业自身带来深远的损害，同时对整个社会竞争风气及环境也会造成不良影响。

以承担法律责任为导向的"黄色战略"要求企业在责任研发阶段，不仅要始终坚持遵纪守法，更要以自身力量积极维护市场的公平竞争。通过形成这样一种具有法律导向的责任研发模式，企业才能更加顺利地实现自身价值创造，同时也能帮助其他企业以及为整个社会获得一个良好的研发大环境，从而推动社会整体的发展。

（三）以承担伦理责任为导向的"绿色战略"

实践证明，工业文明在给人类带来不断繁荣的同时，也给我们赖以生存的自然环境造成了灾害性的影响，而企业生产对自然环境的污染和损害起了主要的作用。在人类社会的经济发展初期，大多数企业为了追求经济利益最大化而不顾环境和资源的有限性，盲目地开发和生产，严重破坏了自然环境，等发现环境污染的严重性后，再想办法来治理和补救，这种先污染后治理的经济发展方式显然是不利于人类社会的可持续发展的。因此，如何处理企业技术创新与环境的关系，促进企业与自然环境的和谐发展，不仅是企业必须掌握的生存哲学，也是维持生态平衡、保护自然环境的必然选择。人们越来越清楚地意识到，技术创新的目的不仅仅是为了促进企业和经济的发展，更是为了人类社会的全面发展。于是，人类中心主义逐渐被生态中心主义所取代，成为人们判断与处理人与自然环境关系的基本信念，和谐共处成为企业技术创新的生态伦理边界。① 因此，企业应该用长远的眼光看待环境问题，为了人类社会以及企业自身的全面发展，企业在进行技术创新的过程中，走集约型发展道路，大力生产科技含量高、附加值高、能源消耗低、环境污染少的产品，并加强生产技术、生产工艺和生产流程的改造，充分发挥技术创新的积极作用，与自然环境和谐共处、共同发展。在责任研发阶段，以技术创新为基础，从节能、减排两方面共同着手，实现研发过程以伦理责任为导向的"绿色战略"，正是责任研发能帮助企业长久可持续发展的关键（如图7-4）。

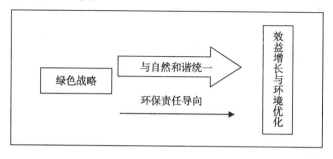

图7-4 "绿色战略"结构说明

1. "绿色战略"的节能面

中国是一个人均资源紧缺的国家，研发一定要与节约资源相适应。企业不能顾此失彼，不顾全局。作为企业家，一定要站在全局立场上，坚持可持续发展战略，高度关注资源节约，要下决心改变经济增长方式，发展循环经济、调整产业结构。由以上分析可以看出，以追求经济利益最大化为唯一目标的传统技术创新观已经无法适应现代中国社会的可持续发展观。因此，需要变革与现代社会发展格格不入的传统技术创新，代之以新的技术创新。当前，就总体情况看，我国企业的资源投入产出率都相对较低。为解决效益低下问题，必须要重视科技创新。通过科技创新降低煤、电、油、运的消耗，进一步提高企业效益。中国节能环保集团公司通过技术的不断创新及研发的不断深入，在2014年以691861吨标准煤的节能量成为中国节能服务100强冠军。在责任研发

---

① 易开刚：《论不同时空下企业技术创新的三维伦理边界》，《自然辩证法研究》2007年第2期。

阶段，将节能作为"绿色战略"的重要开端，能真正帮助企业在研发道路上实现价值增长与能源节约的高度统一。

2. "绿色战略"的减排面

在节能的基础上，企业还应该把减排纳入责任研发的"绿色战略"中，这是从终端帮助企业实现资源利用的最大化。在责任研发阶段，由于新技术新知识的引入，企业更能通过减排达到技术的新高度，在现有技术及能力的基础上，企业可参考或学习其他企业或国家先进的减排技术并积极将其融入到自身研发过程中，形成具有企业特色的且能与企业发展更加协调的减排技术。国家电网公司在责任研发过程中，其减排行动取得了较好效果。为实现"电能替代"计划、改善以空气污染为主的各项环节的污染，国家电网在巩固扩大电窑炉、电锅炉、热泵等成熟项目的基础上，大力推广港口岸电、碳晶电采暖、油气泵改电泵等新型替代技术，利用富余清洁能源替代燃煤自备电厂发电，在完成替代电量650亿千瓦时、持续提高电能终端占比的同时，更减少了由于燃烧煤矿所带来的污染物排放。[①] 在责任研发阶段，通过技术的革新，企业不仅能节约更多资源，实现资源的优化配置，更能减少对环境的伤害，为打造"环境友好型"社会贡献出自己的力量。

以承担伦理责任为导向的"绿色战略"在责任研发阶段能帮助企业理清与环境的关系，以新技术、新能源等替代传统对环境造成大量污染的原料及生产工艺，从源头的节能及末尾的减排两方面入手，双管齐下，实现企业效益的持续增长与环境保护的和谐共进。

第二节　责任采购

企业社会责任总价值的实现需要以关系强化和能力提升为切入点，切实落实到企业运营管理的各个层面。而采购作为价值链中关键的步骤，更需要将承担企业社会责任融入其中，通过两者的协调统一和有机融合，使企业社会责任真正渗透到价值链环节中。

---

① 江莹：《国家电网公司推动节能减排 取得显著效果》，《国家电网报》，http://www.indaa.com.cn/xwzx/nydl/201506/t20150619_1607487.html。

一 责任采购何以必要

为了迎接全球化发展、技术快速更新以及客户期望增加所带来的挑战，现代经济开始重塑采购运作。在这种背景下，竞争已经不再是单个企业之间的竞争，而主要表现为企业供应链上的竞争；采购也不仅仅是单纯的产品购买，而更多表现在与供应商、物流、以及市场营销的合作发展与管理完善。采购承担着为企业获取生产和管理所需的物料以及服务的职责，在现代企业管理和供应链管理中充当核心角色。

随着采购环节越来越被重视，企业供应链间的社会责任问题对企业的发展障碍越来越突出。"结石奶粉事件"引发对供应链管理的反思，供应链中每一环节出现危机均危及供应链上的所有企业，特别是对于供应链采购环节中商业道德问题的控制已显得尤为重要。[①] 社会责任采购开始受到学术界和商界的广泛关注，由此很多学者和企业提出了社会责任采购的重要意义。韦伯塔尔（Webbetal，2008），[②] 拉玛沙米（Ramasamy，2009），[③] 陈（TB Chen，2010），[④] 安东尼奥（Antonio，2011）[⑤] 等学者们提出社会责任采购对提升企业产品性能、提高企业声誉、增强企业抵抗外界风险能力等企业竞争力因素有很重要的作用；卡特（2005）表明社会责任采购可以通过组织学习或供应链合作减少供应商成本，从而提升采购的绩效；[⑥] 夏洛特·莱乐等（Charlotte Leire，

① 李士华、唐德善：《奶粉事件下供应链危机研究》，《商业经济与管理》2009 年第5 期。

② Webbetal. Silver D. History, hype, and hope: an afterward. *First Monday*, 2008, 13 (03).

③ Ramasamy, B. And Yeung, M. "Chinese consumers' perception of corporate social responsibility (CSR)". *Journal of Business Ethics*, 2009 (88): 119 – 132.

④ TB Chen, LT Chai. Attitude towards the Environment and Green Products: Consumers' Perspective, *Management Science & Engineering*. 2010, 4 (02): 36 – 39.

⑤ Webbetal. Silver D. History, hype, and hope: an afterward. *First Monday*, 2008, 13 (03).

⑥ Carter, C. R. . Purchasing social responsibility and firm performance: the key mediatin roles of organizational learning and supplier performane. *International Journal of Physical Distribution & Logistics Management*, 2005, 35 (03): 177 – 194.

2008）证实了实施社会责任采购的企业对企业声誉的提升有重要作用；[①] 蒙特（Mont 等，2009）指出社会责任采购一方面可以促进与供应商的关系，确保供应链资源的安全性，从而减少直接成本以及提高企业的社会和伦理绩效；另一方面也可以提升企业在 NGO 和政府方面的声誉，改善企业外界环境，进而提升企业的竞争力。[②]

二　责任采购概念界定

对于社会责任采购，许多学者提出了自己的见解，但目前没有形成权威的界定。卡特（2004，2005）定义社会责任采购为企业采购方面要承担的社会责任；[③][④] 纽（2004）表明社会责任采购即伦理供应链管理；[⑤] 埃里克·博伊德（D. Eric Boyd），罗伯特（Robert E），斯皮克曼（Spekman），约翰（John W），卡玛夫（Kamauff，2007）等认为供应链中的采购商在实施采购计划时应确保其供应商就劳工和环境等方面履行社会责任。[⑥]

本研究认为，对于企业来说，采购责任缺失现象的出现与泛化，首先源于企业在对"责任采购"这一命题上存在的认知误区。多重利益的博弈使企业陷入短视困境，由此导致诸多企业在责任采购方面无作为。因此，企业责任采购的实施与推进，首先应该厘清采购运作过程中的多重利益博弈困境。首先，与外部的博弈。企业采购的外部博弈主要

---

①　Charlotte Leire and Oksana Mont. The implementation of socially responsible purchasin. *Corporate Social Responsibility and Environmental Management*, 2010, 17（01）: 27 – 39.

②　Mont, O. and Leire, C. . Socially responsible purchasing in supply chains: drivers and barriers in Sweden. *Social Responsibility Journal*, 2009, 5（03）: 388 – 407.

③　Carter, C. R. Purchasing and social responsibility: a replication and extension. *The Journal of Supply Chain Management*, 2004, 40: 4 – 16.

④　Carter, C. R. . Purchasing social responsibility and firm performance: the key mediation roles of organizational learning and supplier performance. *International Journal of Physical Distribution & Logistics Management*, 2005, 35（03）: 177 – 194.

⑤　New, S. Understanding Supply Chains: Concepts, Critiques, and Future. *Oxford University Press*, *New York*, *NY*, 2004: 253 – 280.

⑥　Eric Boyd D. Spekman Robert E, Kamauff John W et al. Corporate Social Responsibility in Global Supply Chains: A Procedural Justice Perspect. *Long Range Planning*, 2007, 40（03）: 341 – 356.

体现在由于信息不对称而与供应商展开的价格博弈。企业希望供应商能够提供更低的价格，并通过缩短采购周期实现即时供货和零库存的目标以获取企业利润，而供应商则希望提高采购价格等达到自己的利益目标；其次，与自身的博弈。企业采购的自身博弈主要在于对价格以及质量的权衡。企业是一种营利性的经济组织，追求经济效益最大化是其主要目标，因此采购首先要考虑降低成本以为企业带来经济效益，但企业同时也是社会的基本单位，具有"社会型组织"的属性，在发展经济时要兼顾社会效益和生态效益，因此采购也需要重点考虑产品质量和生态环境等问题；最后，与内部的博弈。企业采购与内部的博弈则主要表现在采购部门与其他各部门的利益诉求的差异与冲突上（如图7－5）。

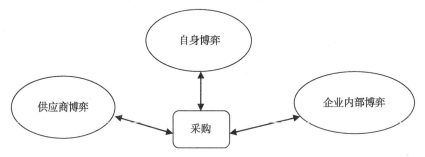

图7－5　企业采购的多重利益博弈困境

本研究认为，责任采购是将企业社会责任的理念和要求全面融入企业采购的全过程中，不仅保证采购交易是负责任的，同时也要保证企业所采购的产品和服务是负责任的，它主要包括基于社会责任的供应商管理、成本管控和内部协作。

三　责任采购何以实现

根据采购与外部、自身以及内部的博弈，本研究将采购的责任承担分为基于企业社会责任的供应商管理、基于企业社会责任的采购成本管控和基于企业社会责任的内部协作。

（一）基于企业社会责任的供应商管理

企业要保证正常的生产、科研要保证研究过程的不间断，就必须通过采购与供应商对接，为内部运转提供必需物资供应。企业与供应商之间是动态联盟，且会因为各自利益追求不同而存在着非信息对称的博弈。例如供应商利用自己的资源占有优势，通过减少自己的要素投入来实现自我利益最大化的目的，但采购无法识别供应商的实际能力或者知道其实际能力但不能肯定其努力程度。由于这种信息的不对称使得客户不得不在采购环节加大检验、监督管理力度，无形中加大了公司运营成本。[①] 因此，通过基于社会责任的供应商管理建立一个稳定可靠的供应商队伍是采购环节的重要工作。

本研究认为，基于社会责任的供应商管理应首先承担企业自身社会责任，在对供应商的选择上应经过责任考察，选择与企业自身价值观一致的供应商；在对双方关系管理中，不仅要致力于保障双方权利，且要有责任地对供应商进行带动提升，以共同承担社会责任；另外，企业还需要面对整个供应链的整体利益，因此，必须将供应链稳定发展作为企业责任的一部分，通过供应商的互相带动影响，维持供应链的合作稳定，从而有助于供应链整体发展（如图 7 - 6）。

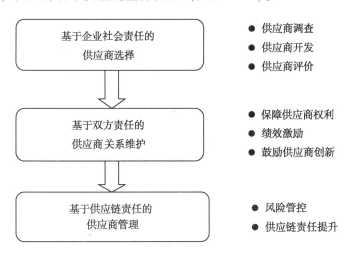

图 7 - 6　基于社会责任的供应商管理

1. 基于企业责任的供应商选择

供应商选择是责任采购中的一个关键环节，基于社会责任的供应商选择要求企业在选择供应商时不仅仅要注重通过降低产品成本、缩短供

应周期等保证企业利润，也必须要重点考量供应商产品质量、运营流程、产品服务可靠性等因素，并将诚实守信、环境保护、员工关系等作为重点对供应商进行考察，以承担企业法律及伦理责任。

首先，要以责任为导向甄选供应商。采购方选择供应商首先要通过对供应商的调查，对潜在供应商信息进行系统管理，并针对供应商承担社会责任的情况对供应商进行细分，以此建立责任供应商信息数据库，以便企业随时查询供应商情况。其次，要协同供应商进行责任开发。企业应在分析市场和供给需求动态的基础上，根据企业采购策略，对供应商进行动态责任开发。最后，要以责任为标准考评供应商。采购部门要根据不同时期的物资需求，按照供应商对社会责任的承担，进行供应商的评估工作，包括成立供应商选择和评估小组，确定供应商综合评价准则、供应商认证及运用具体的技术方法，最终选择确定声誉良好、诚信合法、符合企业社会责任价值观的供应商。

2. 基于双方责任的供应商关系维护

供应商关系管理是一个动态过程，采购与供应商之间的关系不能仅仅停止在供应商的定位与选择上，还需要进行长期维护。理查德·尼克松（Richard Nixon，1998）将供应商关系维护的过程描述为"一种为创建并且保持有竞争力的供应商网络的努力，包括购买者和供应商之间的长期合作，以提高供应商的技术、质量、送货和成本的能力"。[①] 基于双方责任的供应商维护，要求采购通过维系与供应商关系而与其建立长期、深层次的稳定合作，以更好地解决信息不对称的问题，获得企业与供应商的双赢。

首先，保障供应商权利。企业必须保障供应商合法权利义务，通过与供应商的共同需求，建立共同的质量体系和共同的规章制度，以保证双方合作的平等性、严密性和准确性，维持双方平等关系。其次，绩效激励。采购要与供应商保持良好的供需关系，对供应商的激励是非常重要的，没有有效的激励机制，就不可能维持良好的供应关系。采购方可以通过包括订单量的增加、价格的优势、新产品共同开发等对供应商进

---

① Riehard Nixon. A Study of the effectiveness of Rover Group Post Launeh Supplier Development. MSC Dissertation, 1998.

行绩效激励，也可以通过商誉激励、资源信息共享等维持双方关系。同时采购方也可以适当引入竞争机制，正如 IBM 公司采购经理里克特所说："尽管存在与战略供应商建立合作伙伴关系的趋势，但当有潜在竞争威胁的情况下，供应商的业绩会更好。"最后，鼓励供应商创新。供应商在其供应的产品涉及的领域中专业性强，根据企业需求，对产品的应用与改进常常会有好的建议与设想。采购部门可以通过制定明确的责任程序及奖励制度，对供应商的意见或建议做出及时的回答和反馈，激发供应商的创新热情，同时无形中巩固和发展与供应商的关系，有利于提高双方业绩。

采购与供应商的关系维护要注重与供应商的沟通与协作，通过资源共享和信息的自由流通来提高企业与供应商沟通与联系的有效性，同时也要通过与其建立的良好关系，指导和带动供应商更好地发展，以达到相互提升的目的。

3. 基于供应链责任的供应商管理

由于面对自身需求的改变及大环境的变化，供应商往往具有不确定性，而对于供应链来说，一个环节的不确定可能会带来整个供应链的决策失误。基于供应链责任的供应商控制与激励要求采购方与供应商基于供应链责任明确各自的责任，建立有效的风险管控机制，同时积极向客户伙伴分享成果和经验，进而相互正向影响，最终达到整条供应链的稳定发展。

首先，作为供应链中的一部分，企业采购要注重供应商风险管控。社会中的经济个体不仅要面对社会因素以及自然环境的变动，还要面对因市场波动、信息传递、道德偏差等而产生的风险。为了保证整个供应链的良好发展，企业采购过程中有责任密切注视供应商的发展及决策动态，对供应商不确定因素进行考察、预测、收集、分析并制定出包括识别风险、衡量风险、积极管理风险、有效处置风险等一整套系统而科学的供应商风险管理方法，以保证供应链整体风险控制。

其次，企业也应在自身发展的基础上，促进供应链整体责任提升。巴斯夫认为，责任供应商管理并不是抛弃不合格的供应商，而是协助他们提高和改进环保和安全管理水平，从而提升供应链整体的竞争力，这正是履行企业社会责任的"蜜蜂型"公司。为此，巴斯夫大中华区董事长关志华率 3 家供应链上的企业发出"1 + 3"企业社会责任项目的倡议。"1 + 3"项目采取的模式是：通过"1 家中国可持续发展工商理事会（CBCSD）会员公司 + 1 家供应商 + 1 个客户 + 1 个承包商"的模式，在供应链传递企业社会责任的理念，并以最佳范例、专业知识以及量身订制的解决方案指导合作伙伴，提高这些处于供应链上的中小企业履行企业社会责任的意识和管理实施的能力。①

总之，基于企业社会责任的供应商管理，不仅体现在基于企业自身责任承担的供应商选择、基于相互提升的供应商关系维护上，还体现在基于供应链的供应商管控上。责任供应商管理就是通过协调双方合作，降低各个环节的延迟时间，提高信息共享程度，获得企业采购质量与价格的保障；通过供应商关系管理，建立有效的合作机制，并通过对供应商的控制和激励，使采购与供应商的博弈变为双方的稳定共赢；企业还需要将供应链整体提升作为企业责任的一部分，稳定供应链节点间的联系与合作，用覆盖整个供应链的整体决策代替缺乏柔性和集成度差的个体决策，以获得供应链整体绩效的最佳化。

（二）基于企业社会责任的采购成本管控

杰克·韦尔奇（Jack Welch）说："采购和销售是公司唯一能'挣钱'的部门，其他任何部门发生的都是管理费用。"从这个角度来说，采购已然成为企业利润源泉。在采购过程中，成本管控是现在很多企业采购考虑的主要因素，然而正如广泛应用的在物流成本中的"冰山理论"，采购成本管控过程中，大多数企业也只能看到产品价格等"显露在海水上面的冰山一角"，却看不到海水下隐藏着的更大部分的成本，然而被忽视的隐性成本往往能给企业和社会带来更大的价值。基于社会责任的成本管控要求企业在成本管控的过程中不能只追求显性成本的管控，而要树立社会总成本的观念。它要求企业将环境保护、产品质量、行业发展等社会宏观环境发展纳入采购成本管控的战略中，在面对价格与质量的博弈时，不仅考虑自身利益问题，更要考虑社会总利益的提升。

为达到基于企业社会责任的成本管控目的，企业应从产品价格等显

---

① 崔征：《巴斯夫："1 + 3"打造责任供应链》，《WTO 经济导刊》2007 年第 10 期。

性成本出发，同时还应考虑产品质量、交货期限以及社会总成本等隐性成本，真正发挥隐性成本的杠杆效应，以实现企业价值创造。

第一，企业采购成本控制要考虑产品价格。产品价格应建立在公平合理之上，既对企业自身来说公平合理，也不能损害供应商的利益。若采购价格过高，企业将担负额外的采购成本，降低企业利润；若采购价格过低，无法保证供应商责任供应，甚至迫使供应商偷工减料，同时也不利于双方关系的维护。

第二，企业采购成本控制要考虑产品质量。企业采购成本管控应建立在以适当的价格追求适宜的质量基础上，以达到质量与成本的最佳平衡，即责任采购过程中，采购相关者应树立以保障适宜质量为边界、追求适度成本的一种观念，在保障品质的前提下也不造成使用上的浪费，以保证企业价值创造。

第三，企业采购成本控制要考虑交货期限。采购交货期限是采购成本控制中应考虑的一大问题，它直接关系到企业库存控制及企业生产效率。

第四，企业采购成本控制要考虑社会总成本。企业采购成本管控过程中不仅应考虑企业自身成本降低，还应考虑社会总成本的控制。例如，企业不应该选择为了追求利益在生产过程中不按标准排放或对环境有重大污染的合作伙伴，虽然对于企业来说其采购成本可能有所降低，但这种合作却造成了社会环境成本的增加。

（三）基于企业社会责任的内部协作

美国著名未来学家奈斯比特（Naisbitt）指出："未来竞争是管理的竞争，竞争的焦点在于每个社会组织内部成员之间及其与外部组织的有效沟通上。"由于采购部门与企业内部多部门之间的职责联系，在面对各个部门利益诉求而进行的内部动态博弈时，采购部门有职责通过建立合理有效的信息沟通机制，协调内部关系，通过协作互助而使得企业成本结构最优化，进而实现利益最大化。

企业身处自由市场之中，需要从上游企业采购原材料，然后通过生产，加工出向下游出售的商品，企业既是商品的消费者又是商品的销售者。就这个角度讲，采购作为企业消费的承担者，既需要根据研发生产的需求制定采购策略，又要了解市场消费情况以优化自身的采购安排和库存结构，同时还需要考虑财务要求，控制采购价格与供应能力。基于此，本研究选取与生产、研发、财务以及市场部门的协调作为采购内部协调的主要部分进分析。

1. 采购部门与研发、生产部门的协作

采购部门根据研发、生产部门的需求，通过与供应商的直接接触制定具体的采购策略，为研发、生产部门提供资源因素的支持。在这个过程中，采购利用自己独特的位置可以广泛地收集到各种信息，包括产品价格、产品可用性、新供应源、新技术等信息，基于社会责任的内部协作要求采购不仅能够为生产研发提供必要的原材料等物质支持，同时也要提供技术及信息知识支持，承担起引入供应商技术知识与创新能力的职责，争取最大程度地为研发、生产提供帮助，以达到企业共同发展的目的。

李克（Liker）和卡马特（Kamath）等学者（1996）提出随着竞争越来越激烈，企业需要开发出更多、更快、更好和更便宜的新产品，一种有效的方法是运用跨功能的团队让生产研发与采购部门直接进行沟通。[①] 在此基础上，有学者提出采购参与生产研发的概念，美国供应链管理教授戴维·伯特（David Burt）和美国采购管理协会前任总裁唐纳德·罗伊（Donald Dobler, 2003）指出采购参与生产研发是指在设计和开发过程中，让采购管理人员参与确定、审查技术并选择供应商，同时负责推进供应商参与新产品开发过程，为产品设计提供技术知识和创新思想，缩短产品的研发周期。[②]

2. 采购部门与财务管理部门的协作

采购与财务部门的对接主要表现在及时结清采购项目，依据采购合同落实供应商支付问题。采购作为企业"第三利润"的来源，采购成本在企业总成本中所占比重很大，降低采购成本往往成为财务部门控制成本的主要对象。因此，基于社会责任的财务部门协作要求采购不仅保证与财务部门的业务对接，更应将减少企业采购成本作为采购过程中重

---

① Liker, J. K, Kamath, R. R, Supplier involvement in Automotive Component Design: are there really Large US Japan differences? *Research Poliey*, 1996（25）：59 - 89.

② David Burt, Donald Dobler, Stephen Starling：《世界级供应管理》第 7 版，何明珂、张海燕等译，电子工业出版社 2003 年版，第 78—79 页。

要的行为准则，旨在引导采购部门活动在允许范围内均以协助财务部门降低成本而展开，以完成公司的长远计划。

卡尔（Carr）和斯梅尔策（Smeltzer，1997）首次提出了战略采购的定义，之后汉弗莱斯（2000）提出公司的日常采购成本控制工作也应该将其视为战略管理的活动，[①] 强化日常采购与财务部门之间的关系。杨一飞（2005）在《论采购成本的有效控制》中提出以公司总体战略成本管理思想为指导进行采购成本控制。[②] 因此，针对采购与财务管理部门的协作，我们应该认识到采购并非只是降低成本的一种方式，更被提升为有助于企业经济发展的财务行为。

3. 采购部门与市场营销部门的协作

采购的原材料会经过加工生产最终会进入市场，同时采购部门也需要根据市场销售情况进行采购安排和库存管理。由于市场波动在很大程度上会影响企业采购情况，进而影响利润的稳定性，因此基于责任的市场部协作要求采购部门按照市场需求进行采购计划的制订，并采取适当的策略以应对市场风险，从而达到采购部门与市场部门的供需平衡。JIT 生产方式（准时制生产）是由日本丰田汽车公司创造的新型生产方式，即只在需要的时候，按需要的量采购，生产所需的产品。与此类似，采购也可以根据产品市场反响，综合考虑相关市场因素而进行按量采购。

第三节　责任生产

企业为了追求快速发展，创造更大价值，就必须积极承担企业社会责任。本节将基于价值链的角度去分析企业该如何在生产过程中承担应有的责任，以下将从责任生产何以必要、责任生产的概念界定以及责任生产何以实现去分析企业在生产这一环节所要承担的责任。

---

① P. K. Humphreysa, V. H. Y. Loa, R. T. Mclvorb. A Decision Support Framework for Strategic Purchasing. *Journal of Materials Processing Technology*, 2000, (107): 353 –362.

② 杨一飞：《论采购成本的有效控制》，《中南民族大学学报（人文社会科学版）》2005年第 S1 期。

一　责任生产何以必要

2015 年 8 月 12 日，随着天津港危险品仓库的一声巨响，人们在感动于全国人民万众一心救人驰援的同时，也再次抛出安全生产问题，为什么一次次重大生产事故中生命的代价换不来企业生产部门对于生产责任意识的提高。或许有的企业认为本身就属于高危行业，意外造成生产事故的可能性就很大，但其实不然，2013 年吉林德惠禽业公司发生的火灾事故让大众明白生产安全隐患一直存在，尤其那些非高危行业里的生产安全问题更容易被忽视。所以，不单单是企业自身要有责任意识，社会责任承担必须内化于企业的一点一滴，生产部门尤为重要。

除了生产中的安全问题，针对产品质量安全的负面新闻更加令人触目惊心。虽然劣质产品、不合格食品在使用或是食用初期不会对消费者构成巨大威胁，可是当这些产品或食品加工出厂，如劣质化妆品、洗洁精等产品，三鹿奶粉、染色馒头等食用产品，在流入市场后，其涉及范围之大、波及人群之广、社会影响之深是难以想象的。

如果从学者们研究的角度出发，得到的结论依然类似。徐然（2003）在研究钢铁行业①、胡娜博（2005）在研究建筑行业②、业杨信廷等（2008）在研究食品行业③、李光（2013）在研究化工行业时④，均提出了安全生产管理的重要性，并且认为实行实时高效的生产管理策略，同时加强生产部门与其他各部门之间的沟通衔接可以解决生产中发生的各种问题。从供应链角度看，生产部门从承接采购部门有关产品的生产计划与物料的需求计划开始，经过对生产现场安全、操作环节、产品质量与卫生以及物料定置管理等的监督、检查，到公司产品的出厂结束，经过的环节复杂，需要与不同部门频繁沟通，这些均突显出生产部门的重要性。

---

① 徐然：《面向 ERP/MES 的钢铁行业集成化生产管理系统的研究和应用》，大连理工大学，2003 年。

② 胡娜博：《建筑施工安全生产管理系统的研究》，湖南大学，2005 年。

③ 杨信廷、钱建平、孙传恒、赵春江、王俊英、台社红、侯彦林：《蔬菜安全生产管理及质量追溯系统设计与实现》，《农业工程学报》2008 年第 3 期。

④ 李光：《基于 ERP 的 HG 化工企业生产管理系统研究》，吉林大学，2013 年。

各类负面事件的发生，不难发现如果企业在生产过程中偷工减料、物料掺假、以次充好，所造成的负面影响不仅对企业本身的声誉、形象、企业价值造成巨大损失，更是对整个社会大众的不负责任。所以，在经过反思后找出产生这些问题的源头是关键，及时加以解决是企业形成责任意识的必由之路。本研究认为，企业在生产经营过程中首先必须承担法律责任、伦理责任等一系列企业责任，其次要将责任意识潜移默化地植入每个生产员工内心，让他们意识到自己做的虽是小事却责任重大，最后达到生产经营的每一个环节都能做到责任到位、一岗双责效果，逐步建立企业社会责任生产管理体系。

二　责任生产概念界定

本研究认为责任生产是指在生产过程中发生的所有与责任挂钩的工作，包括对安全生产的责任管理以及对生产成品、半成品质量的责任管理。

"安全生产"这个概念，一般意义上讲，是指在社会生产活动中，通过人、机、物料、环境的和谐运作，使生产过程中潜在的各种事故风险和伤害因素始终处于有效控制状态，切实保护劳动者的生命安全和身体健康。[①]《中国大百科全书》把安全生产定义为"是旨在保障劳动者在生产过程中的安全的一项方针，企业管理必须遵循的一项原则"。本研究中所指的安全生产即生产安全的责任管理，是企业在经营生产中对生产员工、生产机器、生产用料以及生产环境负责，以保证整个生产过程在安全的环境状态下进行。

质量安全即 QS，是我国实施的食品质量安全标志，而本研究中所涉及的生产质量安全不仅包括食品行业，其他类似于制造业、化工业等生产制造行业也都属范畴之内。生产质量安全应该在生产设备、制造工艺、生产环境等方面达到国家标准的基础上，生产出无害、无毒产品，严禁有可能损害或威胁人体健康的有毒、有害物质或不安全因素产生。换句话说，生产质量安全就是对生产过程中的机器、生产方法和环境负

---

① 李毅中：谈谈我国的安全生产问题［EB/OL］. http：//www. coalinfo. net. cn/zxdt/shownews. asp？newsid＝56328。

责任，让每个生产环节都能运作到位，从而达到保质保量的产品生产的效果。

三　责任生产何以实现

2014 年在各省政府安委会召开的会议中均强调了要明确生产责任，要强化企业的主体责任，通过严格有效检查、严肃追究责任，把企业的安全生产主体责任落实到位。其实，换个角度思考，与其事后追究、弥补生产安全过失，不如在生产伊始建立责任意识、及时切断安全生产事故发生的源头。倘若企业在生产中严格遵循责任到位，环环相扣，在生产各环节都不放过任何一处漏洞，不仅可以提高安全、高品质的产品生产率，更可以倒逼企业整条供应链共担责任，并逐步内化于企业经营管理中，为形成产品品牌化打下夯实基础，进而帮助企业创造更多价值。所以，无论是从供应链单个环节考虑，还是从整条供应链系统思考，生产部门必须主动积极承担责任，保障供应链中生产这一环节不出现任何纰漏。

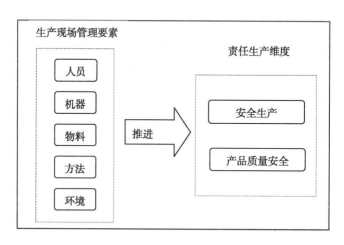

图 7 - 7　责任生产实现路径示意

可见，企业在对供应链各环节实施科学管理过程中必须特别重视生产部门，因为它掌握了企业的生产能力、流水线运作能力、现场管控能力等，它根据生产计划、交货时间的紧迫程度来选择合适的生产工艺及生产流程。所以，企业采取合理、科学的生产管理方法对产品生产过程进行严格把关是顺利生产合法、合规、合格、高质量产品的基础，即企业要对生产过程中的各个环节负责。那么企业如何责任生产，如何有效地对生产部门实施责任管理，即怎么做将是重点。

本研究认为，要实现责任生产要求并且以此创造企业价值，必须参照 6S 现场管理方法①以及生产现场管理五要素：人、机、料、法、环五个方面展开讨论，以解开"责任生产何以实现"这一困境（如图 7 - 7）。现场管理是运用科学的管理手段为了有效实现企业经营目标，对生产中的各要素，即人、机、料、法、环进行合理配置和优化组合，有机地结合达到一体化，创造一个整洁有序、环境优美的场所，使生产现场中最具活力的人心情舒畅，激发其个人价值，使生产现场中最为关键的机器设备运转良好，使生产物料的使用摆放合理、安全、可靠，并利用科学的生产管理方法以创造优良生产环境，达到提高生产效率、提高企业生产产品的质量、增加企业经济效益及其他价值创造。

（一）突出以人为本责任承担

在责任生产中，人既是责任承担的主体，也是创造价值的对象，所以保障人权、以人为本是责任生产的前提条件。从责任生产的两个方面看，保障生产车间工作人员、管理人员人身安全是安全生产的基础；发挥员工的能动性，提升员工的责任感是安全生产的体现，也是产品质量安全的保障；提升员工能力，创造员工价值是以人为本的核心，同时也是责任生产的重要推力（如图 7 - 8）。

1. 以生产车间工作人员、管理人员安全为基础

根据马斯洛需求理论，只有当人从安全需要的控制下解放出来时，才可能出现更高级的、社会化程度更高的需要，也就是说在责任生产中对人的科学化管理需要做到对人身安全、健康保障、财产所有权的保护。如果连最基本的员工安全都无法保证，员工如何放心、踏实为企业工作，消极怠工、草草了事的工作态度必会映射在生产工作中，还谈何责任生产？同时，从企业角度出发，责任生产中对于用人也必须做到禁用童工、保证员工公平就业、不歧视女性员工、不歧视少数民族员工、

①　6S 现场管理即整理（SEIRI）、整顿（SEITON）、清扫（SEISO）、清洁（SEIKETSU）、素养（SHITSUKE）、安全（SECURITY）。

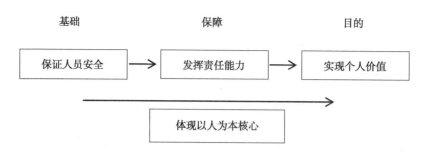

图 7 - 8　以人为本的责任生产

遵守劳动法相关员工法律法规等。因此，只有保障了员工最为基本的需求才是责任生产的开始。

2. 发挥生产车间工作人员、管理人员责任能动性为保障

在保证员工安全的基础上，还需要挖掘每个员工自身特点和优势所在，结合所在岗位，重视发挥人的主观能动性，将责任理念深入根植于每一位员工心中，建立起严密、牢固的企业社会责任网，杜绝一切可能引发的责任缺失事件，避免产生生产安全事故。比如有的员工外向、沟通能力强却做事马虎大意，有的员工内向、不善与人沟通但做事一丝不苟，所以在责任理念灌输过程中需要做到因材施教，尽量发挥人的能动性，调动员工承担责任的积极性，把责任承担思维从"愿尽职责"转换到"应尽职责"。如此尽责工作可以树立良好员工形象，为推动产品质量安全，从而达到责任生产高度起到保障作用。

3. 实现生产车间工作人员、管理人员个人价值为目的

其实，责任生产的主体最终仍要回归于人。而要发挥人的所有能力，包括其潜在能力，除了保障其生产时的安全，激发责任能动性，还要让员工充分展现其价值所在，不单单只将其视为在流水线前作业的劳动力，更要让其体会到个人在企业发挥着重要作用（例如企业形象引领、生产高质量产品的自豪感等）。企业可以定期举办流水线安全生产技能比赛、评选员工心中优秀劳动者等活动，让员工养成责任生产意识，从而激发员工工作热情，提升责任生产效果，推进流水生产效率。

（二）保障机器设备安全运转

机器设备是现代企业生产重要的物质技术基础，是企业固定资产的重要组成部分。在现代企业快速发展的过程中，机器设备的作用与影响

日益突出，如果机器设备出现故障，又或者是由于员工责任缺失导致应该报废、需要更新换代的设备没有及时到位，会给企业带来不可想象的严重后果，轻则导致生产流水线工作效率低下，重则发生由于设备老化、故障而引发的生产安全事故。所以，企业在责任生产中必须清醒地认识到生产机器设备的良好运转是重要基础和前提。企业应该对机器设备适时、合理地进行管理和维修保养计划，来保证企业的高效运作和产品的高质量产出，以实现企业的责任生产（如图 7 - 9）。

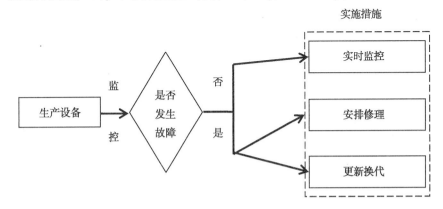

图 7 - 9　生产设备责任管理示意

1. 运用定置管理实现责任监控

定置管理是对生产现场中的人、物、场所三者之间的关系进行科学地分析研究，主要对物进行管理，企业的机器设备是影响生产力的重要因素，它的效率高低直接决定着企业产品的数量和质量以及企业可产生的经济效益。因此，为了保证生产流水线工作的连续性，更好地完成企业的各项指标和生产任务，就必须在生产过程中对机器设备进行科学的定置管理。其中第一步，也是最容易被企业忽视的就是对设备的监视工作要责任到位。

对企业生产设备的管理必须避免"讳疾忌医"这类事情的发生，小问题不及时解决就会引发大问题，甚至在没有发生小问题前就应该防患于未然，即责任监控。首先，管理人员可以利用电子仪器、专业测量设备通过对生产机器实时生产效率判断其使用寿命及老化程度，并且要保障员工对企业生产机器设备的使用规范。其次，管理人员需要进入生产第一现场通过与生产员工的沟通了解生产设备使用状况，一线员工对于设备的使用和可能发生的故障最有发言权，一经发现设备问题，必须在第一时间报备主管或者生产班长。最后，企业应该做到对机器设备坚持每天清理，2—3天进行生产设备抽样检查，一周进行一次大面积生产机器检测、维护，每月记录更新生产机器的老化程度，为之后的设备保护、维修、更新起到防微杜渐作用。

2. 实施现场机器设备质量管理

企业在生产过程中，机器设备高速运作，各个部分互相摩擦发生作用造成零件的磨损，所以，要根据机器设备磨损程度不同给出不同的措施。首先，在责任监控中发现的设备隐患应该第一时间进行处理，切莫等到"亡羊补牢，为时已晚"的程度；其次，当机器设备出现小故障时，企业应该及时查明故障的原因和磨损的原因并及时安排修理，以防止出现生产安全事故，同时也可减少大量的维修工作和维修成本，延长机器设备的寿命；最后，当企业的机器设备已经过于陈旧或者运作效率明显降低时，就应该考虑引进新设备或者通过设备的更新换代提高生产流水线的工作效率。理论上，企业只要通过设备检查标准、做好生产环境维持、分析机器质量问题的原因进而采取相应管理对策等，就能逐步减少质量事故，但是在现实生产中，不确定因素总会影响企业机器设备运转，所以企业应该对于机器设备有报备计划。

总之，企业在生产过程中要对机器设备进行规范化、科学化、责任化管理，包括制定并贯彻执行合理的设备维护保养制度，经常及时地做好设备的维护保养工作，延长设备的技术经济寿命。同时要根据实际需要和可能的条件，有计划、有重点地对机器设备进行改造和更新换代。这不仅能防止由于生产设备老化、过度使用引发的生产安全事故，还可以有效提高产品生产效率、合格率，从而有助于实现企业的责任生产。

（三）实现物料使用责任到位

对于物料的管理虽然涉及责任采购，但是在生产中也是尤为重要，如何负责任地使用物料，如何将废料、边角料重新加以利用都有关责任生产环节。可以说，对物料使用合不合理、有没有效、环不环保是影响安全生产和产品质量的关键。企业的责任生产也应该包括分析在生产过程中物料的重要性，提出如何有效地使用物料，以实现物料转化产品的最大效用。本研究认为，对物料使用首先应该制定生产领域流转的一切材料合理的使用计划；其次，要对生产过程中必然产生的边角余料、废料以及各种废物循环有效利用。

1. 树立责任使用意识

企业在生产产品的过程中，由于受到设备、人员技能、环境等各方面的因素影响，各种原材料不可能百分之百转化为成品或半成品，因而在生产过程中必然有部分物料没有完全利用，随车间排放管道流失到外部环境中，对环境造成一定程度的污染。如果企业没有合理及时地对这一问题做出应对措施，很可能会对社会环境带来更大威胁。所以，企业在使用物料时，必须对废料和生产中的垃圾负责，不随意排放影响外部环境。除此之外，企业在生产中对物料中辅助材料、燃料等使用的数量也要做到"用多少拿多少"，既不少用影响产品质量，也不多用造成废料堆积。总而言之，在生产过程中处理物料要树立责任使用意识。

2. 遵循循环利用原则

在企业生产过程中不免会产生多余的废料，针对不能完全转换为产品的原材料，应该制定相应的流通渠道，对于一些不会对环境造成危害的物料可以通过技术创新加工成为二次利用的新物料，在保护环境的同时也节约了企业生产成本。针对那些对环境会造成污染的物料，应该严格管理其流放渠道，禁止直接排放到环境中，企业可以通过加工改造形成对环境没有明显污染的物质再排放，减少有害物料流失对环境的污染和破坏。

总之，企业在生产中对物料的管理应该树立责任使用意识以及遵循循环利用原则，同时做到物料成本管控和生态环境保护。

(四) 优化管理生产方法

法作为生产现场管理五要素之一，既摸不着也看不见，但它却是串联其他四大要素的重要途径和手段。法，即法则、方法，指生产过程中涉及的一切管理法则和管理方法，包括加工工艺、工装选择、操作规程等。要实施责任生产，必须采用科学的管理方法，即在生产过程中达到管理方法和规则的标准化、可视化和流程化。

1. 制定生产规则的标准化

随着企业生产规模的不断扩大，流水线作业的复杂程度不断升级，分工越来越细，必须制定统一规则和标准方法，来充分保障生产各环节的有条不紊。如果企业不采取标准化的生产管理方式，会导致生产车间的杂乱无序、责任承担主体不明确，容易发生生产过程中的责任缺失，甚至引发生产安全事故。生产过程中涉及的标准化管理包括生产管理标准、流水线作业标准、技术基础标准、生产工作标准等，这里所指的生产过程中的管理方法特指流水线工作的标准化。只有将明确的标准化运作量化成可以衡量的指标和数据，才能保证生产中的责任一一到位。具体来说，企业应该在车间张贴生产流水线标准化示意图和生产工作手册，以保证生产中各环节可以按部就班地进行。俗话说"没有规矩，不成方圆"，在责任生产管理应用中，针对生产现场管理五要素中"法"的管理，制定流水线作业标准是基础，也是保障。

2. 实现生产环节的可视化

流水线作业标准的提出为可视化管理奠定了规则基础。生产过程中的可视化其实就是目视管理，即利用形象直观而又色彩适宜的各种视觉感知信息来组织现场生产活动，达到提高劳动生产率的一种管理手段。从责任生产角度看，透明工厂的可视化实现了生产流程的监督，向用户开放，让用户监督也是企业自信的表现。例如海尔集团将互联工厂开放成为"透明工厂"，通过摄像头的直播，海尔的互联工厂接受全球用户的监督，让用户了解和监督产品的生产过程，在这个过程中，消费者完成了从"局外人"到参与者、监督者的角色升级。① 如此大规模的生产过程展现不仅可以让消费者更加放心海尔集团出厂的产品，而且可能提高生产员工的责任意识。

除此之外，采用看板管理也是目视管理的一部分，它是为了达到准时生产方式控制现场生产流程的工具。首先，"看板管理"的实施使得任何人都可以从看板中及时了解现场的生产信息，并从中掌握自己的作业任务，避免了信息传递中的遗漏；其次，通过看板使得企业员工、生产主管对生产进度以及产品质量有所了解，生产现场的工作业绩一目了然，对于企业绩效考核以及现场物料、产品、机器设备的处理有参考价值。通过看板管理的方式对物料进行科学管理体现了企业在生产过程中

---

① 资料来源：郝小亮：《工业 4.0 时代的海尔：以"透明工厂"展示自信》，http://www.ikanchai.com/2015/0811/32535.shtml。

积极承担责任，能给前来参观的客户留下良好的企业形象，不仅能提升企业声誉，也会为企业创造更大的综合价值。所以，可视化的现场生产管理方法是责任生产的重要表现。

3. 使用精益生产方法实现流程优化、流程再造

在保证生产过程中标准化和可视化的基础上，企业需要通过流程优化、流程再造去实现责任生产。流程化的方法是在原有生产流程的基础上将其简化、分解、打碎，重新组合成为新的、更加适合企业生产制造的生产流程，它是一种根本性的提升和改变。通过流程优化、流程再造的方法可以进一步提高企业生产产品质量，使生产过程中各环节更加合理化。企业的生产制造要走责任承担的路必须通过生产流程优化、流程再造来突破瓶颈。如果只是在原有生产流程上进行改善，生产的效率和产品的质量都会在一定程度上达到阈值，难以再有进步空间。利用精益生产可以使生产系统快速适应产品用户需求的不断变化，并且可以让生产过程中无用、多余、低效率的东西简化，产生新的生产流程，以提高企业生产效率和产品质量，从而推动企业创造价值。当然，使用精益生产方法实现流程优化、流程再造不是责任生产过程中的必要条件，只是充分条件，也就是说，企业借鉴精益生产的方法，结合公司本身特点可以让企业在承担社会责任的过程中提升生产能力，从而创造价值。

（五）营造企业绿色环境

即使环境处于生产现场管理中的最后一环，但一个良好的环境对于整个生产过程来说非常重要。由于企业在生产过程中对环境造成的影响不会短期内显现，但是其却能够产生长期的负面影响，这些由于环境的原因所引发的生产安全问题并不能短期内得到有效的处理和解决，所以在责任生产中，企业必须营造一个绿色环境，这里所指的绿色环境分别指企业内部环境和企业外部环境，内部环境指生产活动中流水线工作区域的环境；外部环境指企业所能产生影响的特定地理范围（如图 7 - 10）。

1. 维护内部环境

内部环境对于责任生产的影响体现在两个方面，分别是员工以及产品。过热或者过冷的内部环境都会令员工产生不满的情绪，甚至有意向去企业工作的人在企业面试时会留意工作环境以及企业员工的行为反馈，特别压抑、极度恶劣的工作环境都会让一些面试者选择放弃。可

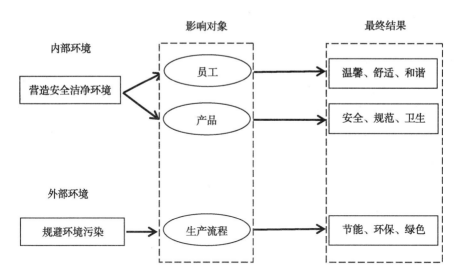

图 7-10　营造绿色环境的实施途径

见，企业内部环境的有效管理直接影响企业员工工作舒适度和满意度。较差的内部环境会打击员工工作热情和积极性，导致企业人员流失比例增加，而人是企业责任生产的主体和关键，人员缺失或者生产人员带有情绪工作都极易引发生产安全问题。所以，企业应该打造温馨、舒适、和谐的内部环境。

除此之外，内部环境对于产品的质量安全也有着密切的联系。只有满足了产品所需的环境，才有可能使产品经流水线生产正常、稳定、安全的投入使用。比如电子设备对环境的要求就比较高，除了自然环境以外，影响的因素还包括气候、机械、辐射、生物和人员条件。[①] 一个内部环境不达标的流水线所生产加工出的产品也一定是不合格的，所以，企业应该打造安全、规范、卫生的内部环境。

基于以上对维护内部环境的重要性论述，本研究认为企业可以通过改进相应的硬件设施、改变员工的工作状态、改善生产运营的整体氛围起到对内部环境有效管理的作用。例如企业在生产流水线区域应该按照季节不同配备降温或升温设施，既保证员工生产环境适合工作需求又能

---

① 崔国胜、吴昱锦：《从人、机、料、法、环看科技馆展品的安全问题》，《科技创业月刊》2014 年第 12 期。

保护生产机器设备等良好运转，这些因素均能影响流水线上的产品安全和质量过关；生产员工内部应该经常有交流、互动的机会，企业也应该开展"送温暖"至基层等关爱活动，让员工感受到企业的关心、爱护；生产部门之间可以定期举办晚会等活动，一方面让生产员工展现才艺，另一方面可以改善整体氛围。

2. 保护外部环境

责任生产对企业内部环境和外部环境的影响有相似之处，也有不同之处。相似的是，内部环境与外部环境的破坏都会对企业的生产运营造成巨大影响和严重后果，都能引发企业生产安全事故的发生和企业产品安全质量的违规。但是不同的是，生产过程中的责任缺失行为会对内部环境造成直接影响，而对外部环境的污染和破坏是潜移默化地发生着。例如企业在生产中对于废料、边角料等物料或者是生产过程中产生的废水、废气、垃圾等的不负责任排放虽然不会对企业短期发展造成影响，甚至企业可以减少对这部分排泄物进行处理的成本，但是却会导致企业所在地区的整体环境遭到破坏。这种现象属于外部不经济效应，指市场经济中主体（企业等）从事利润最大化的经济活动时却使社会和他人的利益受损。这种外部不经济效应不利于企业社会责任的承担，更不利于企业社会责任正面形象的传播。因此，在责任生产中必须包括对外部环境的责任承担，俗话说"城门失火，殃及池鱼"，大环境的破坏一定会影响企业内部生产环境，员工会怀疑企业的责任理念是否只是做做表面文章，那么在之后的工作中也会产生责任缺失行为，寄希望于可以侥幸逃过。所以，在责任生产的外部环境管理中必须强调伦理责任的承担，企业应该打造节能、环保、绿色的外部环境。

外部环境的保护可以通过企业生产规章制度落实、员工责任绩效考评等方法来有效实施。例如企业规定生产过程中各项流程的具体操作，以保证物料使用的规范、合理、不浪费，既满足生产要求的使用量又不会产生多余废料造成污染排放；企业还应该对于废水、废气、生产垃圾责任处理，尽量避免不负责任地排放；对于员工社会责任承担状况的管理可以利用绩效挂钩的方式监督和考核，这样既能做到责任到位又能避免员工产生侥幸心理。

总体来看，企业的内外部环境管理业必须融入责任理念，唯有将生产中最后一环节——环境问题有效解决才能真正实现责任生产全过程。对于企业内外部环境的维护和保护要以绿色环保为重要出发点，以营造绿色环境为最终落脚点，从而有效地推动企业生产过程中对于环境的责任内化。

第四节　责任营销

随着市场环境的复杂化和利益相关者对企业社会责任的重视，企业需积极主动地将企业社会责任纳入市场营销活动中，以责任营销的理念规划营销活动，审视营销策略组合。本节从责任营销的必要性、概念界定及如何指导营销中的"4P"三个方面来阐述，以期能够对企业的应用产生参考价值。

一　责任营销何以必要

营销环节与企业社会责任结合的必要之处有两个方面：

首先，从理论角度来说，经济史学家卡尔·波拉尼（Karl Polanyi）于1957年提出"嵌入理论"，他强调经济活动与非经济因素的极大相关性，认为经济活动是融于具体的社会网络、政治构架、文化传统和制度基础之中。企业在进行经济活动时，必须要综合考虑自身产生的影响，包括价值链上的各环节活动。营销活动作为价值链的重要环节，能够为企业带来更高的附加值，若表现出一种"无责任"的态度，反而会给企业带来负面的营销。企业走过了以产品为中心的营销1.0时代，以消费者为中心的2.0时代后，面临着新的营销时代——营销3.0，营销大师 Philip Kotler 把"营销3.0"称之为价值观驱动的营销，因为企业的盈利能力和它的企业责任感愈发息息相关。

本研究已验证了企业社会责任与价值创造的关系，企业将责任贯穿到营销活动中，是践行企业社会责任的体现，同时也是价值创造的一个来源，理论界的研究已经证实责任营销是企业应有的一种理念，也是企业必有的一种营销战略。

其次，从实践角度来说，根据《2007年度中国企业家成长与发展报告》的调查显示：尽管有将近96%的企业家认同"优秀的企业家一定具有强烈的社会责任感",但经营者对经济责任(如正当竞争)、法律责任(如依法纳税)的认同要高于伦理责任和慈善责任。也就是说,多数企业对社会责任感的认识,还停留在最基本的经济和法律层面。由此可看出,多数企业的"责任营销"还处于一个低档次的阶段,甚至是模糊、毫无章法的。企业在自己经济实力允许的条件下,去从事一些能够树立自己社会责任形象的事情也是可以的,甚至是必要的。①

"责任营销"是一项长期和系统的工程,只有长时间的积累才能给社会和消费者树立良好的企业形象和品牌形象。对企业来讲,"责任营销"不单纯是一种概念,不是通过一二个事件来进行放大就能做到,它更是一种理念和行为,是企业一种成型的发展战略,这需要企业把责任意识长期贯穿于企业员工的思想和行为中去。在众多的公司战略中,企业"责任营销"战略就像一个支点,可以撬动企业的竞争、管理等优势,产生乘数效应。在企业的实践过程中,也急需以责任营销为企业创造多重价值。

二　责任营销概念界定

本研究认为,责任营销是从利益相关者的角度出发,平衡营销活动为各方带来的效益,在为现实和潜在顾客创造价值以实现组织自身价值的同时,还要以责任承担正确引导消费者需求,追求商业生态平衡,协同渠道发展,传播积极向上的价值观。责任营销将企业社会责任与企业的市场营销活动相结合,将责任内化在营销活动中,最终体现在营销组合四个维度的责任践行,即责任产品、责任定价、责任渠道、责任促销(如图7-11)。

责任产品:企业所有的营销活动都应从消费者的需求出发,建立消费者对整体产品的认知与了解,包括核心产品、形式产品与附加产品三个层次,并主动将经济责任、法律责任、伦理责任、慈善责任与营销相结合,进行产品真正的效用与价值、产品真实信息等的宣传。

责任定价:营销中的定价策略在保证企业盈利的同时要兼顾企业竞

---

① 资料来源:房策网,《"责任营销"为何要成为企业的一种战略》http://www.fangce.net/Article/yingxiao/jingying/201010/46930.html。

图 7 – 11　责任营销维度

争者与消费者，不能打破商业秩序，使商业生态发生紊乱。在竞争者方面，以不合理的低价引发的价格战是对商业对手的不负责任，是搅乱商业规则的行为；在消费者方面，企业特意的"奇货可居"行为或者过高定价是损害消费者利益的表现。这些都是责任定价的意识还未根植于企业营销活动中的外显。

责任渠道：渠道冲突是渠道管理的重点内容，在此过程中，利益分配往往是导火索，如何规划利益共享机制是企业进行责任分销的核心。当分销商的利益得不到保障或者获取不了合理的利益时，就会出售质量不达标或者山寨的产品、服务，在损害企业品牌之外也破坏了消费者的品牌忠诚，甚至不仅没有弥补企业产品、服务和其使用者之间的缺口，还会使这一缺口更大。

责任促销：促销手段主要包含了广告、销售促进、人员推销和公共关系形式，每一种形式的运用都有其边界。在边界范围内，任何一种传播方式都应该以积极、健康、正向的价值观为核心，发展和实施对现有和潜在消费者的劝说性沟通计划，最终对特定沟通受众的行为施加直接或间接影响。这些传播手段各有其特殊的潜力和复杂性，需要以责任为导向进行专门管理。

三　责任营销何以实现

营销组合是企业用来从目标市场寻求其营销目标的一整套营销工具，麦卡锡将这套工具分为四类，成为营销学中学者们公认的"4P"，分别是指产品（Product），价格（Price），渠道（Place），促销（Promotion），企业以之为导向，在适当的地点以适当的价格、运用适当的促销方式、将适当的产品传递给适当的消费者。本节结合应用"4P"对责任营销加以分析，从四个方面具体阐述市场营销与企业社会责任的结合。

（一）责任产品

市场营销中的产品是一种广义的产品，是指人们通过购买而获得的能够满足某种需求的物品的总称，包括物质形态的产品实体，也包括非物质形态的利益。这种广义的产品涵盖了产品的三个层次，诠释了产品的整体概念（如图7-12）。

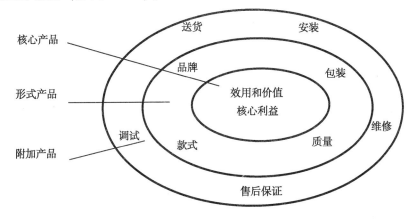

图7-12　产品整体概念的三个层次

1. 核心产品责任观下的需求引导

核心产品：这是最基本、最重要的部分，能够提供给消费者基本效用或价值，是顾客所追求的核心利益。将企业社会责任融入产品策略的第一点就是从产品的效用或价值出发，正确引导消费者对产品的需求。企业要根据不同的需求状态对产品进行营销，以能够调节供需关系、合理配置资源，企业需要做到将市场上的"负需求"转变为"正需求"，主动对市场上的"过度需求""有害需求"进行引导。

负需求是指大多数消费者不喜欢或厌恶某种产品或服务，甚至愿意多花钱回避它的一种需求状态。经济学中的供给学派认为，需求会自动适应供给的变化，企业需要创造有效需求并保证有效供给，有效供给对生产乃至有效需求具有乘数效应。[1] 在有效供给的情况下，人们对产品或服务未察觉的需求往往是因为营销宣传的不到位，因此企业要从责任

————————

① 陶一桃：《需求与供给之间的选择——供给学派对扩大"内需"的启示》，《学习与探索》2000年第3期。

的角度出发，以营销激发消费者的潜在需求并引导需求的理念，对产品的效用和价值进行有效宣传。例如，消费者对于保险类产品的有效需求创造要以企业的营销活动来承担，以此将消费者对其的负需求转变为正的有效需求。通过营销活动，企业引导其重新认识产品，使消费者转变理念，实现有效需求。

过度需求是指某种产品或服务的市场需求超过了企业所能供给的一种需求状态。在这种需求状态下，企业的责任营销要做到减少营销，核心产品不变的情况下降低形式产品及附加产品的价值，抑制这种过旺的需求。这种需求与不规则需求存在一定的相同之处，同时也有区别，过度需求始终呈现的是顾客对产品或服务的热切渴望。比如市场上对苹果手机的追求超出苹果公司的负荷量，苹果公司可以减少营销来体现对减少这种过度需求的责任承担。

有害需求是指市场对某些有害产品或服务的需求。在这种需求状态下，企业的责任营销要做到否定需求，强调该类产品或服务的负面信息甚至停止生产等措施降低需求、取消需求。比如吸烟对人的健康有害，大多数烟草企业的责任营销体现在香烟盒上标明"吸烟有害健康"，而对于危害人体健康程度极大的产品或者对社会影响恶劣的服务则应主动停止生产或出售，这是企业责任营销的显著体现。

2. 形式产品责任观下的多彩营销

形式产品是指产品的外形，产品的核心利益只有通过产品外形才能体现出来。这些外形特征包括了产品的外观质量、款式、特色、包装等。在形式产品与责任的结合下，企业要做到质量上的"白色营销"、包装上的"绿色营销"、品牌上的"蓝色营销"。

白色营销是指企业以诚信的态度对产品及服务进行真实地营销，不掺杂其他"有色"、不透明甚至是虚假的信息，保证顾客在企业营销活动中的认知与实际购买过后的体验无差异。这包括了在产品宣传时将产品材质、成分含量、生产日期、在产品消费过程中可能遭受的风险及规避的方法等信息无所保留地告知现有及潜在的消费者，必须遵循信息真实、可靠的基本原则。在这个层次上，企业缺乏责任的营销表现在为诱使消费者购买企业产品，通过过度夸大产品功效的广告或者在宣传中使用含糊其词、模棱两可的词句，引起消费者对广告真实含义的误解，使消费者做出错误的购买决策，从而严重影响了社会大众的利益。

绿色营销是指企业在保证产品搬运及使用安全的基础上，以环保的态度对产品进行包装，尽量减少使用不可循环利用的、一次性的包装，不使用过多的、过度豪华的包装，坚决抵制对大气、水、土地等自然资源产生直接危害的包装。绿色营销将企业自身利益、消费者利益和环境保护利益三者统一起来，要求企业产品的包装、储运必须符合减少对资源的消耗，另一方面，包装的废弃物和产品报废后的残物应尽可能成为新的资源。

蓝色营销是指企业对自身产品品牌的确立不能存在"高仿""山寨"等行为，不能以文字或 logo 的微小差异作为与知名品牌的区别之处，应像企业战略中的"蓝海战略"一样，另辟富含特色的品牌并致力于自身品牌的打造。在服装市场的众多品牌中，韩都衣舍从成立之初就秉持着打造属于自己的品牌的理念，坚决抵制做其他品牌的简单复制品、仿冒品，另辟蹊径利用互联网平台攻坚克难，创造出电商领域里的一枝独秀。韩都衣舍作为一个新品牌，吸引并维持了自己的特定客户群，一定程度上挖掘了"蓝海市场"，做到了品牌上的"蓝色营销"，为消费者及企业创造利益。

3. 附加产品责任观下的服务完善

附加产品是消费者购买产品时所得到的各种附加利益的综合，包括安装、使用指导、质量保证、维修等一系列售前售后服务。产品消费是一个连续的过程，而作为附加产品核心内容的售后服务需要持久、稳定地发挥效用，这是竞争获胜的重要手段。企业社会责任与产品概念中的附加产品相结合主要体现在三个方面：

产品售后的专业化服务：企业的售后部门应用与企业产品相关的专业知识，按照客户的需要，为客户在售后所遇到的难题提供专业服务，这是附加产品责任观下服务完善的基础，也是所有已经获得和将要继续获得巨大发展的企业必备能力。

产品边缘的贴心化服务：处在产品边缘的服务，是企业可做可不做的内容，但责任营销下的贴心化服务能够使企业通过提供给边缘的服务，为消费者带来贴心之感。比如售后服务网点优雅的环境，服务人员亲切的笑容、规范的用语，服务的反应时间等，这些舒适、贴心的服务在责任产品中应成为企业的固有现象和自觉行为。

产品无关的人本化服务：当服务内容离开产品，企业开始关注消费者自身的利益时，企业向公众展示了人本化服务。这是责任产品的最高层次，由产品开始却最终停留在对顾客的利益关怀上，这也呼应了企业对内部员工的现代化管理方式——人本化管理。企业的人本化服务实际上也会使消费者用行动对企业投票，正如马斯洛激励理论所说，人的行动在很大程度上直接或间接源于人的需要，而这种需要可由外部予以刺激产生。心理学已证实，人的意志行为开始于需要以及由需要引起来的动机，企业的人本化服务作为责任产品的最高层次，会使消费者联想到企业产品的优质与可靠，由此产生需要的驱动力，激发动机是符合心理规律的。例如海尔自成立以来，一直以完善的服务引领行业售后服务水平的发展与提升，为责任产品下的附加产品服务完善树立了标杆效应。

（二）责任定价

价格通常是影响交易成败的关键因素，同时又是市场营销组合中最难以确定的因素。企业定价决策的相关因素有"3C"，即成本（cost）、消费者的需求水平（customer demand schedule）、竞争品或替代品价格（competitors price）（如图7-13）。

图7-13　企业定价的原则

责任定价不仅是企业为了追求经济收益所要重点考虑的问题，也是责任营销中的组成部分，企业在为自身产品或服务制定价格时，在优质优价即价格与质量匹配的原则上还要考虑到行业竞争者和消费群体。

1. 优质优价，拒绝不合理低价

在激烈竞争的市场环境中，企业常以适应价格竞争作为定价目标。价格竞争是市场竞争的重要方面，实力雄厚的大企业往往利用价格竞争来排挤竞争者，以提高其市场占有率；实力弱小的企业则不得不追随主导竞争者的价格，或以此为基础来制定自己的价格。但如果企业抛弃责任定价理念，运用远低于行业平均价格甚至低于成本的价格提供产品或服务，就会进入恶性价格竞争的循环中。在图 7 - 13 中，表现为低于最低价格的不合理低价更易出现在进入门槛低、生产企业众多、行业集中度不强同时需求又巨大的行业里，比如旅行社、网吧。恶性价格竞争只有两个结果，企业被动或主动参与导致利润率长期大幅滑坡最终难以为继，或企业依靠充足财务保障支撑，在恶性价格竞争中成功实现行业整合，有效取得市场份额，淘汰弱者，最终提升了行业进入门槛，无论哪种结果都存在资源配置效率低和资源浪费的情况。

2. 优质优价，摒弃过高定价

获取利润是企业从事生产经营活动的基本目标，而以利润为导向的定价目标分为三种：获取投资收益、获取合理利润、获取最大利润。无论是哪一类导向的定价目标都要摒弃过高定价，这不仅是现实中的收入函数所决定的，也是责任定价的内涵之一。与顾客的长期良好关系不仅取决于企业产品提供的效用、包装、品牌及服务上，价格也起到举足轻重的作用。有远见的企业经营者都着眼于追求企业的可持续发展，如果对其产品制定远超过图 7 - 13 中的最高价格，利用刚性需求以此攫取最大利润，这样的企业必然不能够走远。比如临近春节的儿童玩具，有些所谓的"绝版玩具"并不是真正的"绝版"，只是因新旧款更替而在商场专柜下架而已，一款网站出售五百元左右的"垃圾车"玩具，却被商家凭空抬高至千元，以谋取更大利润；2015 年国庆期间发生在青岛景区的龙虾宰客事件，无故将龙虾价格提升至正常价的几十倍，是营销定价中责任缺失的体现。因此，企业定价过程中要理性合理，摒弃过高定价行为。

（三）责任渠道

营销界中有条公认准则：得渠道者得天下。渠道也可称为网络，营销渠道是能够促使产品或服务顺利地被使用或消费的一整套相互依存的组织，是产品从生产者转移到用户的通路，实现企业分销目的。在营销渠道中，角色对立、资源稀缺、感知差异、期望差异、决策权分歧及目标错位等原因都会引发渠道冲突，而责任渠道是防止及应对渠道冲突应有的态度。在这种理念的指引下，企业首先应在选择渠道成员时，加入对其企业社会责任承担的重视，其次应积极平衡各方利益，践行企业社会责任，主动构建渠道协同发展机制，与渠道成员共生共赢（如图7－14）。

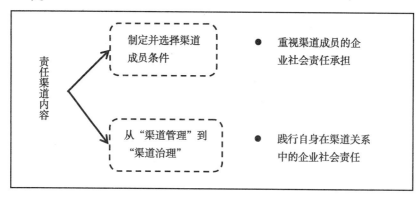

图7－14　责任渠道社会责任承担途径

1. 制定并执行选择渠道成员条件

基于企业社会责任承担对渠道成员加以选择，制定并执行选择条件，提升渠道成员的综合素质。企业在筛选渠道成员的过程中，要对其所践行的经济责任、法律责任、伦理责任及慈善责任有所考察并对多个同类型的渠道成员加以量化比较。

渠道成员对企业社会责任的承担会使关系得以改善及自身能力得以提升，这种责任和能力的匹配也是企业在选择渠道成员时的考量，只有符合条件的中间商才能成为渠道成员。要提升整个渠道成员组织的素质，坚决避免为了渠道成员数量而忽视其责任承担以至于牺牲质量，否则会出现企业对这些渠道成员难以掌控的局面，这些企业社会责任感不强的渠道成员会给企业产品带来负面影响。

2. 变"渠道管理"为"渠道治理"

责任渠道观念需要重新明确企业与渠道成员间的关系：企业客户首先是渠道成员，而渠道成员面对的是企业的终端客户。确立这样的定位之后，企业要改变以往"管理"渠道成员的思维，而是给予渠道成员更多关心、帮助与支持，这种"鱼水之情"体现为两者间共生共赢的关系。渠道成员的业绩表现与企业创造的大环境息息相关，更需要相对宽松的空间去应对变幻莫测的市场。为此，企业从责任渠道的角度出发，应在渠道网络建设、渠道网络发展、渠道网络运营等方面，采取一系列的政策以优化环境，甚至营造"宽松化环境"，让渠道成员有更大的自由度应对市场。将"渠道管理"转化为"渠道治理"，为渠道成员创造好的生存环境，这是企业责任渠道的重点内容，也是防止渠道冲突的有效手段。

从企业角度出发，在互联网高速发展的时代，企业转型做电商也会引发线上与线下的渠道冲突，责任渠道需要企业建立与渠道成员的对话机制，使双方能就核心问题达成共识，通过这样的方式，逐渐引导相互间的共识范围扩大，不再以单向下压式的"管理"，而是以协作方式共创和谐发展；从渠道成员来说，其对品牌的投入和忠诚度，也很大程度地影响着企业未来的发展情况。企业对于渠道冲突的解决未来一定会呈现出"你中有我，我中有你，相融共生"的完整生态圈的局面。

（四）责任促销

促销是企业营销沟通的主要形式之一，其沟通对象包括企业与个人。在大数据时代下，促销手段中企业对于个人信息泄露的程度正在加剧，比如刚买房，装修公司就"盯"上你；刚买车，保险公司业务员就"追"着你；刚生孩子，产后护理、宝宝照相馆就轮番来"缠住"你。这些都是促销手段缺乏责任的体现。责任促销在运用语言与非语言的方式，通过广告信息的迅速传递以及人员推销的手段来激发沟通对象的购买欲望。正确处理企业与社会公众的关系时，要将责任贯穿始终，以便树立企业的良好形象，促进营销目标的实现，传播一种积极、健康、向上的价值观。

1. 广告宣传中的价值传播

广告是一把双刃剑，它既可以是市场的天使，也可能是市场的恶魔。好的广告让市场营销如虎添翼，效益倍增，不好的广告会让产品"死得更快"。广告作为信息的一种传递方式，尤其是在现代信息爆炸、大数据营销的时代，作为现代市场营销重要手段的广告让人们眼花缭乱、应接不暇，产生选择悖论。

不良的宣传广告，不仅会损害企业形象、影响销售情况，而且给正确社会价值观的传播造成负面影响。责任促销中的广告决策是通过电视、电影等媒体，向企业的现有及潜在消费群体传达产品或服务信息，以期达到激发消费者购买目的。正因为广告具备促进销售的可能性，所以企业在进行广告决策时更应秉持"责任先行"的理念，将广告定位于商品的推广销售与服务介绍与社会上正确价值观的结合，而非洗脑式、低俗化的广告形式"创新"。

2. 人员推销时的伦理承担

人员推销是指企业运用推销人员直接向目标市场介绍产品或服务的一种营销传播和促销活动。在商品经济高度发达的现代社会，人员推销这种传统的形式也焕发了青春，成为现代社会最重要的一种促销形式。人员推销不仅是一种全效性的传播方式，具有产品信息传播和反馈及时等优点，同时还是一种了解顾客动态信息的重要可靠途径。在商品品质同质化、品牌形象相差无几的情况下，人员促销更是增加商品销售、争夺市场的有效途径。

人员促销的责任内涵需要体现在促销人员的关怀、商品信息的真实性。如冬季让模特在户外走秀，这不仅是对本企业员工的不负责，而且很可能会对促销活动产生相反的作用。商家利用可诱导消费者产生误解的信息进行反复促销不但会让消费者产生抵触心理，从而不利于公司产品的销售，还会影响到企业的整体形象，影响非促销时段的产品销售。

3. 公共关系维护中的形象提升

公共关系是企业从事市场营销活动中正确处理企业与社会公众的关系，以便树立企业的良好形象，促进企业营销目标的实现。企业对于公共关系的处理实际上对促销活动产生的是一种间接作用，公共关系处理得好，能提高企业的知名度，塑造很好的企业形象，从而促进企业的产品销售。例如2008年汶川抗震救灾募捐晚会上，王老吉的大手笔捐赠，不仅树立了良好的企业形象，也是为企业做了一次大事件营销，既彰显了企业的民族精神，也体现出企业对社会责任的积极承担，得到了市场的良好反馈。因此，企业要综合运用消费者沟通、新闻媒体的沟通、语言与非语言等多种商务沟通手段，来协调企业与各利益相关者之间的关系，并在顾客、政府组织等社会公众中树立和维护良好的企业形象。

本章小结

对企业而言，应用"4R＋2C＋4V"企业社会责任价值创造模型，关键还在于管理应用。只有企业将责任的履行内化为管理行为与管理实践，才能有效、持续地创造价值。本章从责任研发、责任采购、责任生产、责任营销四方面入手，重点从企业管理的视角探讨了该模型在管理实践中的应用。

责任研发强调企业为获得新的科技及知识以实现综合价值最大化，在承担社会责任的基础上通过技术创新的方式对产品和服务进行不断改进的活动，以经济责任为导向，积极推行合作模式的"红色战略"，以法律责任为导向，维护竞争公平进行的"黄色战略"，以环保责任为导向，以实现企业与自然和谐发展的"绿色战略"。

责任采购主要是企业与内部、外部的利益相关者，还有自身在经过多方博弈之后，获取经济利润、权衡质量标准，满足各方的利益诉求，主要包括基于社会责任的供应商管理、成本管控和内部协作，通过寻找协调双方合作，降低各个环节的延迟时间，提高信息共享程度，获得企业采购质量与价格的保障，同时通过供应商关系管理，建立有效的合作机制，并对供应商实施管理和激励，使采购与供应商的博弈变为双方的稳定共赢，建立合理有效的信息沟通机制，协调内部关系，使得企业成本结构最优化，进而实现利益最大化。

责任生产基于价值链的角度分析企业在生产过程中承担应有的责任，包括对安全生产的责任管理以及对生产成品、半成品质量的责任管理，采取合理、科学的生产管理方法对产品生产过程进行严格把关是顺利生产合法、合规、合格、高质量产品的基础，即企业以人为本的理念对生产过程中的各个环节负责，保障产品质量、提升员工能力、创造员工价值。

责任营销是从利益相关者的角度出发，以"4P"为导向，平衡营销活动为各方带来的效益，在为现实和潜在顾客创造价值以实现组织自身价值的同时，以责任承担正确引导消费者需求，追求商业生态平衡，协同渠道发展，传播积极向上的价值观。

第八章　企业社会责任价值创造的保障机制

从企业社会责任价值创造"4R+2C+4V"模型中可知，企业通过承担社会责任可以创造企业价值，并且需要通过企业与企业利益相关者关系改善和企业能力提升作为中介。第七章主要分析了企业社会责任价值创造的管理应用，基于价值链的角度分别提出以责任研发、责任采购、责任生产、责任营销推动企业社会责任践行并创造价值的过程。本研究认为，在企业管理应用中要实现责任研发、责任采购、责任生产和责任营销，就需要构建保障机制以实现企业承担社会责任创造价值的过程。首先，理念变革与战略制定是企业社会责任价值创造保障机制的宏观层面措施，是保障企业关系改善与能力提升的基础和关键；其次，管理创新与制度落地是企业社会责任价值创造保障机制在企业层面的具体开展，是推动企业社会责任承担创造价值的核心和重点；最后，整体保障机制的顺利实施必须依靠法律保障和文化支撑。

第一节　企业社会责任价值创造的理念变革与战略制定

作为企业社会责任价值创造保障机制的第一环节，理念变革必须先行，只有在明确了社会责任理念的前提下才能促使企业主动、积极践行社会责任，也只有在思想上作出根本性的转变才能让企业真正了解、明白、认识到企业承担社会责任可以改善与利益相关者的关系，也能提升企业能力，从而创造企业价值。企业理念在向社会责任承担型企业转变的基础上，企业还必须将社会责任融入企业战略制定之中，它将成为保障机制第一环节的重要抓手，也是企业实施后续工作的重要风向标。如果企业制定的战略有所偏差，那么在实施过程中企业的经营活动将逐渐背离企业原始计划目标。把企业社会责任和企业平常的运营完全割裂开来，结果往往是企业无法持续坚持承担社会责任，履行企业社会责任就变成做表面文章，缺少系统性和战略性的整体思维，最终导致企业履行社会责任不仅没有带来有利于企业发展的正面利益，还会成为企业经济负担。所以，企业在构建社会责任价值创造保障机制时必须将社会责任意识和理念融入企业发展的方方面面，从宏观的角度保障企业社会责任的践行是合理的、顺利的、有效的，而并非僵硬、固化式地植入企业经营之中。

一　企业社会责任价值创造的理念变革

企业理念变革是在思维上进行根本性转变，从"非社会责任型企业"向"社会责任型企业"转变是实施和推进企业社会责任价值创造保障机制的基础和起点，也是企业理念变革的具体实践。也就是说，企业社会责任价值创造的理念变革要从责任意识植入与责任概念灌输开始，逐步转换企业社会责任"成本观"的传统理念。

在此思路之上，本研究认为如何使企业真正接受社会责任承担能够创造多元价值的关键在于将企业承担社会责任的虚化意义实务化，将社会责任创造的多元价值可视化，让企业切实感受到承担社会责任之后带来的企业成长和发展。推动社会责任真正内化为企业的核心战略，基于企业社会责任价值创造的理念变革，应站在企业责任战略的高度，对接企业整体责任发展状态。事实上，可持续发展是所有企业追求的价值和战略目标，同时也是企业成长的核心要义。企业履行社会责任创造的经济价值、社会价值、环境价值和文化价值，从企业可持续发展层面看，可以上升至经济可持续、社会可持续、生态可持续和文化可持续，最终实现企业可持续发展（如图8-1）。由此可见，企业社会责任价值创造与企业可持续发展是共生统一的，从可持续发展视角解构企业社会责任创造的价值，将使企业更加坚定践行社会责任的理念和信心。

我国已经迈入以保持经济增长、转变经济发展方式、调整优化产业结构为主要特征新常态时期，从国家到地方、从政府到社会、从组织到个人，都面临着理念变革和行为实践的挑战和考验。作为创造价值和推进社会发展的企业而言，走"承担社会责任与实现企业价值互动共赢、

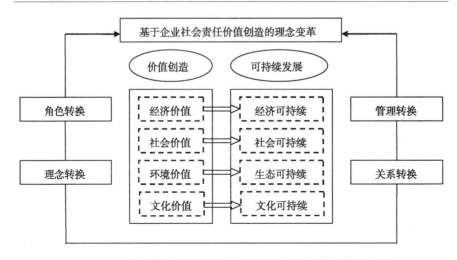

图 8 - 1　企业社会责任价值创造与企业可持续发展关系示意

平衡发展"的新型发展道路，是企业层面践行国家战略，实现可持续发展的选择。企业只有承担应有的社会责任，才能实现可持续发展；企业只有可持续发展，才能承担更大的社会责任。①

　　（一）角色转换——由"经济组织"转向"复合型组织"②

　　随着企业目标由利润最大化转为价值最大化，企业在经济社会中扮演的角色趋于综合化、复合化。传统的"经济组织"角色强调企业要追求利润、关注收益，这是企业生存和发展的基础。然而随着新的社会发展阶段的到来，企业作为"社会型组织"角色的重要性不断凸显。企业是社会的基本单元之一，作为"社会型组织"，企业必须将自身融入到社会中，自觉承担起经济责任、社会责任、环境责任和慈善责任，发挥好作为"社会型组织"的作用，以更好地实现经济目标。由"经济组织"到"社会型组织"角色的转换，是企业基于可持续发展目标的具体体现，更是连接企业社会责任与企业可持续发展目标的角色联系。

　　（二）理念转换——由"成本增加"转向"绩效改善"

　　传统经济学观点认为，企业承担社会责任会在一定程度上加重企业

　　① 易开刚：《企业社会责任教程》，浙江工商大学出版社 2014 年版，第 83 页。
　　② （一）到（四）为国家社科基金面上项目《企业社会责任价值创造机理研究》（项目编号：13BGL058）的阶段成果：《企业社会责任教程》一书中的部分内容。

负担、影响企业的经济效益。由于对企业社会责任的薄弱认知以及出于
企业运营成本的考虑，企业对承担社会责任一般都抱着消极回避的态
度。但是，从企业长远发展来看，企业承担社会责任与企业的经济绩效
呈正相关关系。企业承担社会责任、接受社会责任审核，的确会在一定
时期和范围内增加企业的成本，但是通过遵循企业社会责任标准，规范
企业的生产经营与管理，重新设计企业的治理结构与生产流程，能使企
业获得更为理想和持续的经济效益。国内外的众多实践也表明，企业进
行良好的社会责任管理，不仅可以获得良好的社会效益，而且可以获得
长远的商业利益，这一点应该引起国内企业的关注和重视。

（三）管理转换——由"物本管理"转向"人本管理"

企业承担社会责任是落实以人为本发展观念的重要手段。在企业可
持续发展理念中，要求企业将管理理念由"以物为中心"转向"以人
为中心"。在企业经营管理活动中，人既是管理活动的主体，也是管理
活动的客体。企业通过组织结构的设计、管理幅度的划分、职责的明确
与职权的授予，将企业管理活动"活性化"，并明确高层、中层和基层
管理人员在企业中的具体定位和职位安排，使其在一致认可的企业愿景
下协调一致、精诚合作，促进企业内部物流、资金流、信息流的顺畅运
转。而企业社会责任标准把人本管理、商业道德和精神文明等指标化，
使关心人、理解人、尊重人、保护人有了可操作衡量的具体量化标
准，[①] 这种量化管理的范式不利于企业衡量员工为企业创造的潜在价
值，更加凸显不出企业员工以承担责任的形式为企业创造的非经济价
值。所以企业在社会责任实践中，应该有所转变，走以人为本发展道
路，更加关注企业内部员工的力量，在"权责利一致化"的原则下，
发挥各层级人员的主观能动性，促进企业承担社会责任的"人性化"
与企业可持续发展的"生动化"。

（四）关系转换——由"对立"转向"统一"

推行企业社会责任运动可推动企业的可持续发展，两者之间是统一
而非对立的关系，企业必须将责任承担与可持续发展从"对立"的关
系转换为"统一"的关系。企业可持续发展、企业创新的具体落实，

---

① 张向前：《和谐社会企业社会责任管理研究》，《经济界》2005 年第 6 期。

实际就是企业价值创造的表现，体现在企业的战略目标上，环境的应变性上和竞争的优势性上。① 事实上，企业承担社会责任是在日趋激烈的市场环境下逐步开展的，要形成理念上的变革，需要通过将企业社会责任提升到战略高度，在企业的价值链各环节融入企业社会责任管理的理念与方法，企业才能整合内外部可用资源，适应动态变化的宏观环境，从而确保企业可持续发展的进程。

由此可见，企业社会责任价值创造与企业可持续发展之间通过角色、理念、管理、关系的转换产生了有机的联系。两者都重视利益相关者的利益、以人为本、生态环境保护和与社会的和谐。企业社会责任是企业可持续发展的一种道德承诺，而企业可持续发展是企业社会责任追求的愿景。推行企业社会责任是推动企业可持续发展最有效的手段和路径，有利于企业树立正确的企业发展目标，高效开展企业运营，处理好与利益相关者的关系，并以此提升企业的创新动力，从而最终提升企业的长期盈利能力并实现可持续发展。因此，必须从战略的高度树立企业社会责任的核心理念，从而保证企业可以更有效地推进社会责任价值创造过程。

二　企业社会责任价值创造的战略制定

我国企业对于社会责任的认知、理解和真正实践，总体而言还处于初级发展阶段，还需要政府、企业、社会的共同努力。国内外学者一致认为企业社会责任正确的认知对于企业可持续发展起到至关重要的作用，只有从战略层面提升企业对社会责任承担的重视，才能真正发挥出企业践行社会责任的价值。所以，企业社会责任价值创造的战略制定对于企业可持续发展既必要又紧迫，本研究认为战略制定可以从两个方面具体实施。

（一）将企业社会责任理念融入企业发展战略

企业战略是设立远景目标并对实现目标的轨迹进行的总体性、指导性规划，涉及企业与利益相关者的关系、企业使命的确定、企业目标的

---

① 兰芳：《社会责任运动促进企业可持续发展的机理与对策研究》，《武汉金融》2010 年第 4 期。

建立、基本发展方针和竞争战略的制定等。社会责任作为企业的战略"投入"，是对信息资源和企业环境关键因素的理解。由此，社会责任被引入企业战略管理层面，并创造性地提出了"企业社会责任战略"概念。企业社会责任战略是一个系统性的概念，它将企业社会责任理念作为企业核心价值观的重要组成部分融入企业的愿景与使命。并且同企业发展战略相协调，与企业发展目标相一致，通过资源配置等手段，使企业社会责任管理融入企业运营体系和业务流程，与不断发展变化的环境相适应，并通过有效的公司治理与绩效评估，使企业在实现自身目标的同时，能够与利益相关者"多赢"共存（邵兴东，2009）。[①] 这有助于企业社会责任竞争力的构建，是提升企业竞争优势、实现企业可持续发展的一种新型战略形式。

本研究认为企业社会责任战略是指企业在承担社会责任中，将诚信经营、关爱员工、节能环保、慈善捐款贯穿企业研发、采购、生产和营销等价值链各个环节，改善企业与利益相关者关系网络，提升有利于企业发展的综合能力，从而打造企业社会责任竞争力，保证企业价值创造和可持续发展的愿景。企业社会责任战略涉及企业发展的方方面面，把社会责任理念融入企业战略是战略制定的一种实施方法，它可以有效保障后续管理进程以社会责任承担为主线，达到企业创造价值的目标。

（二）推动企业面向"战略型企业社会责任"

企业社会责任战略是企业长远战略规划的组成部分，在组织制度、公司治理、资金保障等方面均需要得到有效保障，确保每一项社会责任战略的实施都要与企业整体战略方向一致，实现社会责任和公司绩效双赢。[②] 除了将企业社会责任融入企业战略制定中之外，推动企业向"战略型企业社会责任"发展也是企业战略制定的一种有效手段，两者略有不同，前者更加强调社会责任价值创造的前端"责任"意识的灌输，而后者则注重责任承担所带来的价值。战略型企业社会责任就是寻找能为企业和社会创造共享价值的机会，企业应在自己的核心价值主张中考虑社会利益，使社会影响成为企业战略的一个组成部分。所以，推动企

---

① 邵兴东：《企业社会责任战略研究》，《开发研究》2009 年第 5 期。
② 姚瑞、邹国庆：《我国企业社会责任战略研究》，《经济纵横》2010 年第 11 期。

业向"战略型企业社会责任"发展不仅可以让企业更加主动、积极履行社会责任，更可以找到与社会共享价值的机会。

鉴于此，本研究认为企业应该将社会责任纳入企业战略制定范畴，做好企业社会责任价值创造的"顶层设计"，逐渐规避社会责任缺失行为的发生，并以制定社会责任战略作为企业可持续发展的重要途径，形成有效的战略保障体系，把牢企业战略方向，促进企业社会责任价值创造落到实地。

第二节　企业社会责任价值创造的管理创新与制度落地

企业社会责任理念与战略是企业社会责任价值创造的基础保障，它起到了引领和凝练的作用，通过构建企业社会责任价值创造的战略保障体系，可以有效地将社会责任理念植入企业"血液"中，以责任承担创造企业经济、社会、环境和文化价值。在企业社会责任价值创造的顶层设计保障之后，还需要创新管理以及落实制度来支持和推进企业工作。

一　企业社会责任价值创造的管理创新

管理的最终目的是为企业创造价值，而承担社会责任的目的也是为企业更好地创造价值。两者之间目标一致，若能协同创新和有效融合，便可实现企业综合价值最大化。正如学者李伟阳（2010）指出，"全面社会责任管理是有望引发根本变革的管理理论和实践革命"，该观点将企业社会责任提升到了管理层面。显然，企业社会责任价值创造理念的引入催生企业管理层面的创新，社会责任与企业管理的有机融合将带来管理理念与方式的全方位变化，[①] 推动企业社会责任管理向企业社会责任治理迈进；与此同时，管理创新又是提高企业社会责任价值创造效率的有效路径，是将企业社会责任真正融入企业基因的有效方法（见

---

① 易开刚、厉飞芹：《基于企业社会责任理念的四大管理创新》，《光明日报（理论版）》2014 年 04 月 09 日。

图 8 - 2)。

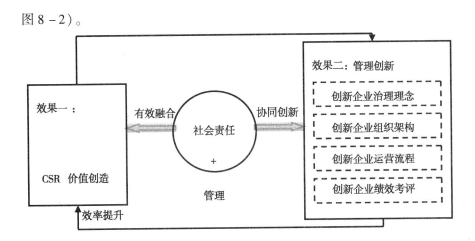

图 8 - 2　企业社会责任价值创造与企业管理关系示意

（一）治理理念创新[①]

从管理的计划职能看，社会责任创新了企业的治理理念。社会责任的引入促使企业治理理念由股东价值主导的单边治理转向利益相关方的共同治理，在管理目标上由传统的追求利润最大化转向实现综合价值的最大化。该变化充分体现了管理目标定位的全局性和管理参与范围的全覆盖。单边治理到多边治理的思想演进过程充分体现了企业管理的全面化和系统化。企业发展的利益主体和关注要素在不断丰富，相关联系也日益密切。社会责任的系统化思维要求现代企业实施多边治理模式，多视角、多层次地考虑企业发展的影响因素。所以，企业治理理念的创新必须从单一的"股东治理"模式转向多元的"利益主体参与治理"模式。正如英国著名的公司法学者布莱尔认为，公司的出资不仅来自股东，而且还来自公司的雇员、供应商、债权人和客户等，只不过后者提供的是一种人力投资罢了。[②]因此，多元主体参与公司治理模式的目的是为了追求利益相关者利益的最大化，结果可以创造企业价值。

ISO26000 社会责任指南首要提及的社会责任核心主题便是组织治

---

① （一）到（四）为国家社科基金面上项目《企业社会责任价值创造机理研究》（项目编号：13BGL058）的阶段成果：《基于企业社会责任理念的四大管理创新》一文中的部分内容。

② 布莱尔：《所有权与控制》，中国社会科学出版社 1999 年版。

理问题，如果从企业视角来看就是公司治理问题，即关注企业社会责任的决策过程和结构，以促进社会责任核心原则的培育和基本应用的践行。在企业社会责任价值创造运营和管理中，如果企业在公司治理方面可以随着企业承担社会责任强度的变化而相应变化公司治理结构，即在不破坏椎体结构的同时优化椎体各支点的结构力度，那么企业社会责任价值创造可以为企业带来更积极的正向效应。亦或是通过公司治理结构的优化与调整，可以在企业出现社会责任缺失行为第一时间找到问题根源，抑制由社会责任缺失所带来的一系列连锁反应。

总体上来说，在公司层面提出公司治理理念革新和治理结构不断完善是为了让企业组织可以更好地保障社会责任价值创造行为，要使治理理念革新与治理结构优化相互协调、共同推进，就要厘清公司治理机构的科学完善如何保障企业承担社会责任创造价值。首先，公司治理是一种多元化的系统思维，要处理好与利益相关者的关系。一般的企业都将公司治理的核心放在创造股东利益上，却没有意识到其他利益相关者对于企业和谐可持续发展的重要性。公司治理应该起到协调作用，使所有利益相关者的利益达到价值最大化，从而创造企业价值。其次，公司治理要从单边治理到多边治理的思想演进。社会责任的系统化思维要求现代企业实施多边治理模式，多视角、多层次地考虑企业发展的影响因素。公司多边治理模式是动态的，但一些核心要素是不会变的，如保护股东和其他利益相关者的利益，防止内部人控制；确保董事会对公司的战略性指导和对公司战略执行情况的有效监督；高标准的信息披露；完善的外部监督制约机制等等。① 最后，公司治理的关键是顶层设计。从社会责任管理到社会责任治理，就必须从公司治理层面下功夫，让企业社会责任的理念、精神和规则嵌入到公司治理中，让企业积极主动、全面系统、战略性地承担社会责任成为企业未来行为方式的理性选择。

（二）组织架构创新

从管理的组织职能看，社会责任创新了企业的组织架构。企业责任战略的执行实施需要有效的社会责任价值创造战略保障，企业社会责任战略的推进同样带动了企业组织架构的创新。企业社会责任与企业管理

---

① 李建明：《论公司多边治理》，南京师范大学，2009 年。

的融合创新，带来企业组织职能两方面的变化：一是在组织体系构建过程中需要设置独立的企业社会责任管理部门，承担社会责任推进工作。2008 年 1 月，国资委发布《中央企业履行社会责任指导意见》后，中央企业在社会责任组织体系方面率先做出了部门创新的表率，在领导机构、归口管理部门、专职部门等方面进行了有益的组织建设探索。独立的社会责任管理部门可以有效地推动管理创新，同时还能在责任缺失行为第一时间发现源头所在，解决责任落实不到位问题。总之，承担责任与管理创新的协同发展可以帮助企业创造价值。二是在人力资源管理过程中，社会责任应该渗透到管理的各个模块，包括实施责任招聘、责任培训、责任考核等。一方面，企业需要承担起对员工的各项责任，另一方面需要将社会责任落实到每一部门、每一岗位上，培养员工成为"责任型"员工，实现企业社会责任的全员管理，从而保障企业价值创造的实现。

　　管理的源头是理念，载体是组织，具体实施是部门，部门层面的重要作用是将公司层面的具体措施落实到位。具体来看，可以通过设立以下责任部门来完善组织构架。第一，企业可以通过控制第一大股东持股比例和合理限制前五大股东比例，优化股权结构，避免第一大股东为了自身利益最大化而不考虑企业长远发展的需要，选择不承担或少承担企业社会责任。同时合理设置董事会规模、保障独立董事人数，避免出现董事长和经理人两职兼任的情况，通过让利益相关者实际参与公司决策最终实现共同治理。第二，在领导机构层面，企业可以建立由企业高层任职的社会责任领导机构，例如社会责任委员会、社会责任领导小组等，这些机构是企业履行社会责任的组织保障和决策体系保障。第三，在归口管理部门层面，企业可以根据不同规模、性质、行业进行有差异化的治理结构设置。依据企业发布的社会责任报告显示，与企业社会责任相关的部门涉及办公厅、党群文化部、规划战略部、经营管理部、公共关系部、政研体改部、人力资源部等。第四，在专职部门层面，企业也可以相应设立以"社会责任"命名的专职部门，中国企业这一层面的公司治理结构设置已有成效。例如中国电子科技集团公司设立"质量安全与社会责任部"，国家电网公司设立"社会责任处"等。此外，为推动下属单位社会责任工作，部分企业还在下属单位建立了相应的社会责任归口管理部门，例如国家电网公司在下属单位设立社会责任工作领导小组，小组下设办公室，指导日常社会责任工作的开展。

（三）运营流程创新

从管理的协调职能看，社会责任创新了企业的运营流程。企业社会责任作为一项支持性活动，是企业价值链活动的一部分。因此，企业社会责任融入到企业运营的各项流程中，实现了管理流程体系的全融合。一方面，社会责任促使企业管理的边界由企业内部的人、财、物拓展到内外部利益相关方的全方位资源、信息、能力；另一方面，社会责任还促使企业管理机制从注重实现企业内部资源的优化配置发展到注重促进社会资源的更优配置。[①] 这两点同时体现了企业流程在社会责任情境下由内到外的变化，体现了企业管理的全过程、全方面化。从企业外部看，社会责任融入企业业务流程，围绕企业供应链，用社会责任的理念来有效管理自身运营对利益相关主体的影响，协同供应链上多元主体共同创造价值。例如，2009 年 8 月，中国移动通信集团确立了企业社会责任管理的体系、制度与流程，建立了企业社会责任管理与实践的长效机制，从"策略管理""执行管理""绩效管理""沟通管理"四个层面构建了系统化的"中国移动 CSR 管理流程"，实现了企业的成功发展。

（四）绩效考评创新

从管理的控制职能看，社会责任创新了企业的绩效考评。社会责任引发企业绩效管理方式的变革，将企业的绩效焦点从财务价值延伸到经济价值、环境价值、社会价值和文化价值，更为关注企业的软实力和可持续成长性。承担社会责任同样成为社会评价企业、企业评价员工的重要考核指标，成为企业赢得社会资本、品牌荣誉和上下游企业支持的重要软实力。为此，"企业社会责任绩效"概念应运而生，构建企业社会责任指标体系也成为各领域探索的重点。企业社会责任考核评价是将社会责任推进工作落到实处，推动全员转变工作理念和行为、提升责任绩效的关键。因此，考核评价体系的构建必须全面、系统、可衡量；同

---

① 李伟阳、肖红军：《"全面社会责任管理"是一场前所未有的变革》，《WTO 经济导刊》2010 年第 4 期。

时，不同企业要根据行业特性、企业实际，对接国际标准，设计符合实际的指标体系。例如，南方电网结合 GRI（全球永续性报告协会）、CASS（中国社会科学院）等社会责任报告编制指南，构建了符合公司工作需要的南方电网社会责任指标体系（CSGCSR1.0），该体系包括战略与治理、电力供应、经济绩效、绿色环保、社会和谐五大系列共 146 方面指标。

在员工考核层面，目标管理是提升企业管理效率、落实员工责任的重要方式。设立企业社会责任价值创造目标并层层分解为员工的个人目标，将有效提升员工对责任的重视度，也将大大提高企业创造社会责任价值的合力。因此，可以将目标管理方法纳入企业社会责任推进工作中，使责任践行过程可视化、目标可衡量化。企业可以定期按照目标管理设置要求，考核公司层、部门层、个人层的责任实践情况，并及时进行总结反馈、奖励与惩罚。

二　企业社会责任价值创造的制度落地

从广义角度看，企业社会责任制度是运用社会责任理念对企业现行的运营制度进行改造和修订，使企业社会责任制度融合到公司日常管理中。① 具体来看，包括社会责任沟通制度、信息统计制度、社会责任报告编写及发布制度等。社会责任的引入带来了企业日常运营、沟通方式、危机管理、公益管理等全方位的变化。从企业内部看，社会责任融入日常运营流程，围绕企业价值链，用社会责任的理念来审视研发、生产、市场营销、财务、人力资源管理、运营等管理全过程。因此，社会责任与管理的协同发展必须依靠企业社会责任制度建设。本研究认为，企业社会责任制度的落地要首先要进行企业社会责任制度建设，即将企业社会责任融入企业制度建设的方方面面；其次要落实企业社会责任制度，即在责任制度制定的基础上，强化社会责任的规制引导，以保证企业社会责任价值创造的实现。

（一）企业社会责任制度建设

从概念上来说，企业制度是企业产权制度、企业组织形式和经营管

---

① 彭华岗：《央企应做履行社会责任的表率》，《中国标准化》2011 年第 12 期。

理制度的总和。企业制度的核心是产权制度，企业组织形式和经营管理制度是以产权制度为基础的衍生概念，三者分别构成企业制度的不同层次。企业制度是一个动态的范畴，将随着商品经济的发展而不断创新和演进。企业社会责任价值创造战略保障体系的建立，寄希望于在企业制度建设过程中融入社会责任。但不同企业的制度建设千差万别，没有统一的标准，也不存在最好的企业制度，只有最适合企业自身发展的制度。所以，本研究认为将社会责任理念嵌入企业制度中并完美契合必须从以下三方面着手，其一，必须权责分明，权利与责任是协同并行的。其二，在建设企业制度时要考虑企业利益相关者的观点和意见，一个不被认可的企业制度是无法制约员工行为的。只有这样，才能帮助企业有效预防潜在的风险并推动企业稳健步入可持续发展模式，企业社会责任价值创造也就能得以实现。其三，企业制度建设要学会灵活变通，遵循弹性原则和权变的思维方式，"随具体情境而变"或"依具体情况而定"。

1. 权责分明

从宏观上来看，企业在制度建立中要充分考虑承担社会责任的边界与强度，这要求企业首先要做到"权责明确"，除了要明确界定所有者、经营者、劳动者及其他企业利益相关者各自的权利和责任外，还必须使权利和责任相对应或相平衡，即权利越大，责任也越重。只有明确权责关系后的制度才是可以保障企业管理运营的有序进行，从而才会实现社会责任价值创造过程。具体来说，一方面在企业所有者、经营者、劳动者及其他利益相关者之间应当建立起相互依赖而又相互制衡的制度，这是因为各利益主体既有共同利益的一面，也有不同乃至冲突的一面，相互制衡能明确彼此的权利、责任和义务，确保权利的有效使用、责任和义务的切实履行；另一方面，企业还应在企业责任制度中加入奖惩机制，依据权利的使用、责任的承担和所创造的价值大小来奖励或惩罚员工，这样可以逐步明确企业社会责任践行的意义和方向、把握社会责任价值创造的情况、调整企业制度以适应新的发展需要。同时，奖惩机制也可以避免企业员工的权利滥用和责任缺失行为。

2. 统筹兼顾

由于西方企业制度的建立是在法制的基础上，中国企业的员工是讲理、讲情的。所以，如果在企业制度建设中没有吸纳大部分利益相关者的建议和理念，在制度执行中管理人员就是个"空壳"，例如员工由于违反了自身不认同的企业制度而受到惩罚势必影响员工士气，甚至引发员工罢工、集体辞职等不利于企业发展的行为。从这个角度看，企业所制定的企业制度必须有包容性。需要从企业所有员工可以接受的角度通盘考虑，负责任地进行制度建设。制度建设的全面、理性以及包容也充分体现企业尊重利益相关者，即股东、员工等，有效的企业制度才能在企业发挥应有作用，约束、激励、监督股东和员工等企业内部利益相关者更好地承担责任，从而为社会责任价值创造路径的实现起到保障作用。

3. 灵活变通

在结合利益相关者提出的建议和主张的基础上，企业的制度建设还需要灵活变通，利用弹性原则去制定和实施才能进一步保障企业创造价值。合理地嵌入企业文化、充分考虑市场因素等均需要在企业草拟制度文本时加以考量。企业在不同发展阶段也要采用不同的企业制度，承担与企业发展水平相符的责任，才能创造价值。例如，企业在成长阶段强调销售的重要性，在建立企业制度时就应该偏重销售业绩的奖励措施，而其他方面则可以相应降低；企业在高速发展阶段时，就需要统筹安排，注重整体企业制度建立的平衡。如果不能根据企业发展的阶段、规模来合理制定与企业发展同步的制度，那么在企业管理运营中也无法顺利开展和实施，即企业无法通过责任承担创造价值。

（二）企业社会责任制度落实

推动企业社会责任制度的落实，需要强化社会责任规制的引导，即制定企业社会责任计划。管理的三个阶段是经验管理、制度管理和文化管理。目前中国企业普遍处于制度管理阶段，制度是提升管理效率的最有效手段。因此，要推行企业社会责任管理，就必须在全公司做一次制度大检查、大修正和大补充。一是看看公司的各项制度是否与现代企业社会责任观相匹配和一致；二是对不匹配的各项制度进行修正，对尚不存在但对如何承担社会责任影响很大的制度要及时进行补充。在完善企业社会责任制度过程中，建议开发并使用企业社会责任管理软件，企业社会责任软件将是推动企业社会责任应用广泛化、管理规范化、降低治理成本的重要工具和平台。

总体上看，管理创新是将社会责任承担推动到企业价值创造的具体实施，而企业社会责任制度的落实则是将企业社会责任融入企业制度制定的全过程中。两者共同作用，保证企业社会责任管理运营的顺利开展有依可循。

第三节　企业社会责任价值创造的法律保障和文化支撑

本章前两节提出的企业社会责任价值创造保障实质上就是把社会责任理念融入企业日常经营管理的过程当中并以制定责任战略保障，即以社会责任要求转变企业经营理念与管理模式，同时以合理的管理结构及制度保障企业社会责任价值创造的实现，从而实现企业的经济、社会、环境、文化综合价值创造的一个过程。同时，本研究认为企业社会责任价值创造不仅需要依靠企业理念战略及管理制度，还必须依赖法律约束与文化支撑，并且通过两者的共同作用，加速企业社会责任价值观的建立，促进企业形成普遍、广泛的企业社会责任意识，切实发挥企业社会责任的价值导向作用，从而达到保障企业社会责任创造企业价值的目的。

一　企业社会责任价值创造的法律保障

（一）健全法制，明确责任①

政府部门对在执法和操作过程中发现的不符合国际惯例、规定不明确的现行法规，应当及时向对应的立法部门反馈，予以完善。同时，应基于动态变化与和谐发展的理念，定期对已有的制定时间较早的相关政策和法规进行整理、修订和完善，特别是对涉及企业社会责任的相关条款应做到具体明确。政府有关部门还可以制定专门的有关企业社会责任方面的法律法规，不同发展阶段的企业应承担不同的社会责任，需将其

---

① （一）中的内容根据国家社科基金面上项目《企业社会责任价值创造机理研究》（项目编号：13BGL058）的阶段成果：《企业社会责任教程》一书中的部分内容改进。

明确地写入其中，从而做到社会责任条款详细、要求具体、落到实处，使社会责任融入到企业日常管理和经营活动中。此外，还要加大对违反法律法规的企业的处罚力度，提高违法成本，从而引导企业转变经营理念。通过提高地方政府各部门和企业主对履行企业社会责任的法制意识，以限制性措施来规范企业行为，保证企业严格依照法制的轨道运行，使企业家充分认识到承担社会责任不仅仅是社会各界对企业的期望，更是政府部门对企业必须承担社会责任的强制性要求，进而促进企业更好地承担社会责任，以法制化的道路确保企业价值创造的有效性。

健全法制对于承担社会责任的企业来说，能够保障由此取得的多元价值不会因为法律缺陷而被他人侵犯。比如，由于经济制度设计中不可避免的对国有企业存在倾斜，现有金融体制是以银行信贷为主导的，具有严格管控下的高度集中性，其服务对象更多地倾向于国有大中型企业。对于民营企业来说，在市场准入、获取信贷、经营范围等方面都受到极大的限制，正规的制度性融资渠道受阻后，民营企业迫于"生存"压力不得不采取非正规手段的制度性融资或者非制度性融资。在这种情况下，企业即使通过承担社会责任创造了价值，也会由于之后所采取的非制度性融资而受到损害。

（二）强化管理，严格执法

立法是基础，执法是关键。在加强社会责任法律法规体系建设的同时，还要注重提高执法管理水平，以遏制执法不严、违法不究现象的发生，构建企业与政府之间的良性互动机制。社会责任现在还尚未内化为民营企业的自主行为，在缺乏政府监管的情况下，企业极可能会消极应对甚至违背社会责任的有关规定。企业的社会责任既包括道德方面的"软"责任，也包括法律方面的"硬"责任。大多数企业社会责任意识淡薄，所以在短期内只能更多地依靠政府严格执行相关的法律法规来强制企业承担必尽的社会责任。在这个过程中，政府部门通过长期的规范、引导和鼓励，帮助企业树立正确的发展观，使企业积极主动地履行社会责任，从而将企业社会责任逐步根植于股东、员工、企业经营者等内部成员的观念之中，为企业承担道德方面的社会责任奠定基础，最终促使企业在利诱纷杂的竞争环境与时代背景下，通过承担社会责任，科学合理地创造企业价值。

确保企业社会责任价值创造得到保障，并与未承担社会责任的企业相区别，严格执法是一个有效且有力的手段。比如，在食品行业，法律扛起食品安全重任，严格执行有关食品行业生产、服务安全的法律是当务之急，而且还必须以最精细、最完整、最严苛的形态出现，真正做到加大违规的食品企业违规的法律成本，让践行了社会责任的食品经营者创造出实实在在的价值。严格执法须使这两者有明显区别，尤其是对前者要惩罚到位。对于违规经营者，一经查实，给予严厉处罚，甚至对其采取关门停业、对经营者采取刑事处罚等，唯有如此，才能够实现食品卫生法惩治和威慑价值，从而使承担社会责任的企业所创造的价值在同行企业中得到凸显。

（三）加强监督，促进守法

在企业社会责任价值创造实现过程中，政府制定的相关政策、制度与法规要确保正确地实施就必须依靠政府和社会的双重监督，否则再完善的政策、制度与法规也难以发挥应有的作用。在监督缺失和信息缺乏的情况下，企业利益相关者就不能快速、正确地判断企业承担社会责任的实际情况并做出相应的有效反应。这种情况下，企业承担社会责任不仅对销售业绩、企业声誉和社会形象无法起到积极的作用，反而会因为承担社会责任而导致企业的成本增加、利润下降，甚至使其处于不利的竞争境地，这就必然会形成恶性循环，促使更多的企业逃避承担社会责任。总之，缺乏有效的监督和信息传递，企业承担社会责任就难以在实践中得以实现和推广。因此，政府应该制定完善的监督机制，以监督机制管控企业社会责任行为，并且通过监督机制及时全面地收集企业在社会责任方面的实践信息，及时对所掌握的企业社会责任信息进行处理分析，发挥监督机制强有力的保障作用，确保企业社会责任价值创造过程的顺利开展。

加强法律执行落实情况的监督检查，可以揭示和纠正重大法律贯彻落实中出现的执行不到位、执行走样、虚假应付等问题，确保政令畅通，促进各项政策措施落实到位，一方面保证履行社会责任的企业所创造的价值不会因为执法不到位而与未尽责的企业处在同一价值水平上，另一方面也有利于披露、纠正市场经济紊乱的现象。通过监督机制，逐渐引导企业更加注重在运营过程中主动承担企业社会责任，以此创造多元价值，在市场竞争崭露头角。

总体来说，我国政府在企业社会责任监督体系建设中发挥的重要作用主要体现在以下两个方面，一是政府通过明确企业社会责任监管部门并建立健全企业社会责任信息披露制度，起到约束作用；二是政府积极创造条件，发挥新闻媒体、行业协会、公众等其他社会力量对企业承担社会责任的监督作用。但就目前而言，在我国，新闻媒体、行业协会等都具有浓厚的行政色彩，在政府主导或引导下对企业社会责任进行监督，很难独立发挥有效的监督作用，且非营利组织的力量仍较为薄弱，这也就意味着政府更加应该行使其监督职能，遏制企业社会责任缺失的行为，对触及这一底线的企业给予严厉打击，要求企业做到主动、自觉履行社会责任，当然，对于有良好社会责任意识的企业，政府也应该通过多元化的手段，帮助企业提高公司声誉，促进企业价值的提升。

二 企业社会责任价值创造的政策激励

除法律的约束和监督机制保障外，政府作为与企业行为直接相关的关键一环，其对企业社会责任价值创造的保障作用主要体现在激励方面，即以政府的各类优惠政策等激励方式对承担社会责任的企业所创造的多元价值加以保障。政府经济学指出，政府与企业是现代社会主要的两大活跃因素，处于不断变化之中，两者之间的关系日益复杂，对经济、社会、环境、文化等都产生了重大影响。政府和企业以多种方式相互作用、相互影响，在政企关系问题上，政府作用于企业的手段、方式和力度与将直接决定政企关系的合理性与有效性，而政府以激励的方式对尽社会之责的企业提供保障会形成一个良性循环，激发更多企业以承担社会责任取得多元价值。

（一）提供税费减免、信贷支持类优惠政策

政府可以建立一个与企业履行社会责任相挂钩的中小企业融资系统，对于在履行社会责任中表现优异的企业，政府将给予减税或信贷等方面的支持和奖励，在解决中小企业融资难题的同时，促使企业社会责任感强的企业在市场竞争中得到更好的发展，并以此为风向标引导更多的企业、更好地履行相关的社会责任。同时，企业在政府引导下对于社会责任的投入，除了直接为利益相关者创造价值，还能为企业赢得良好的社会形象，为企业自身经济价值的创造奠定良好的基础。在政府引导——企业获益——社会共赢的模式下，企业和政府之间将形成主动承担社会责任创造经济、社会、环境与文化综合价值的良性循环机制。

减免税费及信贷支持等优惠政策，可以为企业增加财务冗余，而在动态的环境中，持有一定的冗余资源，能够给予企业更大的战略弹性，有利于企业选择最适合自身的战略，从而有助于企业业绩的提高，[①] 帮助企业价值的创造。金融类政策的扶持使承担社会责任的企业调度资源更加自由，为新产品开发、开拓新市场提供必要条件，对企业社会责任价值创造提供了保障作用。

（二）提供采购优先、责任投资类优惠政策

对社会责任行为表现良好的企业，政府可以在进行政府采购时优先考虑购买这些企业的产品，以鼓励其更积极主动的承担社会责任。例如对那些改善员工工作条件、生产或使用节能设备、减少"三废"排放的企业，在政府采购中享受价格优惠等。对优秀的企业，政府还可以进行责任投资，逐步形成责任生产、责任消费的市场环境，引导更多的企业自觉承担并履行社会责任。以政府激励机制加强政府与企业间的联系，推动企业更好地履行社会责任，服务于社会，为社会创造价值，最终形成政府、企业、社会多主体利益博弈均衡的喜人结果。

对于产业来说，政府的优先采购能够阻止不利集中化、促进有利集中化，发展高新技术产业；对于企业来说，能够通过降低风险、分摊成本，从而促进企业技术创新。[②] 政府的责任投资则能够较直接地促进企业技术创新，而技术创新对于企业价值的贡献一方面体现在经济价值的增加，比如带来了生产成本的降低、产品的质量提升，由此企业的营收增加、利润也有所上涨；同时也可体现在其他方面，例如创造环境价值，技术更新后的废气废物排放量相比之前有大幅下降，为当地的青山绿水做出贡献。政府以优先采购、投资等优惠政策对承担社会责任的企业进行价值创造提供保障。

---

① 戴明德、毛新述、邓蟠：《上市公司战略选择弹性与业绩关系的实证研究》，《南开管理评论》2006 年第 9 期。

② 唐东会：《政府采购促进自主创新的机理探析》，《地方财政研究》2008 年第 5 期。

（三）以科学管理搭建公共服务平台与机构

政府层面除对企业进行财政激励之外，还需以服务者的身份为推进企业社会责任承担进而保障企业价值创造建立公共服务平台，结合电子政务对社会责任承担的优秀企业及价值创造信息进行公开化，以此坚定企业社会责任价值创造的机理，为其他企业带来示范及激励效应。

设立企业社会责任推进机构。在这一点，国外有可供借鉴的经验：希腊政府建立助推企业承担社会责任的社会责任委员会即经济与社会理事会；瑞典政府在外交部、国际发展合作署、经济与区域发展局与消费者管理局等机构均设立企业社会责任推进机构；英国政府在商业、企业与制度改革部下设竞争力部长，促进企业积极承担社会责任；德国的经济合作与发展部是负责开展企业社会责任的主要官方机构，且政府提供推动社会责任活动的大部分经费。政府从宏观的科学管理角度出发，设立专门的企业社会责任推进机构并将其制度化，以此鼓励、监督并奖励各企业对于社会责任的承担，为其进行价值创造打开空间。

建立企业社会责任信息共享服务平台。在设立企业社会责任推进机构之外，政府利用互联网平台建立企业社会责任信息共享服务平台，并在该平台上，政府规范企业社会责任承担的评价体系，建立统一的企业综合价值评价的指标体系。政府不以单一的经济指标评价企业价值是企业主动承担社会责任、平衡自身各方发展、努力创造多元价值的开端。企业间共享彼此的社会责任承担计划与价值创造过程，营造共同承担社会责任的商业氛围。

（四）设立企业社会责任价值创造奖励基金

为鼓励企业自觉承担社会责任，避免出现劣币驱逐良币的现象，政府应推出一系列优惠措施对积极履行社会责任的企业提供各种财务利益与非财务利益的优惠，鼓励公司自觉、自愿、全面践行社会责任。国家应对那些因积极承担社会责任而给其他企业做出表率或因承担社会责任而对社会良性发展产生重要影响的企业给予物质激励，即社会责任价值创造奖励基金。对企业承担社会责任给予物质上的奖励，有利于强化企业对承担社会责任而产生的荣誉感和认同感。为配合社会责任价值创造奖金，设立专门的管理机构，建立一套从经济、社会、环境和文化四方面全方位评价企业社会责任价值创造绩效的指标体系，按季度或年度综合评定企业价值创造的情况，并在此基础上实施挂牌升降制度。指标体系、权数分配、评定程序和结果全部向社会公布，切实做到公平、公正、透明，以指标评定结果为依据，对名列前茅的企业做出社会责任价值创造奖金的物质激励。①

在当前的市场环境下，创新已经成为企业差异化战略的一个重要手段，政府的奖励基金可以使企业加速创新进度，在产品的品种、性能、质量方面制造差异化，使企业以差异化的产品领先于竞争对手，进一步推动企业成长，为那些积极践行社会责任的企业在激烈的市场竞争中取得多元价值创造提供保障。

三　企业社会责任价值创造的文化支撑

企业文化是企业的内涵，不但能够直接影响员工的行为、职业道德等，还会对企业的重大决策和长远发展产生不可低估的影响。企业社会责任价值创造文化保障的内涵实质上就是以社会责任要求转变企业文化建设，即把社会责任文化融入企业日常经营管理的过程当中，形成社会责任为核心的企业价值观。同时，还必须将内部文化向社会大环境推进，促进社会各阶层形成普遍、广泛的企业社会责任意识，加速社会责任价值观的建立，切实发挥企业社会责任的价值导向作用。本研究认为企业社会责任价值创造不仅需要企业内部责任文化建设，还必须依赖企业外部责任文化氛围保障，通过两者的共同作用，从而达到真正实现企业社会责任承担的经济、社会、环境、文化综合价值创造的一个过程。

（一）企业社会责任文化塑造

企业文化作为树立企业价值观和形成企业凝聚力的内核，可以帮助员工完善价值观，对于企业内部稳定开展工作、培养积极向上的文化氛围、增强企业内部凝聚力有着极为重要的作用。由于每个企业的性质、特点、背景都不尽相同，因此每个企业应该务实地制定适合自己企业发展的企业文化，并且将其落实到企业经营管理活动的点点滴滴，引领并作用于企业战略的实施过程。如今企业愈加强调社会责任建设，企业可以将社会责任文化纳入到企业文化建设，作为一个重要组成部分，一个

---

① 刘藏岩：《民营企业社会责任推进机制研究》，《经济经纬》2008 年第 5 期。

企业如果不承担社会责任，必将会被市场淘汰，一个不负责任的企业也一定不会受到利益相关者的青睐。因此，企业社会责任文化建设是每一个企业必须根植于企业价值观念中的一种文化，企业可以根据的实际情况建设具有不同侧重点的社会责任文化体系，然而如何通过与企业现有文化、其他文化的互动融合为企业创造更大的价值是企业展望未来所需要思考的问题。

本研究将企业责任文化塑造分为表层企业责任文化、中间层企业责任文化、核心层企业责任文化三个部分。表层企业责任文化是可感知的、具有物质实体的文化，它由物化的知识力量构成并以物质形态为主表现出来，例如标示牌、企业 logo 等；中间层企业责任文化是以人的行为为形态的责任文化，这种企业文化在公司治理规范以及员工行为中体现。例如企业规章制度、员工上下级关系等等；核心层企业责任文化则是精神层面的责任文化，这也是责任文化的核心和灵魂，是企业在长期实践中所形成的企业成员关于责任理念的群体心理定势和价值取向，反映企业全体成员的共同追求和共同认识（如图 8 - 3）。

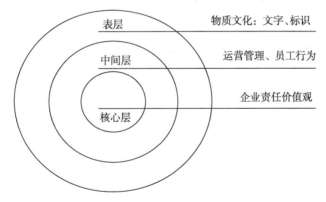

图 8 - 3　企业责任文化层次示意

1. 表层企业责任文化塑造

表层企业责任文化是企业责任文化的物质层，表现为人的物化生活及其产品总和，它以物质形态为载体，以看得见、摸得着、体会得到的物质形态来反映出企业的精神面貌。企业的建筑、工作环境、生活设施、员工着装等都能够折射出社会责任的物质文化，它是企业核心价值观的外在体现，是有效控制社会责任风险、实现企业发展目标的物质基础。

塑造表层企业责任文化将企业责任文化注入到企业建设的物化方面，如在办公室的激励标语、符合企业价值观的企业之歌等，使企业责任文化能够被可视可感知。

2. 中间层企业责任文化塑造

中间层企业责任文化首先表现在其公司管理运营中，具体通过责权分工的规定、规范构成的建立以及对企业组织和员工的行为的约束体现。中间层企业责任文化是企业责任文化贯彻实施的基础，是落实和强化内部责任文化的根本保证，它将责任的落实提升到企业文化管理的高度；中间层企业责任文化还表现在员工的各种行为之中，上下级之间以及成员之间的关系是否融洽，各个部门能否精诚合作，对客户服务是否周到热情，工作目标是否得到群众认可。它是员工人际关系、精神面貌和价值观的行为体现。

中间层企业责任文化塑造要求企业在生产经营活动中，将企业社会责任植入各种规章制度、道德规范和成员行为准则中，同时鼓励员工参与企业社会责任的承担活动，将企业社会责任真正融入于公司发展中，从而促进企业内部各个组成要素间平衡互动并形成良好的企业社会责任精神面貌和行为表现，最终引导企业和员工在行为上的社会责任的践行。

3. 核心层企业责任文化塑造

张瑞敏曾在《海尔是海》中说："海尔应像大海，为社会、为人类做出应有的贡献。"这种价值观即为海尔公司核心层企业责任文化。核心层企业责任文化有助于企业在精神层面进行责任培育，即将责任文化从物质文化、行为变现、制度控制上升到责任精神。2009年在柳传志重新担任联想集团董事长之后，首先进行的就是企业文化建设。他认为过去4年整合过程中，从高管到员工普遍存在责任心不强的问题，高管更是事业心不够，打工文化浓重。所以他针对联想的文化提出了新的要求，并成立专门的项目组，由他亲自领导，共同来讨论、确定新的联想核心责任文化。① 由此可见，核心层是企业责任文化中最重要的一部分，它是凝聚力量的纽带，直接激励和影响着企业以及员工主动履行职

---

① 李国刚、许明华：《联想并购以后》，北京大学出版社2010年版，第165—166页。

责，主导内部规定和控制模式的形成，在很大程度上刺激着企业和员工对社会责任的主动践行。

核心层企业责任文化的塑造即将诚信文化、廉洁文化、风险文化、创新文化、责任文化、奉献文化和人本文化等人人认同的正向文化内化为企业核心价值观，以此形成企业向心力，激发企业管理层和员工的凝聚力与创造力，同时提高组织的柔性和活性，带动企业以及员工对社会责任的承担力度，提高社会对企业的认可度和支持度。

（二）企业社会责任文化传播

本研究认为，以消费者、合作伙伴、竞争者为主，其他利益相关者为辅，通过企业社会责任文化的传播，引领及带动社会更好地践行社会责任，进而形成一张可以推动企业社会责任价值创造的外部监督与约束的关系网络，协同企业内部推进机制，以保障企业社会责任承担创造企业价值。

1. 以企业责任文化培育市场消费者

在企业与市场之间，消费者起到了桥梁作用，联系起企业与市场的关系。企业文化通过文化传播，致力于使消费者形成"责任消费"意识，进而引导其"责任消费"。同时，消费者作为企业利益相关者之一，在企业社会责任价值创造外部监督与约束机制中起到重要作用，因此企业还通过责任文化的传播鼓励消费者进行"责任监督"，即在企业承担消费者社会责任的同时，也应通过企业文化"引导消费者形成责任消费意识——推动消费者选择责任消费——鼓励消费者进行责任监督"。这一过程可以协助企业更好践行社会责任，实现价值创造的目标。

引导消费者形成责任消费意识。拥有责任意识的消费者清楚地知道自己手中的权力，才能将自己置于与企业对等的位置，在危害事件发生之前做到防患于未然，负责、平等地向企业传递自身的消费需求，帮助企业明确履行社会责任的方向并自主抵制企业社会责任缺失的行为，引导企业通过正确承担社会责任创造价值。例如，强生公司通过对泰诺毒性报道快速、全面地反应及顺应了消费者对事件知情和责任承担的需求，使得强生事件从一次危机事件成功成为管理学教科书中企业社会责任公关的典范。因此，企业通过责任文化的推广，引导消费者真正形成责任消费意识并主动、切实使用自身所拥有的权利，不仅能够及时维护自身的权益，还能引导企业走上社会责任价值创造的可持续发展之路，长期为社会大众提供品质有保障的服务和产品，创造更多的企业价值。

推动消费者选择"责任消费"。消费者如果只是狭隘地考虑眼前短期的、表面的、个人的利益，选择了有社会责任缺失行为的企业所生产的产品，整个市场上企业诚信运营的生态系统就会遭到破坏，履行社会责任的企业会认为自己承担了社会责任却没有得到相应的消费者支持、青睐和认可，反而成本的增加使得自身在竞争中处于劣势，因而也会尝试不履行社会责任以降低企业运营成本、生产成本，从而吸引消费者。企业要通过责任文化的推广，引导顾客有效利用自己手中拥有的权利，优先选择企业社会责任践行良好的企业所生产的产品。当消费者开始关注、考虑这一问题，企业责任文化成为购买决策的重要影响因素，责任消费行为将开始在社会上普及，企业社会责任缺失现象也会因而逐渐减少。为了获得消费者的信任，企业也会主动、自觉承担社会责任，这种责任消费的行为将引起各企业间的良性竞争，也会让消费者获得放心、安全的产品。企业责任文化的传播要建立在推动消费者进行责任消费上，通过将责任文化内化为消费者的合理理性选择的动力，推动消费者正确选择消费行为，形成良好的市场秩序。

鼓励消费者进行"责任监督"。企业与消费者的供求关系决定了消费者的态度会对企业是否承担社会责任的决策产生显著影响。而目前在我国，消费者对企业社会责任履行情况的监督力度尚处于较为薄弱的阶段，并没有给予企业足够的社会压力来引导企业做出正确的社会责任行为。在这种情况下，企业应通过责任文化的传播，鼓励消费者承担责任监督职责，推动消费者对企业各方面的社会责任行为进行全面的责任监督，企业就不得不在社会责任方面做出一些努力，承担更多的社会责任。

企业保证产品质量、维护公众健康与安全是企业要承担的最基本的社会责任，也是对企业社会责任创造价值最简单有效的方法，但是消费者对企业的责任监督却不应该止步于此。对消费者来说，对企业承担社会责任应该有更高的要求。企业责任文化对消费监督的引导应在于，在企业保证产品质量的基础上，消费者同样应利用社会公众的舆论影响和社会媒体的传播作用阻止企业出现其他社会责任缺失的行为，对不履行社会责任的企业以及如"血汗工厂""恶意欠薪"等不法行为给予舆论压力。因此，企业传播其责任文化，鼓励消费者群体在"责任消费"中起到支柱作用，促使企业责任承担价值创造的实现，在这个过程中除了对企业销售的产品进行监督检查，还需对企业所承担的其他社会责任如保护生态环境、维护利益相关者权益等加以关注和重视。

综上所述，企业推广责任文化，首先应该培养消费者对自己、对他人和对社会的责任意识，让消费者学会并善于利用自己的权利，为广大人民群众和劳动者争取合法的权益。其次，应引导消费者在选择企业产品过程中应更加理性、全面地做出决策，将企业社会责任履行情况作为购买决策的重要影响因素之一。最后，鼓励消费者积极发挥监督的职能，通过电视、报纸、广告、互联网等媒体的传播扩散功能，约束和正确引导企业行为，推动企业践行社会责任的积极性。在这个过程中，无形提升了消费者对主动承担社会责任企业的认可度，使企业获得消费者信任，促进企业价值实现。

2. 以企业责任文化带动合作伙伴

企业与合作伙伴的关系强度将直接影响企业产品生产的进度、经济周转的速度、企业发展的境况。本研究将企业合作伙伴分类为供应商、生产商、销售商三大类，并认为企业在履行对合作伙伴的社会责任的同时，应通过责任文化的传播，影响和鼓励合作伙伴首先应该做到诚实守信，对企业负责；其次鼓励合作伙伴共担社会责任，共同合作，创造企业价值；最后需要合作伙伴起到约束监督企业的作用，为企业价值创造的实现提供良好的支持和保障（如图8-4）。

带动合作伙伴诚实守信。诚实守信原则对于企业而言就是指信息真实、信赖保护，即一个企业在商事活动中做的约定必须真实有效，一旦承诺了就不能随意更改，如果企业违背了相关约定，企业就必须承担相关的违约责任，赔偿相关企业的损失。诚实信用是企业的发展之梯，合作伙伴诚实守信是对企业践行社会责任最好、最直接的支持。同时，通过责任文化推动合作伙伴诚实守信也促进了企业合作伙伴之间的关系升温。所以，本研究倡导企业应通过责任文化的传播，强调企业合作伙伴的诚信原则，消除企业与企业间的信息不对称问题，促进双方诚信合作。

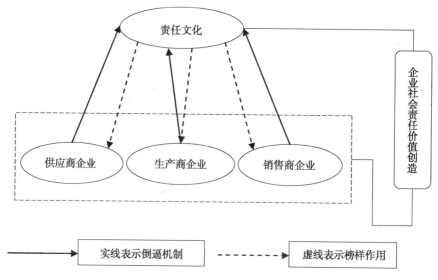

图 8 - 4　责任文化传播对于企业合作伙伴影响机理

通过责任文化带动合作伙伴诚实守信的进行经营管理活动，要求责任文化在向合作伙伴的传播辐射过程中，必须立足于诚实守信是企业发展之本，在自身诚信经营的同时，以企业责任文化积极影响合作伙伴通过模仿效应积极履行其他社会责任，以此带动合作伙伴恪守诚信准则，实现共同提升。

激励合作伙伴共担责任。企业社会责任的承担不仅仅要建立在自身行为上，更要通过企业责任文化对合作伙伴进行正向影响，以带动其社会责任的承担。比之"锦上添花"，能够在关键时刻"携手共进"的企业才是最有诚意的合作伙伴，也是值得长期合作的企业。因此，企业应通过责任文化激励合作伙伴共担责任，从而构建更加稳固的合作关系与市场地位，同时也可以与合作伙伴协同，更好地践行社会责任，实现双方共同发展。

作为企业市场经济的一部分，企业应在履行社会责任的同时，通过营造的企业责任文化激励合作伙伴共担责任。例如根据企业对合作伙伴掌握的信息和情况，对于社会责任践行情况良好的企业选择多沟通、多合作，支持其研发绿色产品、开展环保项目等。企业通过责任文化的传播，不仅能够正向激励合作伙伴，也能够赢取其信任，为两者稳定合作奠定精神基础，同时还能够实现双方关系良好发展。

倡导合作伙伴约束监督。责任文化不仅要带动企业合作伙伴合作过程中做到诚实守信、共担责任，还应该主动倡导合作伙伴的约束监督，鼓励合作伙伴利用业内人的优势，监督上下游企业践行社会责任的情况。合作伙伴作为行业内成员，比之消费者等公众对行业的具体情况更为了解，对企业可能发生的社会责任缺失现象也更为清楚。因此，企业责任文化的传播在强调合作伙伴配合企业履行自身责任与义务外，还应该提醒合作伙伴注重社会整体发现，在合作过程中关注上下游是否存在社会责任缺失行为，履行社会公民的监督职责。

企业应通过责任文化的传播，鼓励合作伙伴对企业社会责任的承担进行监督保障，对于社会责任履行情况不佳的企业要通过模范作用、共担风险等方式监督并指引企业正确认识承担社会责任的重要性与意义，对于社会责任缺失现象严重的企业则要毫不犹豫地检举揭发，从而规范行业经营体系，实现社会企业共同发展。

综上所述，企业责任文化必须协同企业自身与合作伙伴的力量，充分发挥文化影响力，带动合作伙伴诚信经营、共担风险，并鼓励合作伙伴对行业进行监督规范，在这个过程中不仅能够加强与合作伙伴的关系，还能提升文化影响能力，从而创造企业综合价值。

3. 以企业责任文化影响企业竞争者

当下，企业的竞争环境和竞争规则发生了深刻的变化，已经由单纯的市场竞争转变为内涵更丰富的责任竞争阶段。企业竞争力的培育将不再局限于物质资源、企业规模、产品质量和性能等硬实力，而是更多地依赖于企业宗旨、价值观、创新机制、市场信用、社会责任意识和由此凝聚而成的企业文化等企业的软实力。基于这个角度，企业通过责任文化的传播，"迫使"竞争企业了解、模仿、践行企业社会责任，主动学习并树立企业社会责任观，有利于企业通过良性竞争强化社会对企业社会责任观的理解与认知，促进市场良性循环发展。

企业通过责任文化的传播，使得竞争者通过媒体报道、消费者口耳相传等途径了解企业社会责任，使得竞争者企业对此效仿学习，对社会责任的关注将促使企业的竞争从传统恶性的价格竞争转向对产品、设计、流程、管理和制度等环节进行的创新责任竞争。促进企业盈利方式和成长方式的转变，提高生产效率，减少能源消耗，改变生产方式，实现从粗放型生产企业积极向集约型的转变，进一步拓宽销售市场，改善经营环境，减少资源占用和浪费，节省生产成本，发展循环经济，提高环境保护的能力，获得更大的利润。这种模式一方面能帮助企业更顺利地完成转型升级，另一方面也帮助企业更有效地达成社会责任价值创造的目标。总之，企业社会责任文化的传播，可以很好地向竞争者展示良好的企业社会责任形象，并对此效仿学习，使得市场竞争向良性的方向发展，从而为竞争营造公平、公正的行业环境，使企业在竞争中实现双赢。

本章小结

本研究认为基于企业社会责任价值创造"4R + 2C + 4V"模型的验证以及社会责任价值创造在企业管理中的应用，若要真正实现企业社会责任价值创造机理，企业必须通过构建相关保障机制，并结合管理应用，分三步完成企业这一目标。

第一步，企业应该进行企业社会责任理念变革，并将社会责任意识融入企业战略制定中。这一步是站在企业宏观层面希望企业注重企业战略的顶层设计，这是企业社会责任发展的原动力和风向标，也是企业价值创造和可持续发展的重要基础保障。在企业社会责任理念变革中做到四种转换："经济组织"向"复合型组织"转换；"成本增加"向"绩效改善"转换；"物本管理"向"人本管理"转换；"对立思维"向"统一思维"转换。在企业战略制定中，企业首先应该将社会责任概念以及这种意识植根于企业战略制定之中，引导企业未来发展，其次应该推崇"战略型社会责任"发展目标，走承担社会责任创造企业价值的发展之路。

第二步，企业应该尝试企业社会责任价值创造管理创新，并制定企业制度加以落实。这一步是将务虚的战略真正落地，这是企业社会责任价值创造由虚转实的关键一步。在企业社会责任价值创造管理创新过程中从四种创新方面出发：治理理念创新、组织架构创新、运营流程创新以及绩效考评创新。在制度落地方面，企业应该将主动、积极履行社会责任这一态度落实到企业"制度建设——制度落地"这一过程中。

　　第三步，企业应该强调法律保障和文化支撑。这是企业社会责任价值创造保障机制的最后一步，也是真正将社会责任最终内化于企业运营发展的重要一步，同时也是依靠企业外部的监督以及企业内部文化对社会产生辐射影响不可忽视的环节。在法律保障中从"立法——执法——守法"这一逻辑层面展开。在文化保障中以"对内企业文化的塑造——对外企业文化的传播"这一思路推广。

　　最终，企业通过"理念变革与战略制定——管理创新与制度落地——法律保障与文化支撑"这三步来实现构建企业社会责任价值创造的保障机制，从而对企业社会责任价值创造管理应用作进一步的实践支撑，并为第九章构建企业社会责任价值创造的评价体系奠定充足的条件和依据。

第九章　企业社会责任价值创造的评价体系

倡导企业承担社会责任，为企业自身与社会整体创造价值已经成为一种潮流。如何促使企业战略性地承担社会责任，如何细化承担社会责任与价值创造间的内在关系，如何评估企业承担社会责任创造的综合价值，进一步推动企业树立正确的社会责任价值观念，推动企业全面社会责任管理，是学界与业界近年来不断探讨的热点与焦点。然而，由于企业价值各项构成指标边界模糊、不易量化，至今尚未形成公认的企业社会责任价值创造评价体系，为此，迫切需要从现有的经验主义向科学评价转变。本章从经济价值、社会价值、环境价值、文化价值四方面来构建企业社会责任价值创造评价体系，为企业的社会责任管理实践提供参考依据，使企业在承担社会责任的同时可直观认知其创造的综合价值。

第一节　企业社会责任价值创造评价体系构建

目前，企业社会责任价值创造评价体系构建处于起步阶段，理论界尚未形成统一的评价体系。本研究首先对国内外学者提出的具有代表性的企业社会责任评价体系进行梳理与回顾，并明确企业社会责任价值创造评价体系的依据、目的与原则，进而从经济价值、社会价值、环境价值、文化价值四方面提出评估企业社会责任综合价值评价体系。

一　企业社会责任评价方法的理论回顾

随着时间的推移，综合评价方法的重要性逐渐凸显，灰色评价法、熵权系数法、主成分分析法、粗糙集模糊评价方法等都取得了比较丰富的研究成果，在国内外企业社会责任领域研究学者的努力下，企业社会责任评价的指标体系与评估方法都在不断完善，呈现出定量与定性结合的整体趋势。

（一）国外企业社会责任评价方法的研究

蔡（Tsai，2010）采用层次分析法（AHP）和网络分析法（ANP）共同评价企业社会责任。[①] 阿帕迪（Apaydin）和埃尔詹（Ercan，2010）运用结构方程模型（DEA）分析土耳其学校管理者对社会应承担的责任，包括人权问题、环境问题和商业道德等。[②] 刘（Liu，2010）应用 AHP 对零售业的企业社会责任流程进行评估，并赋予每个指标权重。[③] 尼科拉奥（Nikolaou，2011）将集成模型引入逆向物流系统企业社会责任的研究中，以三重底线理论为基础制定了一个测量逆向物流社会责任性能的指标框架，并用两个案例验证了该方法的有效性。[④] Cruz （2011）通过多层次的全球供应链网络（包括利润最大化、排放最小化、风险最小化）提出了一种全球供应链社会责任的网络评价方法，建立多标准行为决策模型研究全球化供应链关系。[⑤] 诺斯（Noushi）和科琳（Corinne，2012）在构建基于环境的企业社会责任时，引入 ECSR 测量工具，通过收集数据、编码方案以及收敛判别等措施形成了一套自动运作测评体系。[⑥] 李（Lee）和法基珀（Farzipoor，2012）采用交叉效率在双作用因素的存在下反映复杂的现实情况，通过引入数据包络分析

---

① W. H. Tsai, J. L. Hsu, C. H. Chen, W. R. Lin, S. P. Chen. An integrated approach for selecting corporate social responsibility programs and costs evaluation in the international tourist hotel. *International Journal of Hospitality Management*, 2010 (29): 385 – 396.

② Cigdem Apaydin, Basak Ercan. A structural equation model analysis of Turkish school managers' views on social responsibility. *Procedia Social and Behavioral Sciences*, 2010 (02): 5590 – 5598.

③ W. H. Tsai, J. L. Hsu, C. H. Chen, W. R. Lin, S. P. Chen. An integrated approach for selecting corporate social responsibility programs and costs evaluation in the international tourist hotel. *International Journal of Hospitality Management*, 2010 (29): 385 – 396.

④ I. E. Nikolaou, K. I. Evangelinos, S. Allan. A reverse logistics social responsibility evaluation framework based on the triple bottom line approach. *Journal of Cleaner Production*, 2011 (12): 1 – 12.

⑤ Jose M. Cruz. Modeling the relationship of globalized supply chains and corporate social responsibility. *Journal of Cleaner Production*, 2011 (09): 1 – 13.

⑥ Noushi Rahman, Corinne Post. Measurement Issues in Environmental Corporate Social Responsibility (ECSR): Toward a Transparent, Reliable, and Construct Valid Instrument. *Journal of Business Ethics*, 2012 (105): 307 – 319.

（DEA）来衡量企业可持续发展性能。① 弗朗茨（Franz，2013）在研究动态的企业社会责任过程中，提出微分博弈和派生开环以及马尔可夫平衡点完美结合的评价测量方法。② Lei（2013）运用层次分析法的分析标准和子标准评价企业社会责任，并将其作为选择供应商的主要依据。③

（二）国内企业社会责任评价方法的研究

欧秋林和王娜（2010）采用对比分析法、比率分析法、层次分析法、模糊综合评价法、软件辅助分析法对我国企业社会责任审计进行了评价。④ 黄娟等（2010）运用灰色关联分析法对四川省某控股上市公司社会责任进行了综合评价。⑤ 王佳凡（2010）采用平衡计分卡方法对我国企业社会责任进行了评价，将其传统的业绩目标转化为平衡计分卡，有效提高员工对具体社会责任执行目标的理解。⑥ 洪旭和杨锡（2011）运用因子分析法对企业社会责任进行评价，并以我国房地产上市公司近5年数据作为案例支撑，对其履责状况进行了综合评价。⑦ 孙键（2011）应用结构方程（SEM）计算方法和因子系数（客观赋权法）为评价体系对企业社会责任项目进行评估与决策。⑧ 齐二石等（2011）运用灰色系统理论中的聚类分析和层次分析法集成新的方法建立评价模型，对煤

---

① K. H. Lee，R. S. Farzipoor. Measuring corporate sustainability management：A data envelopment analysis approach. *International Journal of Production Economics*，2012（140）：219 – 226.

② Franz Wirl. Dynamic corporate social responsibility（CSR）strategies in oligopoly. *OR Spectrum*，2013（02）：1 – 22.

③ L. Xu，D. T. Kumar，K. M. Shankar，et al. Analyzing criteria and sub-criteria for the corporate social responsibility-based supplier selection process using AHP. *The International Journal of Advanced Manufacturing Technology*，2013（04）：1 – 10.

④ 阳秋林、王娜：《我国企业社会责任审计评价体系的构建》，《价值工程》2010 年第 5 期。

⑤ 黄娟、冯建、任兴文：《四川省国有控股上市公司社会责任综合评价》，《财经科学》2010 年第 265 期。

⑥ 王佳凡：《基于平衡计分卡的企业社会责任评价体系构建》，《研究与探索》2010 年第 6 期。

⑦ 洪旭、杨锡：《中国企业社会责任评价体系的构建》，《东北大学学报》2011 年第 11 期。

⑧ 孙键：《基于 GIS 的煤炭企业社会责任评价平台建设初探》，《中国市场》2011 年第 12 期。

炭企业社会责任进行评价。[①] 蔡月祥（2011）以卡罗尔金字塔模型为基础，结合 KLD 指数对我国国有和民营企业社会责任进行评估。[②] 刘学文（2012）将 AHP-Fuzzy 引入评价方法领域，并以上市公司环境信息为案例对其进行了综合评价。[③] 赵公民和吉秀琴（2012）运用 SPSS 工具处理分析我国上市银行 5 年的面板数据，评价银行业社会责任的履行情况。[④] 刘儒晒（2012）结合经济学和心理学基础，运用博弈分析方法对我国国有企业社会责任进行评价。[⑤] 麦影（2012）应用 DEA 方法构造目标函数，并通过最优化过程确定权重，对快递行业社会责任进行客观评价。[⑥] 李阳（2012）基于环境保护视角建立企业社会责任评价体系，运用 AHP 和 SAM 对指标进行量化分析。[⑦] 那保国（2012）引入粗糙集理论计算权重，使用模糊积分法对企业履行社会责任的情况进行评估。[⑧] 谭术（2013）以利益相关者理论为研究视角，构建我国供电行业的社会责任模型，利用"熵模型"的熵权系数对指标进行赋权，提出了基于熵理论的测度方法。[⑨]

　　综上所述，目前学者对企业社会责任评价的切入点各不相同，一方面是分行业开展研究，如旅行社的社会责任评价、零售业的社会责任评价、银行的社会责任评价等；另一方面是从不同角度开展研究，如利益

---

　　① 齐二石、朱永明、焦馨锐：《基于灰色理论的煤炭企业社会责任绩效评价研究》，《商业研究》2011 年第 10 期。

　　② 蔡月祥：《企业社会责任评价模型及标准研究》，《生态经济》2011 年第 12 期。

　　③ 刘学文：《基于 AHP-Fuzzy 法的上市公司环境信息披露质量评价》，《山东大学学报》2012 年第 4 期。

　　④ 赵公民、吉秀琴：《我国银行业上市公司社会责任分析》，《财政与金融》2012 年第 5 期。

　　⑤ 刘儒晒：《心理契约视角下国有企业环境责任的博弈分析》，《低碳经济》2012 年第 4 期。

　　⑥ 麦影：《基于 DEA 快递企业社会责任评价》，《物流工程与管理》2012 年第 3 期。

　　⑦ 李阳：《基于环保视角的企业社会责任评价体系研究》，《经营管理者》2012 年第 11 期。

　　⑧ 那保国：《粗糙集 – 模糊积分模型：一种评价企业社会责任的新方法》，《统计与决策》2012 年第 3 期。

　　⑨ 谭术：《基于熵模型的供电企业社会责任测评体系初探》，《价值工程》2013 年第 7 期。

相关者视角的社会责任评价、环境视角的社会责任评价、财务视角的社会责任评价、可持续发展视角的社会责任评价等。本研究引入社会责任总价值（CSRV）的概念，认为企业社会责任的价值创造可以从经济价值（EV）、社会价值（SV）、环境价值（NV）、文化价值（CV）四个方面入手，提出了新的社会责任价值综合评价思路。

二　企业社会责任综合价值评价体系构建目标

本研究构建企业社会责任综合价值评价体系的目的主要包括：一方面，充分发挥指标体系的内部监管功能；另一方面，充分发挥指标体系的外部考评功能。对于企业自身而言，通过企业社会责任综合评价体系能够更好的判断企业社会责任项目开展情况，做到实时监督与管理；对于利益相关者而言，能够对企业社会责任绩效进行沟通、考核与评价，从而对企业起到引导作用，使其更重视企业社会责任价值创造，进一步推动企业全员、全面承担社会责任。

（一）充分发挥指标体系的监管功能，提高企业社会责任价值创造能力

企业社会责任综合价值评价体系的构建能够提升企业对社会责任履行情况进行内部监控与管理，解答企业承担社会责任能否创造价值、能够创造哪些价值、创造价值为何存在差异的三大疑惑。企业可以利用企业社会责任综合价值评价体系对社会责任项目进行事前价值筛选与事后效果评价，价值筛选是指企业根据指标体系科学、合理地选择能够以更少成本创造更多价值的企业社会责任项目；效果评价是指企业在履行社会责任后对活动绩效进行判断与反馈，形成企业承担社会责任到价值创造的信息闭环。在企业承担社会责任的同时提高企业价值创造的能力，充分发挥企业的主观能动性，全过程履行社会责任。

（二）充分发挥指标体系的考评功能，提高企业履行社会责任的积极性

构建一个囊括企业经济价值、社会价值、环境价值和文化价值的企业社会责任综合价值评价体系，不仅可以实现企业的自测，更能成为企业核心利益相关者（政府、顾客、合作伙伴等）对企业履行社会责任的情况进行考核与评价的重要工具或手段。如政府部门可以通过企业社

会责任综合价值评价体系切实了解企业承担了哪些责任、创造了哪些价值，进而与企业共同探讨如何更好的通过社会责任履行创造价值，探寻企业社会责任行为在内容、过程上存在的"短板"与"不足"，出台相应的扶持或激励措施，提高企业履行社会责任的积极性与主动性，更好地为经济、社会、环境与文化创造价值。

三 企业社会责任综合价值评价体系构建原则

企业社会责任综合价值评价体系应全面、真实地反映某一企业承担社会责任的绩效，从而有效地衡量企业承担社会责任对企业自身运营、利益相关者、自然环境等产生的影响。

（一）科学性原则（Scientific）

所谓"科学性"原则，是指企业社会责任综合价值评价体系在基于对企业经济价值、社会价值、环境价值和文化价值概念与内涵正确理解的基础上，选择合适的评价指标构成完整的评价体系，强调指标拟定、取舍的科学依据。因此，本研究将选取兼具针对性与独立性，能够较好反应经济价值、社会价值、环境价值和文化价值特点的代表性指标，同时为避免指标间的逻辑重复，应选取相互间关联性弱，能独立解释说明问题的科学指标。

（二）系统性原则（Systematic）

所谓"系统性"原则，是指企业社会责任综合价值评价体系的构建应以系统思维全盘考量企业与各利益相关者及企业与经济、社会、环境、文化的关系，企业社会责任综合价值创造综合评价体系作为一个有机的、完整的系统，需要全面、综合地反映企业履行社会责任产生的综合价值。从企业社会责任价值创造的范围来看，不仅涉及到经济价值，还与社会价值、环境价值、文化价值的方方面面紧密联系。

（三）重要性原则（Significant）

所谓"重要性"原则，是指通过企业社会责任综合价值评价体系对企业某一社会责任行为创造哪些价值、创造多少价值进行衡量的时候，难以排除其他因素对企业价值的影响，而且企业社会责任价值创造是一个长期的过程，不可能对这一期间所有时间节点的数据进行记录并予以分析。因此，需要筛选一些结果性的关键指标，将其纳入企业社会责任综合价值评价体系，尽可能全面地反映企业在履行社会责任后对企业价值产生的影响。

（四）可操作性原则（Exercisable）

所谓"可操作性"原则，是指筛选概念明确、定义清晰的相关指标构建企业社会责任综合价值评价体系时，需要充分考虑数据采集与信息收集的方便性，为了提高可信度应尽量采用企业公布的财务年报、官网数据、企业社会责任报告或企业可持续发展报告中的数据和指标，考虑到企业社会责任创造价值的评价涉及许多定性的指标，为了更具操作性，应该尽可能选择便于量化、测算和统计的定量指标。

第二节　企业社会责任综合价值评价指标说明

企业社会责任综合价值创造本质上是通过承担或履行社会责任强化企业与利益相关者的关系，提升企业能力并对企业外部环境产生正向影响。这里的影响包括四个方面的内容：一是最大限度地增加经济价值；二是最大限度地激发社会价值；三是最大限度地提升环境价值；四是最大限度地传播文化价值。如何进一步细化经济、社会、环境、文化价值的衡量指标是本研究的重点与难点之一。

一　企业社会责任综合价值评价指标选取的思路

以企业社会责任"4R＋2C＋4V"价值创造模型为指引，以《DZC-SR30000 中国企业社会责任标准》①为基础，在遵循上述企业社会责任综合价值评价体系构建依据、目标与原则的前提下，本研究构建的企业社会责任价值评价体系采取三级层次指标法，一共选取了 4 个一级指标、16 个二级指标、36 个三级指标，共计 80 个评估细项。

本研究构建的企业社会责任综合价值评价体系指标选取遵循三大基本思路：一是指标体系的选取应具有代表性，能够衡量企业经济、社

---

① 该标准为 2013 年由浙江鼎尊商务咨询有限公司制定发布。本书作者为该公司的特聘专家，参与了该标准的制定与修改工作。本章在指标设计过程中，借鉴了该标准的部分界定内容。

会、环境与文化价值；二是指标体系应简单明了、便于操作，能够及时监测并客观评价企业社会责任价值创造的实际情况；三是指标体系应综合反映企业履行社会责任对经济、社会、环境、文化创造的总价值，构建企业社会责任总价值（CSRV）函数，即 CSRV = f（EV，SV，NV，CV），通过专家评估法等合理设计各要素权重，以形成系统、全面的评价体系。

二　企业社会责任综合价值评价指标分类与计分方法

本研究构建的企业社会责任综合价值评价体系的指标分为两大类：一类是定量指标，记为 A 类，另一类是定性指标，记为 B 类。

（一）企业社会责任综合价值评价指标分类

定量指标即可量化指标，它可以通过一定的技术测量手段确定其量值。为增强可操作性，本研究构建的企业社会责任价值创造评价体系在确定定量指标时尽可能采用企业已有的财务报表、统计报表、企业社会责任报告或可持续发展报告的数据和指标、外部第三方数据（国家或地方政府相关部门的记录数据、行业协会、媒体等的监控与统计数据）等，并使所选指标易于定量化。定性指标是无法直接通过数据计算分析评价内容，需对评价对象进行客观描述和分析以反映评价结果的指标。由于定性指标的测算易产生观察者或研究者偏倚，容易导致不合理的误差，为增强科学性和可操作性，本研究构建的企业社会责任价值创造评价体系采取定性指标定量化的方法，即对各定性指标采用模糊数学的方法进行量化，通过设置五个评价等级（2、1、0、－1、－2）进行计分评价。

（二）企业社会责任综合价值评价指标计分方法

本研究构建的企业社会责任价值创造评价体系的指标计分采取双重计分组合法，即针对不同类型的指标采取不同的计分方法。

1. 定量指标

本研究构建的企业社会责任价值创造评价体系中的定量指标都是比率指标，具体从性质上可分为两类：一类是正指标，指标值越高表示企业履责水平越高，如总资产收益率、合同履约率等；一类是逆指标，指标值越高表示企业履责水平越低，如产品召回率、客户投诉率等。正指

标的计分法为：直接选取指标值进行计分，如 X 企业的总资产收益率为 17.7%，那么本研究就直接把 17.7%（记为 0.177）作为对总资产收益率指标值的评价。逆指标的计分法为：根据指标的望小特性（愈接近于零愈好的特性），取指标值与 1 相减的绝对值进行计分，如 Y 企业的产品召回率为 2.53%，Z 企业的产品召回率为 4.37%，则本评价体系就把 0.9747（= | 0.0253 − 1 |）作为对 Y 企业产品召回率指标值的评价，把 0.9563（= | 0.0437 − 1 |）作为对 Z 企业产品召回率指标值的评价。

2. 定性指标

本研究构建的企业社会责任价值创造评价体系对定性指标采取定性计分法，定性计分法的计分基准按程度不同分为如下五个层次：

◆ 计 2 分，表明企业履行社会责任创造价值的表现优秀，水平较高；

◆ 计 1 分，表明企业履行社会责任创造价值的表现符合相关规定或要求，水平达标；

◆ 计 0 分，表明企业履行社会责任创造价值的表现部分未达标，需要企业进行持续改进；

◆ 计 −1 分，表明企业履行社会责任创造价值的表现未符合相关规定或要求，不达标；

◆ 计 −2 分，表明企业履行社会责任创造价值的表现严重违反了相关规定或要求，严重不达标。

定性指标的计分案例：如在本评价体系的评估细项"排污违规处罚"（N8）一项中，按照评估办法查验企业一个评估周期内的事故记录和有关部门记录：无排污违规处罚且减排降污成绩突出，获得相关监管部门表彰，记为 2 分；无排污违规处罚，记为 1 分；发生 1 次排污违规处罚，记为 0 分；发生 2 次及以上排污违规处罚，记为 −1 分。

三　企业社会责任综合价值评价指标赋权说明

由于各项具体评价指标相对于企业社会责任价值创造评价体系的重要程度不同，因此，根据指标间相对重要程度的比较判断可以确定指标间的序关系，并通过赋以不同权重值的办法表示评价指标间的差异性。

　　经过长期的实践探索和对各类企业社会责任评价体系的理论回顾，本研究认为评价体系中各指标所赋予的权重不宜完全平均化和固定化，而应重视不同类型企业所应承担社会责任的相对差异性，采取开放灵活的方式来处理指标的权重问题。这是因为，对处于不同行业领域、不同性质的企业实施社会责任评价时，同一指标的表征意义是不同的，例如对于保健品、化妆品、饮料、食品、家用耐用消费品等生产服务企业而言，"客户关系"该项三级指标及其下的评估细项"客户投诉率"的重要性就超过钢铁、化工、印染、造纸、电镀等行业企业的同类指标；反之，后者在"环境管理制度""环境信息公开"等三级指标及其下的评估细项上就应赋予相对前者较高的权重。与此同时需要明确的是，如果企业社会责任价值创造体系对各级指标完全不设权重，全权交由企业或第三方评估机构进行主观赋权的话，又会导致企业社会责任总水平值和各项指标值的低可比性，甚至是不可比性。

　　鉴于上述分析，为提升企业社会责任值的可比性，同时又兼顾企业的行业性差异，企业社会责任价值创造体系在指标权重的赋予上采取固定赋权（第一、二级指标）与灵活赋权（第三级指标、评估细项）相结合的组合赋权法。对于评价体系中的第一、二级指标进行固定的、明确的赋权，赋权依据解释如下：由评价体系编制组根据体系的指标建构设计了一份内容相当全面的调查问卷，然后邀请若干在企业社会责任领域有一定研究经验的专家、学者，部分企业管理专家，部分企业利益相关者等，对企业社会责任价值创造评价体系中第一、二级指标之间的重要程度关系进行打分，再根据这些打分确定各第一、二级指标的权重。[①] 其中，3 项一级指标的权重设置如下：经济价值指标（E 系列指标）的总权重设置为 40%，社会价值指标（S 系列指标）的总权重设置为 30%，环境价值指标（N 系列指标）的总权重设置为 20%，文化价值指标（C 系列指标）的总权重设置为 10%。16 个二级指标的权重设置（见表 9 – 1）。

――――――――――

　　① 具体来说，本次调查问卷根据层次分析法（AHP）的形式设计，由评价者在同一个层次对影响因素重要性进行两两比较。衡量尺度划分为 5 个等级，分别是"绝对重要""十分重要""比较重要""稍微重要""同样重要"，分别对应 9、7、5、3、1 的数值，然后整理评估者的打分情况并通过 YAAHP0.5.1 软件进行分析，最后确定权重。

表 9 – 1　　　　企业社会责任综合价值评价体系一、二级指标赋权表

一级指标	二级指标	
经济价值指标 40%	1.1 股东价值	16.0%
	1.2 客户价值	12.8%
	1.3 伙伴价值	11.2%
社会价值指标 30%	2.1 政府价值	6.0%
	2.2 员工价值	7.2%
	2.3 安全生产	4.8%
	2.4 公益慈善	4.8%
	2.5 持续创新	3.6%
	2.6 责任投资	3.6%
环境价值指标 20%	3.1 环境管理	6.0%
	3.2 减排降污	6.0%
	3.3 资源节约	4.0%
	3.4 生态保护	4.0%
文化价值指标 10%	4.1 文化创新	4.0%
	4.2 文化宣贯	3.0%
	4.3 文化形象	3.0%

在第一、二级指标权重框定的情况下，第三级指标原则上取其下各评估细项的平均值，若该平均值不足以体现企业的行业特殊性或其他特质的话，则可由企业或第三方评估机构自主地根据企业的特性对三级指标及其下的评估细项进行相对灵活的赋权。

四　企业社会责任综合价值评价指标群列表

本研究提出的企业社会责任价值创造评价体系采用定性指标与定量指标相互结合，财务指标与非财务指标相互补充的标准，进一步对 36 个三级指标进行细化，在满足普遍性的基础上充分考虑企业或行业的独特性与特殊性（见表 9 – 2）。

表 9－2　　　　　　　　企业社会责任综合价值评价体系指标群列表

一级指标	二级指标	三级指标	评估细项	代码
经济价值指标（E 系列指标群）	1.1 股东价值	1.1.1 股东回报	总资产报酬率	E1
			资本收益率	E2
			资本保值增值率	E3
			资产负债率	E4
			股利支付率	E5
		1.1.2 科学治理	治理结构	E6
			股东参与	E7
	1.2 客户价值	1.2.1 产品质量	销售利润率	E8
			市场占有率	E9
			存货周转率	E10
			产品召回率	E11
			产品安全事故	E12
		1.2.2 客户关系	客户投诉率	E13
			客户满意度	E14
			信息保密性	E15
	1.3 伙伴价值	1.3.1 合作共赢	流动比率	E16
			速动比率	E17
			应付账款周转率	E18
			应付账款拖欠率	E19
			合同履约率	E20
		1.3.2 商业秩序	商业贿赂	E21
			公平竞争	E22
			责任采购	E23
			尊重产权	E24
社会价值指标（S 系列指标群）	2.1 政府价值	2.1.1 依法纳税	合规经营	S1
			税款缴纳	S2
			税收贡献率	S3
		2.1.2 促进就业	单位资产吸收就业人率	S4
			创造地方就业岗位年增长率	S5
		2.1.3 社会贡献	社会贡献率	S6
			社会积累率	S7
			每股社会贡献值	S8

一级指标	二级指标	三级指标	评估细项	代码
社会价值指标（S系列指标群）	2.2 员工价值	2.2.1 尊重人权	员工满意度	S9
			员工幸福感	S10
		2.2.2 薪酬福利	薪酬福利制度与执行	S11
			工资增长率	S12
			五险一金等费用支付率	S13
		2.2.3 职业发展	单位利润的培训费用支出率	S14
			职业生涯规划	S15
			员工激励机制	S16
	2.3 安全生产	2.3.1 安全教育	工作环境评价	S17
			安全教育体系	S18
			员工安全培训率	S19
		2.3.2 安全事故	工伤事故率	S20
			安全事故信息披露	S21
	2.4 公益慈善	2.4.1 社区影响	社区沟通情况	S22
			社区居民满意度	S23
		2.4.2 公益参与度	公益事业参与度	S24
			员工参与度	S25
		2.4.3 慈善捐助率	慈善管理制度	S26
			慈善捐赠率	S27
	2.5 持续创新	2.5.1 创新投入	技术创新理念	S28
			产品研发支出	S29
		2.5.2 创新成果	创新成果数量	S30
			新产品贡献率	S31
	2.6 责任投资	2.6.1 负责任的投资	负责任的投资	S32
		2.6.2 负责任的海外投资	负责任的海外投资	S33
环境价值类指标（N系列指标群）	3.1 环境管理	3.1.1 环境管理评价	环境管理制度	N1
			ISO14000 环境管理体系认证	N2
		3.1.2 环境信息披露	环境信息公开	N3
		3.1.3 环境污染治理	环境污染监测	N4
			环境污染治理	N5

续表

一级指标	二级指标	三级指标	评估细项	代码
环境价值类指标（N 系列指标群）	3.2 减排降污	3.2.1 污染物排放	"三废"排放达标率	N6
			污染物减排率	N7
			排污违规处罚	N8
			单位利润的环保投入费用率	N9
		3.2.2 清洁生产	节能办公制度	N10
			清洁能源使用率	N11
	3.3 资源节约	3.3.1 节约能源	单位营收能源消耗下降率	N12
			不可再生资源消耗率	N13
		3.3.2 循环利用	资源循环利用制度	N14
			资源循环利用率	N15
	3.4 生态保护	3.4.1 积极参与	参与生态保护事业	N16
		3.4.2 预防、恢复和补偿	预防、恢复和补偿	N17
文化价值类指标（C 系列指标群）	4.1 文化创新	4.1.1 行动纲领	行动纲领	C1
		4.1.2 行为准则	行为准则	C2
	4.2 文化宣贯	4.2.1 文化宣传	文化宣传	C3
		4.2.2 文化认同	文化认同	C4
	4.3 文化形象	4.3.1 责任承诺	责任承诺	C5
		4.3.2 社会奖励	社会奖励	C6

第三节　企业社会责任综合价值评价评估细则

企业社会责任价值创造评价体系细化为 80 个评估细项，A 类表示定量指标，B 类表示定性指标，并对指标的评估与计算方法进行了充分界定（见表 9 - 3）。

表 9 - 3　　　　企业社会责任综合价值评价评估细则

代码	类别	评估细项	评估办法
E1	A	总资产报酬率	查验企业相关财务数据，计算得出总资产报酬率 =（利润总额 + 利息支出）/ 平均资产总额 * 100%，并按正指标计分法进行记分

续表

代码	类别	评估细项	评估办法
E2	A	资本收益率	查验企业相关财务数据，计算得出资本收益率＝净利润／实收资本＊100％，并按正指标计分法进行记分
E3	A	资本保值增值率	查验企业相关财务数据，计算得出资本保值增值率＝（期末所有者权益总额／期初所有者权益总额）＊100％，并按正指标计分法进行记分
E4	A	【资产负债率】	查验企业相关财务数据，计算得出资产负债率＝（负债总额／资产总额）＊100％，并按逆指标计分法进行记分
E5	A	股利支付率	查验企业相关财务数据，计算得出股利支付率＝（每股股利／每股净收益）＊100％，并按正指标计分法进行记分
E6	B	治理结构	查验企业是否按照现代企业制度完善治理结构，公平对待所有股东：治理结构较完善，记为1分；一般，记为0.5分；治理结构不完善，记为0分
E7	B	股东参与	查验企业是否按照法律法规、章程的规定按时召开股东大会，保证股东通过股东大会等渠道参与企业经营决策：执行到位，记为1分；一般，记为0.5分；执行不到位，记为0分
E8	A	销售利润率	查验企业相关财务数据，计算得出销售利润率＝（利润总额／营业收入）＊100％，并按正指标计分法进行记分
E9	A	市场占有率	查验企业相关财务数据，计算得出市场占有率＝企业某种产品的市场销售量（或销售额）／市场同种商品总销售量（或销售额）＊100％，并按正指标计分法进行记分
E10	A	存货周转率	查验企业相关财务数据，计算得出存货周转率＝（产品销售成本／平均存货成本）＊100％，并按正指标计分法进行记分
E11	A	【产品召回率】	查验企业相关数据，计算得出产品召回率＝（召回的产品数／销售产品数）＊100％，并按逆指标计分法进行记分
E12	B	产品安全事故	查验企业相关文件、外部媒体报道、政府相关记录等，确定是否发生产品安全事故：未发生，记为1分；有1件及以上因产品质量问题造成消费者人身伤害，记为0分；有1件及以上因产品质量问题造成消费者死亡，记为－1分
E13	A	【客户投诉率】	查验企业相关数据，计算得出客户投诉率＝（投诉客户数／总客户数）＊100％，并按逆指标计分法进行记分
E14	A	客户满意度	通过客户满意度调查或使用企业的定期客户满意度调查数据，计算得出客户对企业或某产品的满意度评价值＝（满意的客户数量／客户总数）＊100％，并按正指标计分法进行记分
E15	B	信息保密性	查验企业是否存在违法公开客户信息的行为：否的，记为1分；是的，记为0分

代码	类别	评估细项	评估办法
E16	A	流动比率	查验企业相关财务数据，计算得出流动比率 =（流动资产/流动负债）*100%，并按正指标计分法进行记分
E17	A	速动比率	查验企业相关财务数据，计算得出速动比率 =（速动资产/流动负债）*100%，并按正指标计分法进行记分
E18	A	应付账款周转率	查验企业相关财务数据，计算得出应付账款周转率 =（主营业务成本净额/平均应付账款余额）*100%，并按正指标计分法进行记分
E19	A	【应付账款拖欠率】	查验企业相关财务数据，计算得出应付账款拖欠率 =（年末逾期应付账款/年末应付账款余额）*100%，并按逆指标计分法进行记分
E20	A	合同履约率	查验企业相关财务数据，计算得出合同履约率 =（实际交货额/合同规定货额）*100%，并按正指标计分法进行记分
E21	B	商业贿赂	查验企业是否有商业贿赂和其他腐败行为：否，记为1分；是，记为0分；因商业贿赂被起诉并败诉，或有其他严重商业腐败行为，记为 -1分
E22	B	公平竞争	查验企业相关文件、外部媒体报道、政府相关记录等，确定企业是否有不正当的竞争行为：否，记为1分；是，记为0分；因不正当竞争被起诉并败诉，或有其他严重不正当竞争行为，记为 -1分
E23	B	责任采购	查验企业相关文件与记录，确定企业是否制定并执行责任采购条例：是，记为1分；否，记为0分
E24	B	尊重产权	查验企业相关文件、外部媒体报道、政府相关记录等，确定企业是否有侵犯产权的行为，包括滥用支配地位、假冒和盗版等：无侵权行为，记为1分；有侵权行为，记为0分；因侵权被起诉并败诉，或有其他严重侵权行为，记为 -1分
S1	B	合规经营	查验企业相关文件、外部媒体报道、政府相关记录等，确定企业的经营活动是否符合法律法规：是，记为1分；有轻微违法违规行为，记为0分；有严重违法违规行为，记为 -1分
S2	A	税款缴纳	查验企业相关财务数据，计算得出税收缴纳率 =（所缴纳的税款/应缴纳的税款）*100%，并按正指标计分法进行记分
S3	A	税收贡献率	查验企业相关财务数据，计算得出税收贡献率 =（支付各项税收总额/主营业务收入）*100%，并按正指标计分法进行记分
S4	A	单位资产吸收就业率	查验企业相关数据，计算得出单位资产吸收就业人率 =（企业吸收的就业人数/资产总额）*100%，并按正指标计分法进行记分

代码	类别	评估细项	评估办法
S5	A	创造地方就业岗位年增长率	查验企业相关数据，计算得出创造地方就业岗位年增长率＝（本年度企业创造地方就业岗位－上年度企业创造地方就业岗位）/上年度企业创造地方就业岗位＊100%，并按正指标计分法进行记分
S6	A	社会贡献率	查验企业相关财务数据，计算得出社会贡献率＝企业社会贡献总额（即企业为国家或社会创造或支付的价值总额，包括工资、劳保退休统筹及其他社会福利支出、利息支出净额、应缴增值税、应缴产品销售税金及附加、应缴所得税及其他税收、净利润等）/平均资产总额＊100%，并按正指标计分法进行记分
S7	A	社会积累率	查验企业相关财务数据，计算得出社会积累率＝上交国家财政总额（包括应缴增值税、应缴产品销售税金及附加、应缴所得税及其他税收等）/企业社会贡献总额＊100%，并按正指标计分法进行记分
S8	A	每股社会贡献值	查验企业相关财务数据，计算得出每股社会贡献值＝每股收益＋（纳税总额＋职工费用＋利息支出＋公益投入总额－社会成本）/期末总股本，并按正指标计分法进行记分
S9	A	员工满意度	通过员工满意度调查，或使用企业员工离职率等数据，计算得出员工对企业的总体满意度评价值＝（满意的员工数量/员工人数总量）＊100%，并按正指标计分法进行记分
S10	A	员工幸福感	通过员工幸福感调查，或使用企业员工压力指数等数据，计算得出员工幸福感的评价值＝（幸福的员工数量/员工人数总量）＊100%，并按正指标计分法进行记分
S11	B	薪酬福利制度与执行	查验企业是否制定完善的薪酬福利考核与监督体系：已制定且执行较规范，记为1分；已制定但没有依照制度执行，记为0.5分；没有相关制定、体系，记为0分
S12	A	工资增长率	查验企业相关财务数据，计算得出员工工资增长率＝（本年度员工工资增长额/上年度员工工资额）＊100%，并按正指标计分法进行记分
S13	A	五险一金等费用支付率	查验企业相关财务数据，计算得出五险一金等费用支付率＝五险一金参保率＊（实际缴费额/应缴费总额）＊100%，并按正指标计分法进行记分
S14	A	单位利润的培训费用支出率	查验企业相关财务数据，计算得出单位利润的培训费用支出率＝（员工培训费用/净利润）＊100%，并按正指标计分法进行记分
S15	B	职业生涯规划	查验企业是否帮助员工进行职业生涯规划：是，记为1分；否，记为0分
S16	B	员工激励机制	查验企业是否依据经营目标建立起科学合理的员工激励机制：是且机制运行有效的，记为1分；是但机制运行效度不高，记为0.5分；没有建立，记为0分

续表

代码	类别	评估细项	评估办法
S17	B	工作环境评价	查验企业相关文件，确定是否建立评价工作环境的相关指标：建立并实施评价，记为1分；建立但未实施评价，记为0.5分；未建立，记为0分
S18	B	安全教育体系	查验企业是否制定安全生产的培训计划：已制定且体系较完善，记为1分；已制定但体系不够完善，记为0.5分；没有相关体系，记为0分
S19	A	员工安全培训率	查验企业相关文件，计算得出员工安全培训率＝（参与安全培训的员工人数/员工总人数）＊100%，并按正指标计分法进行记分
S20	A	【工伤事故率】	查验企业相关文件、外部媒体报道、政府相关记录等，计算得出员工的工伤事故率＝（年工伤事故人数/年登记在册员工人数）＊100%，并按逆指标计分法进行记分
S21	B	安全事故信息披露	查验企业是否制定安全事故信息披露制度，是否按规定及时、如实向上级主管部门、内外部利益相关者报告安全事故的缘由与严重情况：是，记为1分；否，记为0分
S22	B	社区沟通情况	查验企业是否具有与社区进行信息沟通的机制并有效实施：是，记为1分；否，记为0分
S23	A	社区居民满意度	通过社区居民满意度调查，或使用社区居民对企业活动支持力度等数据，计算得出社区居民对企业公益活动的总体满意度＝（满意的居民数量/社区居民总人数）＊100%，并按正指标计分法进行记分
S24	B	公益事业参与度	查验企业相关文件和记录，确定企业的公益事业参与度：具有常规的参与程序和机制，积极参与公益活动，或者从事具有长期性且具有具体对象的社会公益、扶危济困等活动，记为2分；积极参与公益活动，表现较好，记为1分；参与过公益活动，记为0.5分；没有参与，记为0分
S25	B	员工参与度	查验企业相关文件和记录，确定员工对企业公益活动的参与情况：全体员工积极参与公益活动，记为2分；部分员工积极参与公益活动，表现较好，记为1分；少数员工参与过公益活动，记为0.5分；没有参与，记为0分
S26	B	慈善管理制度	查验企业相关文件，确定是否制定慈善管理制度：是，记为1分；否，记为0分
S27	A	慈善捐赠率	查验企业相关财务数据，计算得出社会捐助率＝（慈善捐赠额/企业销售收入）＊100%，并按正指标计分法进行记分
S28	B	技术创新理念	查验企业相关文件，访谈相关管理人员，确定企业是否具有以社会需求为基准结合自身实际进行积极创新的理念：创新理念较强，记为1分；创新理念一般，记为0.5分；无相关理念，记为0分

代码	类别	评估细项	评估办法
S29	A	产品研发支出	查验企业相关财务数据，计算得出产品研发支出 =（开发新产品或新服务总投入/营业收入总额）＊100％，并按正指标计分法进行记分
S30	A	创新成果数量	查验企业相关数据，确定已经被国家知识产权局或国际公认机构正式授权的发明专利的数量：1件以上，记为1分；1件，记为0.5分；没有，记为0分
S31	A	新产品贡献率	查验企业相关财务数据，计算得出新产品贡献率 =（新产品销售收入/营业收入）＊100％，并按正指标计分法进行记分
S32	B	负责任的投资	查验企业相关文件，确定企业在进行投资的过程中是否综合分析和评估投资项目在经济、社会和环境方面的影响：是，记为1分；否，记为0分
S33	B	负责任的海外投资	查验企业相关文件，确定企业在进行海外投资的过程中是否综合分析和评估投资项目对当地经济、社会和环境方面的影响：是，记为1分；否，记为0分
N1	B	环境管理制度	查验企业是否有满足其环境管理需要的相应制度，包括企业环境状况年报制度、环保岗位责任制、环保设施运行管理制度、环境行为报告制度、环保档案管理制度及台账等；各项制度完善、执行良好，记为1分；有部分制度并能执行，记为0.5分；有制度但不执行，记为0分；没有制度，记为-1分
N2	B	ISO14000环境管理体系认证	查验企业是否获得ISO14000环境管理体系认证：是，记为2分；否，记为0分
N3	B	环境信息公开	查验企业是否向利益相关方发布应当公开的环境信息：公开发布且信息透明度高，记为1分；公开发布但信息透明度一般，记为0.5分；不公开，记为0分
N4	B	环境污染监测	查验企业制度和相关记录，确定企业是否对污染源、企业责任区域内影响环境质量的污染因子按规定进行监测：是，记为1分；否，记为0分
N5	B	环境污染治理	查验企业是否采取措施对已经造成的环境污染进行治理，对受污染相关方进行补偿：采取切实有效措施进行污染治理补偿，记为1分；采取一定措施但成效一般，记为0.5分；没有相应措施，记为0分
N6	A	"三废"排放达标率	查验企业相关数据、政府相关记录等，计算得出"三废"排放达标率 =（"三废"达标排放量/三废总排放量）＊100％，并按正指标计分法进行记分
N7	A	污染物减排率	查验企业相关数据，计算得出污染物减排率 =（上期污染物排放量 - 本期污染物排放量）/上期污染物排放量＊100％，并按正指标计分法进行记分

代码	类别	评估细项	评估办法
N8	B	排污违规处罚	查验企业相关文件、外部媒体报道、政府相关记录等，确定是否存在污染违规处罚事件：不存在，记为 1 分；存在但及时整改，记为 0.5 分；存在且未及时整改，记为 0 分；性质特别严重，记为 -1 分
N9	A	单位利润的环保投入费用率	查验企业相关财务数据，计算得出单位利润的环保投入费用率 =（当期环保投入费用/当期净利润）＊100%，并按正指标计分法进行记分
N10	B	节能办公制度	查验企业相关文件，确定是否制定节能办公制度：制定且执行良好，记为 1 分；制定但未有效执行，记为 0.5 分；未制定，记为 0 分
N11	A	清洁能源使用率	查验企业相关数据，计算得出清洁能源使用率 =（清洁能源使用量/企业能源消费总量）＊100%，并按正指标计分法进行记分
N12	A	单位营收能源消耗下降率	查验企业相关数据，计算得出单位营业收入能源消耗下降率 =（上期单位营业收入能源消耗－本期单位营业收入能源消耗）/上期单位营业收入能源消耗＊100%，并按正指标计分法进行记分
N13	A	【不可再生资源消耗率】	查验企业相关数据，计算得出不可再生资源消耗率 =（不可再生资源消耗量/资源消耗总量）＊100%，并按逆指标计分法进行记分
N14	B	资源循环利用制度	查验企业相关文件，确定是否制定无害化、资源化废物回收综合利用制度和措施：制定且执行良好，记为 1 分；制定但未有效执行，记为 0.5 分；未制定，记为 0 分
N15	A	资源循环利用率	查验企业相关数据，计算得出资源循环利用率 =（可循环使用的废旧资源加工的材料/材料消耗总额）＊100%，并按正指标计分法进行记分
N16	B	参与生态保护事业	查验企业相关文件、外部媒体报道、政府相关记录等，确定企业是否参与应对区域性和全球性的生态问题：积极地、有计划地参与，记为 1 分；参与但表现一般，记为 0.5 分；不参与，记为 0 分
N17	B	预防、恢复和补偿	查验企业是否采取有效措施预防和减少其经营活动及产品对生态系统的不利影响，对已造成的损害予以恢复和补偿：是，记为 1 分；否，记为 0 分
C1	B	行动纲领	查验企业相关文件，确定是否提出落实企业责任文化的相关方针、政策或行动纲领：是，记为 1 分；否，记为 0 分
C2	B	行为准则	查验企业相关文件，确定是否围绕责任价值观构建起企业社会责任的行为准则和制度守则：是，记为 1 分；否，记为 0 分
C3	B	文化宣传	查验企业是否通过各种形式的培训和教育活动宣贯责任文化，使企业员工具备良好的责任意识：是，记为 1 分；否，记为 0 分

续表

代码	类别	评估细项	评估办法
C4	A	文化认同	进行抽样调查，评估员工对企业责任文化的认同度 =（认同人数/抽样比例）×100%（抽样人数不得少于50人），并按正指标计分法进行记分
C5	B	责任承诺	查验企业是否对其社会责任管理的工作方式和成果进行外部意见沟通，并作出持续改进的承诺：是，记为1分；否，记为0分
C6	B	社会奖励	查验企业相关记录，确定是否获得有关社会责任的各种奖励：获得国家级各种表彰、奖励、荣誉称号，记为2分；获得省级各种表彰、奖励、荣誉称号，记为1分；获得县市区级各种表彰、奖励、荣誉称号，记为0.5分；没有奖励，记为0分

　　注：评估细项的名称上加上【 】的，表示该项指标为逆指标。

第四节　企业社会责任综合价值评价指标计算示例

　　计算各三级指标的均值，第三级指标的原始值原则上为各评估细项的均值。计算各二级指标的加权值，得出企业社会责任价值创造评价体系中4项一级指标的原始值。计算各一级指标的加权值，得出企业社会责任总价值的计算公式 CSRV = 经济价值（EV）* 40% + 社会价值（SV）* 30% + 环境价值（NV）* 20% + 文化价值（CV）* 10%。

　　为清晰地诠释本评价体系中评价指标的计算方法，现以 H 企业在"经济价值"（C 系列指标群）中的"股东价值"的表现为范例，对三级评价指标的计算方法做出如下的示例性说明（见表9－4、图9－1）。

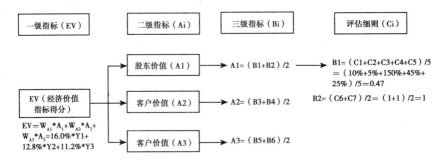

图9－1　企业社会责任综合价值评价指标计算示例

　　注：Yi 为指标原始值，W_{y_i} 为指标 y_i 在评价体系中的权重

表 9 - 4　企业社会责任综合价值评价指标计算示例

一级指标	二级指标	三级指标	评估细项	代码	类别	评估办法	评估分值
经济价值（E系列指标群）	1.1 股东价值	1.1.1 股东回报	总资产报酬率	C1	A	查验企业相关财务数据，计算得出总资产报酬率＝（利润总额＋利息支出）/平均资产总额＊100%，并按正指标计分法进行记分	10%
			资本收益率	C2	A	查验企业相关财务数据，计算得出资本收益率＝净利润/实收资本＊100%，并按正指标计分法进行记分	5%
			资本保值增值率	C3	A	查验企业相关财务数据，计算得出资本保值增值率＝（期末所有者权益总额/期初所有者权益总额）＊100%，并按正指标计分法进行记分	150%
			资产负债率	C4	A	查验企业相关财务数据，计算得出资产负债率＝（负债总额/资产总额）＊100%，并按逆指标计分法进行记分	45%
			股利支付率	C5	A	查验企业相关财务数据，计算得出股利支付率＝（每股股利/每股净收益）＊100%，并按正指标计分法进行记分	25%
		1.1.2 完善治理结构	治理结构	C6	B	查验企业是否按照现代企业制度完善治理结构，公平对待所有股东：治理结构较完善，记为1分；一般，记为0.5分；治理结构不完善，记为0分	1
			股东参与	C7	B	查验企业是否按照法律法规、章程的规定按时召开股东大会，保证股东通过股东大会等渠道参与企业经营决策：执行到位，记为1分；一般，记为0.5分；执行不到位，记为0分	1

评价体系可按照上述各级指标计算方法进行计分，最后估算得出企业社会责任总价值 CSRV。

本章小结

基于企业社会责任价值创造的"4R + 2C + 4V"理论模型，本研究提出企业社会责任价值创造评价三级层次指标法，选取了经济价值、社会价值、环境价值、文化价值 4 个一级指标，细分为 16 个二级指标、36 个三级指标，共计 80 个评估细项，得出企业社会责任总价值（CSRV）= 经济价值（EV）* 40% + 社会价值（SV）* 30% + 环境价值（NV）* 20% + 文化价值（CV）* 10% 的计算公式，以期对"企业承担社会责任能创造多少价值"做出回应，从而增强企业履责动机，推动企业社会责任运动发展。

本章提出的企业社会责任价值创造评价体系充分考虑定性与定量、正向与逆向、财务与非财务指标相结合，并兼顾普遍适用性与企业、行业的特殊性，应用范围较为广泛。一方面对企业而言，企业社会责任价值创造评价体系为企业提供自我评价的标准，为战略性选择承担社会责任项目提供依据，明确企业社会责任履行情况，并与直接竞争对手进行比较，提升核心竞争能力；另一方面对利益相关者而言，能够依据企业社会责任价值创造评价体系对企业开展日常经营活动进行监督与考核，加大企业承担社会责任的压力，提升企业履行社会责任的能力，提升企业的竞争优势。

当然，如果特定行业的企业由于其特殊性而不适用某项评价指标时，则可以选择性剔除该项评估细则而由企业自行设定能更好地反映其履责绩效的等值替代性指标，或是加大关键指标的权重，其他指标计分方法以及评价体系总分计算方法不变。

第十章　企业社会责任价值创造的
研究结论与展望

本研究以"企业社会责任价值创造"为主题，重在剖析企业社会责任价值创造的内在机理和应用路径。首先，本研究对企业社会责任价值创造的相关文献进行回顾与评述，厘清当前企业社会责任创造的研究现状与研讨热点。其次，对国内外学者提出的企业社会责任价值创造模型进行梳理与回顾，并结合中国企业实际情况，基于企业社会责任金字塔模型将社会责任划分为经济责任、法律责任、伦理责任和慈善责任，对现有企业社会责任实践模式进行归纳、整理与总结，从实践成果逆向分析创造价值的种类、来源与路径，构建"4R＋2C＋4V"模型。然后通过实证分析和案例研究，对企业社会责任价值创造理论模型进行验证。随后，重点思考了企业社会责任价值创造的管理应用与保障机制。最后，对国内外学者提出的企业社会责任评价方法进行梳理与回顾，明确企业社会责任价值创造评价体系的目的、原则与依据，以《DZC-SR30000 中国企业社会责任标准》为基础，提出从经济价值、社会价值、环境价值和文化价值四个方面构建企业社会责任综合价值评价体系。本章通过回顾梳理，总结了企业社会责任价值创造研究的相应结论及启示，并对企业社会责任价值创造的进一步研究提出了三点展望。

第一节　企业社会责任价值创造研究的结论

为解答企业社会责任价值创造研究的三个关键性问题，即"企业社会责任承担能否创造价值""企业社会责任承担能够创造什么价值""企业社会责任承担如何创造价值"，本研究进行了关键变量的选取与界定，由此构建了企业社会责任价值创造的机理模型，明确了关键变量之间的影响关系，然后通过实证研究与案例分析，深化了对机理模型的理解和应用。本研究得出的主要结论为：企业承担经济责任、法律责任、伦理责任和慈善责任（4R），通过改善与利益相关者的关系，提升企业价值创造的能力（2C），能够创造经济价值、社会价值、环境价值和文化价值（4V）。

一　企业承担社会责任创造多元价值

经过理论与实践的研究分析，本研究发现企业承担社会责任能够创造企业价值，并且能够创造出由4V构成的多元价值。从理论层面看，本研究将企业价值划分为经济价值、社会价值、环境价值和文化价值四类，并将其结合在一起，从不同维度表示了价值体系中价值矢量的特征，从而建构出一个综合评价企业发展的"四维价值空间"。从实证层面看，本研究验证了企业以经济责任、法律责任、伦理责任、慈善责任的承担创造出经济价值、社会价值、环境价值、文化价值的假设，呼应了企业社会责任承担的确能够创造价值的结论，解答了"能否创造价值"与"创造什么价值"的问题。这坚定了企业继续承担社会责任的信念，并推动企业以4V丰富自身的综合价值内涵。

同时，本研究认为在价值空间里，价值体系的"空间体积"大小代表着企业价值的大小，企业要实现自身价值最大化，要综合考虑各个维度的价值大小，单纯追求一个维度的价值提升无法驱动整个价值空间体积的扩大。企业在以社会责任承担创造经济价值之外，也要注意平衡社会价值、环境价值与文化价值的创造，以实现企业综合价值的最大化。

在面临是否要承担企业社会责任的问题时，企业常常会在压力与动力的博弈下产生迷茫之感。对于这一问题，本研究已有的结论可以帮助企业缩小现实与理想的差距，为企业践行社会责任提供佐证，激发企业从原先的"反应型企业社会责任观"升级为"战略型企业社会责任观"，将企业社会责任系统纳入企业的核心价值主张，努力寻求为企业和社会共创价值的机会，从而实现企业社会责任的"实质性"承担。此外，针对企业社会责任承担的"能力天花板"问题，不同行业、不同规模、不同地区的企业可以"具体问题具体分析"。企业可以根据自己的能力和意愿在承担社会责任时有所侧重，在创造多元价值时也可以进行重点聚焦。例如在本研究的个案研究部分中，对于海康威视、三替集团、盾安集团以及阿里巴巴集团的分析也从侧面反映出企业可以通过承担社会责任，在平衡多元价值的基础上重点打造某一维度的企业价值。

二　关系改善与能力提升的关键作用

本研究验证了中介变量在自变量与因变量之间的中介效应，回答了"企业社会责任承担如何创造价值"的关键问题，即关系改善与能力提升在企业社会责任承担与企业价值创造之间的路径效应。研究结论表明，一方面，企业通过承担社会责任可以改善与利益相关者的关系，强化与利益相关者的"黏性"，从而降低交易成本，扩大企业价值。另一方面，企业通过承担社会责任可以"倒逼"自己去提升各方面的能力，提升企业的综合素质，从而创造出更多的企业价值。

（一）社会责任承担增强与利益主体的黏性

企业社会责任的承担，益于企业改善与其利益相关者的关系，从而降低企业生产运营过程中的交易成本，在企业社会责任价值创造的过程中产生"减法"效应。企业通过承担经济责任，可以强化股东等利益相关者对企业的信任，从而利于企业管理工作的顺利展开；企业承担法律责任，有利于企业树立良好的企业形象，获得广大利益相关者的认可，比如增强股东对企业的信心，获得政府的肯定等；企业承担伦理责任，以生态伦理和员工伦理的承担增强公众对企业的关注和好感、员工对企业的忠诚；企业承担慈善责任，以企业的仁爱之心为需要之人提供帮助，无形中使企业的利益相关者感同身受，提升其对企业的满意度。一定程度上，企业社会责任承担可以说是企业与利益相关者关系加强的催化剂，能够帮助企业与利益相关者关系的持久维系。这些关系的强化能够使利益相关者在进行投资、就业、购买产品等行为时，优先考虑企业，"以脚投票"为企业创造价值增添助力。良好的关系作为无形资产的一种，能够以降低交易成本的方式成为企业创造价值的源泉之一。

（二）社会责任承担"倒逼"企业能力提升

企业社会责任的承担，能够增强企业提升各方面能力的意愿，从而对企业降低生产成本、改善产品结构等带来直接正向影响，在企业社会责任价值创造过程中产生"加法"效应。这种效应内化于企业的价值链环节中，表现为企业社会责任承担下责任研发、责任采购、责任生产、责任营销带来的各项能力的系统性提升。

承担经济责任意味着企业要有一个较高的增值保值能力，为股东创造更大价值，这就"倒逼"企业不断完善企业战略，提升企业的管理能力，持续创新以加强自身研发能力，降低运营成本，从而提高企业价值创造的效率和效益。承担法律责任意味着企业要遵法守法，在法律范围内主动纳税、安全生产，这些反过来要求企业提升生产运营能力，不触及国家法律法规。承担伦理责任意味着从人性角度出发，主动关心生态保护，这可促使企业增强技术能力，提升资源利用率、开发及利用新能源的能力，而积极关怀员工需要企业提升对员工的管理能力。承担慈善责任是企业社会责任的最高层次，以企业自愿的行为促进企业加强与利益相关者的沟通能力、协调能力。将责任内化于企业经营发展的每一个环节，才能使得企业有所改变，与此同时提升自身的整体能力，创造出更为丰富的企业价值。比如研发能力优化企业资源配置，助推企业发展方式从"粗放型"转向"集约型"；生产能力的提升可使员工的边际贡献发挥到最大，在人力成本不变或略有增加的同时取得最大的产品和服务效益，这都可以成为创造价值的增长点。

综上所述，企业不仅为社会提供就业与财富，同时也是社会进步的重要动力。这种来自社会的期待与希望，需要企业通过承担社会责任来实现，这就意味着企业需要付出更多的努力。企业在制定自身的企业社会责任战略时，往往在现实的生存情况与理想中的责任承担两者之间摇摆不定，本研究通过分析社会责任承担与价值创造，为企业社会责任践行提供了理论依据和指导方向。首先，企业社会责任承担的确可以创造价值；其次，承担企业社会责任能够创造多元价值；最后，企业承担社会责任创造价值是通过企业与利益相关者的关系改善与自身的能力提升来实现的，即价值创造的影响路径是关系改善和能力提升两个方面。

一定程度上说，本研究得出的结论益于企业坚定承担社会责任的信心，但由于企业自利的本性，企业社会责任的承担不能完全依靠市场机制来推动。政府作为宏观经济的调控者，应不断强化对企业社会责任践行行为的监督力度，充分利用政府能力与优势，弥补市场的不足，为企业社会责任的推进搭建平台基础，建立良好的政策制度和外部环境。政府是公共行政权的掌控者，具有合法的强制力以及高度的权威性，政府应合理地利用权力优势，通过搭建社会责任平台，鼓励和倡导企业履行社会责任并报告其履行社会责任的情况。如鼓励企业节能减排，并给予相应的优惠政策激励企业责任践行；也可引入监督机制，针对企业商业腐败问题给予有力监管。同时政府还应注重正向导向的宣传工作，充分利用媒体力量，加强宣传对社会责任自觉履行的企业典范，使企业认识到履行社会责任的重要意义。

第二节 企业社会责任价值创造研究的展望

本研究通过对企业社会责任价值创造机理和模型的研究，丰富了企业社会责任研究理论。随着市场竞争激烈化，企业之间互相竞争以追求经济利益最大化。可以说，大部分企业对社会责任的认识程度远远不够，社会责任缺失现象仍然普遍存在，需要成熟的理论加以引导和指导，帮助企业了解企业社会责任带来的长期价值，促进其有效、全面地践行社会责任。本研究构建了企业社会责任价值创造的"4R + 2C + 4V"模型，回答了"企业为什么要承担社会责任""承担怎样的社会责任""企业价值如何产生"等问题。本研究的核心内容在于理论篇（文献回顾、变量设计、模型构建）、实证篇（模型验证、个案研究）、实践篇（管理应用、保障机制、评价体系）。本研究虽在这三块内容上都取得了一定成果，但仍有许多问题未得到充分考虑，企业社会责任价值创造的研究还需要进一步推进，该领域还需要从多方面开展更为全面、系统和深入的研究。

一 在理论研究方面，CSR 价值创造研究需要更加系统完善

国内外学者围绕企业社会责任价值创造的理论研究比较多，但在"企业社会责任价值创造的内涵与构成是什么、企业社会责任承担到企业社会责任价值创造的作用机制究竟如何、如何合理地评价企业社会责任价值创造的结果？"这一系列问题上，学者们的回答仍然莫衷一是，没有形成一个普适的理论分析框架与模型来评价与分析企业社会责任承

担产生的价值结果。本研究针对这一系列问题做出了理论解释和模型分析，但理论上仍需要从以下几个方面来进行深入与完善。

（一）理论分析框架有待进一步完善

通过对企业社会责任价值创造已有研究的梳理与解读，本次研究将该主题的研究历程划分为"研究的提出、假说的明确、假说的验证"三个阶段。在对当前理论研究成果和现实企业社会责任推进情况的剖析后，本次研究从三个方面解构了企业社会责任价值创造研究的重点，即"是否创造价值、创造什么价值、如何创造价值"。本研究认为，当前该主题的理论研究仍停留在企业社会责任是否创造价值的讨论阶段，只探索了企业社会责任价值创造研究的一部分。基于此，本次研究围绕上述三个问题进行解答，业已形成了企业社会责任价值创造研究的基本理论分析框架。但整体而言，当前的理论分析框架只是指出了关键性问题，还未做细致化探讨。该主题的研究还可以进一步深入，找到各种适合中国企业具体情境的细致化问题，例如不同行业、不同规模、不同地区的企业在企业社会责任价值创造过程中的共性与差异。因此，如何依据中国的经济制度、市场环境特征和企业特征，将理论与实际合理对接，从而完善企业社会责任价值创造的理论分析框架？这就要求在今后的研究中，学者们可以结合国内企业特征和中国国情对现有理论进行创新与完善，形成适合我国企业的更为全面的理论分析框架。同时，理论离不开实践的反复验证，随着企业不断发展和社会不断进步，企业社会责任价值创造理论框架应不断更新，企业社会责任价值创造的研究需要深入企业不断跟进与完善。

（二）理论模型构建有待进一步优化

本次研究基于对企业社会责任价值创造的机理探讨，构建了"4R + 2C + 4V"模型。对自变量企业社会责任进行了 4R 的划分，对中介变量影响路径进行了关系改善与能力提升 2C 的分析，对因变量企业价值进行了 4V 的划分。由于该主题研究尚未深入到创造什么价值，如何创造价值的问题，因此本研究的理论基础还十分薄弱。"4R + 2C + 4V"模型中变量的选取与界定，以及变量之间影响关系的梳理与假设，还只是本研究的尝试性创新与探讨。在实证研究中，由于文化价值是隐性指标，测量难度较大，因此本研究暂时剔除了该指标的实证，辅之以阿里巴巴集团的案例分析。此外，在实证过程中，部分假设并未得到证实，尤其是法律责任与伦理责任的影响效果并不显著。整体而言，本研究构建的理论模型还只是对企业社会责任价值创造过程中关键变量的初步设计，虽然本次研究进行了模型修正，但如何保证变量选择的科学性、如何保证机理模型的规范性、如何保证该主题研究的信度和效度等问题都是未来值得探讨的研究点所在。

此外，现实的企业实践中企业承担的社会责任内化在企业经营的全过程，涉及从采购、生产、销售到售后服务等各个环节，企业社会责任承担以及企业价值创造不是片面的、局部的。因此，对于企业社会责任价值创造领域研究的加深需要从更多维度入手。同时，在日益复杂的经济环境里，企业承担社会责任会通过多种途径影响企业价值的创造，不只是改善、增强企业与各利益相关者的关系，"倒逼"企业提升营销能力、科技能力、创新能力、增值创收能力等。要想清楚阐述企业社会责任价值创造机制并能在企业中扩大其影响力，增强企业承担社会责任的信心，就需要验证更多关键的影响途径，使企业明白承担社会责任会潜移默化地影响或者改变企业的哪些关键点，以此能够实现更高的价值追求。另外，企业社会责任实践为企业创造的价值是一个价值体系。企业的价值链得到巩固并发生正向移动，量化这些由企业社会责任引起的改变，将价值创造具体化、数据化会使理论研究更具说服力。

由于时间和资源等有限，本研究没有进行行业、企业性质及规模、不同区域等控制变量、调节变量等角度的全面探讨。事实上，企业社会责任与企业价值创造的关系还受到其他变量的影响，例如公司董事会的因素：董事人员结构、知识结构、价值观、持股数量等因素；所有权结构：国有和私有方面；代理因素：股东和经营者、其他利益相关者间的利益权衡；此外，企业内部运行机制也应纳入考虑范围。同时，不同行业之间、同行业不同企业之间的社会责任价值创造过程也会有所差别。因此，需要不断扩大研究样本量，尽可能加强理论模型在变量选取和设计上的严谨性和科学性。本研究只是对企业社会责任价值创造模型的初步探索，未来研究还可以考虑对上述变量进行层次划分、类别比较，细致化研究其对企业社会责任价值创造的不同影响，从而更加科学、系统地构建企业社会责任价值创造模型。

二 在实证研究方面，CSR 价值创造研究需要更为科学规范

在实地走访与深入访谈中，本研究发现，我国企业社会责任价值创造的企业实践与经验在一定程度上先于理论研究产生。因此，实证研究过程中部分无法有效测量的指标其实在企业的具体实践中有较为生动的体现。因此，为了弥补本次实证研究过程中存在的不足，课题组走访了多家不同行业、不同性质的企业，总结了这些企业在承担社会责任创造价值过程中的真实做法和经验。可以说，这些经验和实践对其他企业具有一定借鉴意义，但整体而言，本次研究的实证分析和案例分析尚待进一步的细致化、科学化。

（一）研究方法需要更为适用、实用

本研究采用的方法主要是案例研究和实证研究方法，企业社会责任是一门关于道德、社会的研究，今后可以将多种研究方法结合运用。企业社会责任涉及管理学、经济学、伦理学、理学等多门学科，除了定量分析方法、定性分析方法、文献研究方法，可以考虑运用跨学科研究方法进行研究以及博弈矩阵分析法、实地调查与问卷调查相结合的方法。例如，可以运用实地调查与问卷调查相结合的方法，向社区、债权人、客户、政府等利益相关者了解企业社会责任承担及其创造价值的情况。通过多种研究方法的运用，充实与完善企业社会价值创造理论。

此外，本次案例研究的应用侧重于描述性分析，研究还不够深入，未来的案例研究方法运用可以使用"扎根理论"，更为深入地去挖掘企业实践中的规律，提升案例研究的真正价值。此外，本次研究过程中，由于文化价值指标测量的难度，因此只对"4R + 2C + 4V"模型进行了部分验证。未来研究需要对该模型进行更为全面的考察，并在研究过程中加强规范性，选取样本数量应该扩大，样本对象不能局限于食品行业。这些都可以成为企业社会责任价值创造研究的重要切入点。

（二）研究对象选择需更全面、多样

1. 注重多样化案例研究

目前，国内企业社会责任研究对象主要是大型国有企业、大型民营企业和集群企业中的一些中小型企业。本研究选取的案例数量比较少，范围不够广，可能存在片面性。个别企业或某个领域企业社会责任价值

创造理论不一定适合其他领域或其他地区的企业，企业性质不同，从事行业不同，导致企业诉求多样化以及对社会责任的要求也不一致，企业社会责任价值创造路径与作用机制不同，这就要求针对不同行业、不同地区、不同性质企业进行层次划分，并选取更多案例，进行多角度、多层次的深入研究。

例如，研究案例可以从以下几个方面划分，按企业行业划分：制造业、采矿业、食品行业、金融行业、服务业等；按企业地区划分：华北地区、华东地区、珠江三角洲等；根据企业性质划分：国有企业、民营企业、外资企业；按企业规模进行划分：大型企业、中小型企业。目前在国外成熟的市场经济体制下，有很多企业与当地政府、社区、消费者及合作伙伴等互利共赢，在践行企业社会责任方面已有清晰理智的认识，也有自己一套践行企业社会责任的成熟的体系。将国外企业纳入案例研究范围，对其进行分析可为理论研究提供新的切入点，也为国内企业提供新的借鉴模式。另外，研究案例选择应该数量化，避免行业或区域中个别特殊情况的干扰，选取多个案例进行研究，进行统计分析，重复比对和相互确认，找出规律，获取普适性的研究结论。

2. 注意负面型案例研究

总体而言，国内外企业社会责任研究的案例较多选取正面案例，较少涉及负面案例研究。这主要是考虑到资料与数据的可得性，企业社会责任活动对于企业口碑与品牌建设有益，因此在社会责任承担方面表现优异的企业更愿意公开自己的企业社会责任活动，发布企业社会责任报告。相对而言，企业社会责任负面行为较难追踪，企业有意将负面行为隐蔽化，经由社会媒体或舆论报道出来的数据、资料和实际情况往往存在出入。因此，本研究选取的都是积极承担企业社会责任的正面案例，验证企业承担经济责任、法律责任、伦理责任和慈善责任，通过关系和能力两个路径创造社会价值、环境价值和经济价值。正面案例虽是验证理论最常用的方法，但容易陷入循环论证，存在一定局限性，负面案例研究是从问题出发，审视现有研究成果，逆向思考，有助于发现问题，找到新出路，创新研究成果，两者具有互补性。为了保证研究的严谨性，克服正向研究方法的缺陷以及避免企业社会责任衡量上的争议和不完整性，未来研究可以结合"对社会不负责任"的企业行为事件进行研究。通过负面案例的研究，完善企业社会责任价值创造理论，找出模型框架中的漏洞和不足，确保企业社会责任价值创造研究的系统化与正确性。

3. 注重集群式案例研究

整体而言，当前企业社会责任领域的研究还较少关注产业集群的案例分析。事实上，产业集群作为一种新的产业组织形式，它是产业发展适应经济全球化和竞争日益激烈的新趋势，是为创造竞争优势而形成的一种空间产业组织形式，它具有的群体竞争优势和集聚发展的规模效益是其他形式无法比拟的。随着产业集群的升级和技术进步，集群网络体系也发生着变化，由集群单一的生产网络体系开始向集生产网络、人际网络、研发网络、信息网络为一体的复杂网络体系演化，这也为集群内企业社会责任行为互动提供了前提。

随着公众对企业社会责任关注度的不断提高，大企业逐渐开始将企业社会责任的履行视为企业的一项长期战略，但对于规模多为中小型的集群企业来说，这样的一种关注无形中增加了企业的发展压力，企业资金的短缺尤其是企业对社会责任的认识不足让大多数集群企业在履行企业社会责任时面临着极大的困境。产业集群作为一个复杂的、天然的网络集合体，集群内部企业相互学习和模仿，引导集群企业社会责任承担往往会产生创新性成果。Michael E. Porter 在其竞争优势理论中指出，国家竞争优势的获得，关键在于产业的竞争，而产业的发展往往是在国内几个区域内形成具有竞争力的产业集群。产业集群的吸聚效应、协同效应、激烈的竞争和紧密的合作导致集群企业之间的影响更加显著，加强针对集群企业社会责任价值创造的研究有着非常重要的意义。从个体企业扩展到集群企业的研究，是将企业社会责任承担主体的研究重心从有限的大企业向众多的中小企业转变，促进中小企业对社会责任的关注，并使之成为实践主体，这将对行业性、集群式的企业社会责任价值创造产生更为显著的影响。

因此，未来的企业社会责任价值创造研究需要扩大范围、拓宽视野，针对不同地区、不同领域集群产业探讨分析企业社会责任价值创造的内部发生机制，丰富现有企业社会价值创造理论内容，为集群企业提供实践参考。

（三）研究过程需要更为科学、严谨

本次研究过程中，将自变量划分为4R，将因变量划分为4V，还引入了两个中介变量2C，由于变量本身的复杂性，部分指标本身的隐性问题，本次研究的实证分析过程难度非常大。为解决这一问题，本研究尝试提取了核心指标，剔除了一些非关键指标和隐性指标，例如实证过程中未验证文化价值。此外，课题组将研究对象聚集于我国食品行业，选取了食品行业的103家上市公司进行分析，但由于数据的可得性较低，选取的样本量还是较少，并且指标的可测量性较弱等问题还是增加了实证研究的难度，降低了本次实证研究的科学性。未来的研究过程中，学者们可以对企业社会责任价值创造进行分阶段分析，例如先分析企业社会责任对企业文化价值、社会价值、环境价值等单个价值层面的影响，再考察综合价值。在中介变量引入过程中，可以先后考察关系改善、能力提升的中介作用，甚至可以细化为测量改善与客户的关系、与政府的关系等单个维度的中介效应，或者测量提升研发能力、营销能力等单个维度的中介效应。这些都是值得切入的研究点，并且可以大大提高研究的科学性。

三　在应用研究方面，CSR价值创造研究需要更加"接地气"

企业社会责任价值创造理论研究的开展是为了向现实企业解析社会责任承担的重要性和必要性，是为当前企业社会责任缺失现象频发问题提供解决方案。因此，企业社会责任价值创造的理论研究需要更加"接地气"，能够为企业践行社会责任提供切实的理论指导和对策指导。如何将理论研究转化为应用对策，如何实现理论研究服务于企业实际的目的？针对这些问题，企业社会责任价值创造研究不仅要突破理论探讨，更要坚持企业社会责任与企业改革发展相结合，坚持企业社会责任与企业管理运营相融合。在未来的研究中，企业社会责任价值创造研究要以"理论指导实践，理论服务于实践"为前提，进一步确保理论研究和企业应用的良好衔接。

（一）提升应用研究的可操作性

在实证研究基础上，本研究从责任研发、责任采购、责任生产、责任营销四个角度思考了企业社会责任价值创造的管理应用。这些研究对企业具有一定的指导意义，为企业在社会责任的操作和应用层面提供了较为普适性的指导。但企业的能力各有不同、企业的需求差异显著、企业面临的具体问题千变万化，这些普适性的对策还需要结合企业的实际情况进行更为针对性的分析。因此，在接下来的应用研究中，学者们可以从更加微观、更易操作的方面进行企业社会责任价值创造领域的研究，通过更为注重实证研究，加大调研力度，加深调研内容，为具体行业、具体企业提供"普适性 + 针对性"相结合的切实有效的指导，让理论研究能够更"接地气"，更好服务于企业实践。

（二）增强对企业诉求的回应能力

对策类的应用研究还需进一步增强对企业诉求的回应能力，更深入地从企业践行社会责任所遇到的困难入手，运用科学理论切实有效地指导企业面临的实践困难，健全企业践行社会责任的体制机制，使应用研究成果贯穿到企业履行社会责任过程的始终。结合企业自身业务，细化各利益相关者的利益诉求，研究企业真正需要做什么。因此，对接企业需求的企业社会责任价值创造应用领域研究应该学会"大事化小"，学会聚集，学会解决阶段性的关键问题。例如，针对现代企业中较为常见的商业贿赂和舞弊问题，企业社会责任价值创造研究需要更加细化，深入分析企业产生腐败、舞弊等法律责任、伦理责任缺失行为的根本原因，从价值创造角度为企业解惑，促进商业环境的有效治理。更"接地气"意味着要将企业社会责任价值创造领域的理论研究与企业实践有机结合，从企业真实问题、真实需求出发，答疑解惑，有效地推动企业协调与市场的利益关系、规范企业的社会行为、化解经济与环境矛盾、践行社会主义文化价值观。

（三）创新企业承担 CSR 的模式

企业社会责任价值创造研究的目的是使企业社会责任的实践水平不断提高，各利益相关者的权益在得到充分保障的基础上，获得进一步改善与提升。因此，企业社会责任价值创造的应用研究还需着眼加强企业之间的"责任协同"，推动领袖型企业积极主动承担企业社会责任，以在行业内、行业间产生以点带面的影响，放大企业协同履行社会责任的效果，培育与行业性质相应的行业文化，在企业社会责任承担方面发挥"1 + 1 > 2"的协同效应。此外，应用研究也需进一步积极探索企业承担社会责任创造多元价值的新模式，以形式创新、方法创新带动模式创新，以模式创新驱动企业更为积极主动地承担社会责任，履行经济、法律、伦理及慈善责任。这也为企业寻求践行企业社会责任在成本投入和获取收益两者之间的平衡提供重要理论依据。

附录 1   食品行业 103 家上市企业样本信息

序号	股票代码	公司全称	注册地址
1	600298	安琪酵母股份有限公司	湖北宜昌
2	002696	百洋水产集团股份有限公司	广西南宁
3	002286	保龄宝生物股份有限公司	山东禹城
4	002570	贝因美婴童食品股份有限公司	浙江杭州
5	300138	晨光生物科技集团股份有限公司	河北邯郸
6	000848	河北承德露露股份有限公司	河北承德
7	002385	北京大北农科技集团股份有限公司	北京
8	002330	山东得利斯食品股份有限公司	山东诸城
9	002086	山东东方海洋科技股份有限公司	山东烟台
10	000893	广州东凌粮油股份有限公司	广东广州
11	002507	重庆市涪陵榨菜集团股份有限公司	重庆
12	000596	安徽古井贡酒股份有限公司	安徽亳州
13	600059	浙江古越龙山绍兴酒股份有限公司	浙江绍兴
14	600251	新疆冠农果茸集团股份有限公司	新疆库尔勒
15	600597	光明乳业股份有限公司	上海
16	000529	广东广弘控股股份有限公司	广东广州
17	000557	广夏（银川）实业股份有限公司	宁夏银川
18	600519	贵州茅台酒股份有限公司	贵州仁怀
19	002311	广东海大集团股份有限公司	广东广州
20	600238	海南椰岛（集团）股份有限公司	海南海口
21	603288	佛山市海天调味食品股份有限公司	广东佛山
22	002702	海欣食品股份有限公司	福建福州
23	002582	好想你枣业股份有限公司	河南郑州
24	603609	辽宁禾丰牧业股份有限公司	辽宁沈阳
25	002387	黑牛食品股份有限公司	广东汕头

续表

序号	股票代码	公司全称	注册地址
26	000716	南方黑芝麻集团股份有限公司	广西南宁
27	600305	江苏恒顺醋业股份有限公司	江苏镇江
28	300401	浙江花园生物高科股份有限公司	浙江东阳
29	600191	包头华资实业股份有限公司	内蒙古包头
30	002329	皇氏集团股份有限公司	广西南宁
31	000995	甘肃皇台酒业股份有限公司	甘肃武威
32	002695	江西煌上煌集团食品股份有限公司	江西南昌
33	601579	会稽山绍兴酒股份有限公司	浙江绍兴
34	600573	福建省燕京惠泉啤酒股份有限公司	福建泉州
35	002650	加加食品集团股份有限公司	湖南宁乡
36	002495	广东佳隆食品股份有限公司	广东普宁
37	603369	江苏今世缘酒业股份有限公司	江苏淮安
38	002626	厦门金达威集团股份有限公司	福建厦门
39	600616	上海金枫酒业股份有限公司	上海普陀
40	600127	金健米业股份有限公司	湖南常德
41	002548	深圳市金新农饲料股份有限公司	深圳宝安
42	600199	安徽金种子酒业股份有限公司	安徽阜阳
43	002515	金字火腿股份有限公司	浙江金华
44	000799	酒鬼酒股份有限公司	湖南吉首
45	002661	克明面业股份有限公司	湖南长沙
46	300175	朗源股份有限公司	山东龙口
47	600559	河北衡水老白干酒业股份有限公司	河北衡水
48	600186	河南莲花味精股份有限公司	河南项城
49	300149	量子高科（中国）生物股份有限公司	广东江门
50	002726	山东龙大肉食品股份有限公司	山东莱阳
51	002604	山东龙力生物科技股份有限公司	山东禹城
52	000568	泸州老窖股份有限公司	四川泸州
53	600695	上海绿庭投资控股集团股份有限公司	上海
54	600873	梅花生物科技集团股份有限公司	河北廊坊
55	600543	甘肃莫高实业发展股份有限公司	甘肃兰州
56	002714	牧原食品股份有限公司	河南南阳
57	000911	南宁糖业股份有限公司	广西南宁

序号	股票代码	公司全称	注册地址
58	600090	新疆啤酒花股份有限公司	新疆乌鲁木齐
59	002557	洽洽食品股份有限公司	安徽合肥
60	600600	青岛啤酒股份有限公司	山东青岛
61	002646	青海互助青稞酒股份有限公司	青海海东
62	002216	三全食品股份有限公司	河南郑州
63	600429	北京三元食品股份有限公司	北京
64	600809	山西杏花村汾酒厂股份有限公司	山西汾阳
65	600073	上海梅林正广和股份有限公司	上海
66	000019	深圳市深宝实业股份有限公司	广东深圳
67	002299	福建圣农发展股份有限公司	福建光泽
68	000895	河南双汇投资发展股份有限公司	河南漯河
69	002481	烟台双塔食品股份有限公司	山东招远
70	600779	四川水井坊股份有限公司	四川成都
71	000860	北京顺鑫农业股份有限公司	北京
72	300146	汤臣倍健股份有限公司	广东广州
73	002567	唐人神集团股份有限公司	湖南株洲
74	002124	宁波天邦股份有限公司	上海
75	002220	大连天宝绿色食品股份有限公司	辽宁大连
76	002100	新疆天康畜牧生物技术股份有限公司	新疆乌鲁木齐
77	600365	通化葡萄酒股份有限公司	吉林通化
78	600438	通威股份有限公司	四川成都
79	600702	四川沱牌舍得酒业股份有限公司	四川遂宁
80	300268	万福生科（湖南）农业开发股份有限公司	湖南常德
81	600300	维维食品饮料股份有限公司	江苏徐州
82	000858	宜宾五粮液股份有限公司	四川宜宾
83	600275	湖北武昌鱼股份有限公司	湖北鄂州
84	000752	西藏银河科技发展股份有限公司	西藏拉萨
85	000639	西王食品股份有限公司	山东滨州
86	000876	新希望六和股份有限公司	四川成都
87	000729	北京燕京啤酒股份有限公司	北京
88	002732	广东燕塘乳业股份有限公司	广东广州
89	002304	江苏洋河酒厂股份有限公司	江苏宿迁

续表

序号	股票代码	公司全称	注册地址
90	600197	新疆伊力特实业股份有限公司	新疆乌鲁木齐
91	600887	内蒙古伊利实业集团股份有限公司	内蒙古呼和浩特
92	300381	广东溢多利生物科技股份有限公司	广东珠海
93	002143	印纪娱乐传媒股份有限公司	北京
94	000869	烟台张裕葡萄酿酒股份有限公司	山东烟台
95	002157	江西正邦科技股份有限公司	江西南昌
96	000702	湖南正虹科技发展股份有限公司	湖南岳阳
97	600872	中炬高新技术实业（集团）股份有限公司	广东中山
98	000930	中粮生物化学（安徽）股份有限公司	安徽蚌埠
99	600737	中粮屯河股份有限公司	新疆乌鲁木齐
100	200992	山东省中鲁远洋渔业股份有限公司	北京
101	600084	中信国安葡萄酒业股份有限公司	新疆乌鲁木齐
102	600132	重庆啤酒股份有限公司	重庆
103	002461	广州珠江啤酒股份有限公司	广东广州

参考文献

［1］ Alexander, Karl L, Cook, et al. Curriculum Tracking and Educational Stratification: Some Further Evidence. ［J］. *American Sociological Review*, 1978, 43 (01): 47 – 66.

［2］ Andreasen, A. R, Marketing social change: Changing behavior to promote health, social development, and the environment. 1st Edition ［M］. *San Francisco: Jossey-Bass*, 1995.

［3］ Aupperle K E, Archie Carroll, John D. Hatfield. An Empirical Examination of the Relationship Between Corporate Social Responsibility and Profitability ［J］. *The Academy of Management Journal*, 1985, 28: 446 – 463.

［4］ Aupperle K E, Dean Van Pham. An Expanded Investigation in the Relationship of Corporate Social Responsibility and Financial Performance ［J］. *Employee Responsibilities and Rights Journal*, 1989, 22: 63 – 74.

［5］ Austin, James E. and Seitanidi, M. May, Collaborative Value Creation. A Review of Partnering between Nonprofits and Businesses: Part I. Value Creation Spectrum and Collaboration Stages ［J］. *Nonprofit and Voluntary Sector Quarterly*, 2012, 41 (05): 726 – 758.

［6］ Barney J. Organizational culture: Can it be a source of sustained competitive advantage ［J］. *Academy of Management Review*, 1986, 11 (03): 656 – 665.

［7］ Barnett. M. L. Stakeholder Influence Capacity And The Variability Of Financial Returns To Corporate Social Re-sponsibility ［J］. *Academy of Management Review*, 2007 (32): 794 – 816.

［8］ Berman S L, Wicks A C, Kotha S,, Jones T M. Does stakeholder orientation matter? the relation-ship between stakeholder management models and firm financial performance [J]. *Academy of Management Journal*, 1999, 42 (05): 488 – 506.

[9] Bhattacharya C B, Sen S. Doing Better at Doing Good: when, why, and how consumers respond to corporate social initiatives [J]. *California Management Review*, 2004, 47 (01): 9 – 24.

[10] Bruce. Creating the Responsible Firm: In Search for a New Corporate Governance Paradigm [J]. *German LJ*, 2003, 4: 45 – 48.

[11] Carter, C. R. Purchasing and social responsibility: a replication and extension [J]. *The Journal of Supply Chain Management*, 2004, 40, 4 – 16.

[12] Carter, C. R.. Purchasing social responsibility and firm performance: the key mediation roles of organizational learning and supplier performance [J]. *International Journal of Physical Distribution & Logistics Management*, 2005, 35 (03), 177 – 94.

[13] Carroll A B. Social Issues in Management Research Experts' Views, Analysis and Commentary [J]. *Business&Society*, 1994, 33 (01): 5 – 29.

[14] Chin Hung Lin, Ho Li Yang, Dian Yan Liu. The Impact of Corporate Social Responsibility on Financial Performance: Evidence from Business in Taiwan [J]. *Technology in Society*, 2009, 31 (01): 56 – 63.

[15] Chen C H. The major components of corporate social responsibility [J]. *Journal of Global Responsibility*, 2011, 2 (01): 85 – 99.

[16] Charlotte Leire and Oksana Mont. The implementation of socially responsible purchasing [J]. *Corporate Social Responsibility and Environmental Management*, 2010, 17 (01), 27 – 39.

[17] Cigdem Apaydin, Basak Ercan. A structural equation model analysis of Turkish school managers' views on social responsibility [J]. *Procedia Social and Behavioral Sciences*, 2010 (02): 5590 – 5598.

[18] Cornell, Bradford, Alan C. Shapiro. Corporate Stakeholders and Corporate Finance [J]. *Financial Management*, 1987, 16: 5 – 14.

［19］ Deephouse, Carter. A commentary on: corporate social responsibility reporting and reputation risk management ［J］. *Accounting, Auditing & Accountability Journal*, 2005, 21 (3): 365 - 370.

［20］ Donaldson T, Dunfee T W. Ties that bind: a social contracts approach to business ethics ［M］. *Harvard Business School Press*, 1999: 627 - 630.

［21］ Eric Boyd D. Spekman Robert E, Kamauff John W et al. Corporate Social Responsibility in Global Supply Chains: A Procedural Justice Perspect ［J］. *Long Range Planning*, 2007, 40 (03), 341 - 356.

［22］ Friedman, Milton. The Social Responsibility Is To Increase Its Profits ［N］. *The New York Times Magazine*, 1970, (September 13): 32 - 33.

［23］ Freeman, R. Edward. A Stakeholder Approach of Strategic Management ［J］. *Boston: Pitman*, 1984.

［24］ Franz Wirl. Dynamic corporate social responsibility (CSR) strategies in oligopoly ［J］. *OR Spectrum*, 2013 (02): 1 - 22.

［25］ Griffin J J, Mahon J F. The corporate social performance and corporate financial performance debate twenty-five years of incomparable research ［J］. *Business & Society*, 1997, 36 (01): 5 - 31.

［26］ Goldberg R. Corporate image, business competency vs. social conscience. Department of Psychology ［M］. *Harvard University, Cambridge*, MA. 1998.

［27］ Harrison, Jeffrey S, and Freeman, R. Edward. Stakeholders, Social Responsibility, and Performance: Empirical Evidence and Theoretical Perspectives ［J］. *Academy of Management Journal*, 1999, 42 (05): 479 - 485.

［28］ Hillman Amy J, Keim Gerald D. Shareholder value, stakeholder management, and social issues: what's the bottom line? ［J］. *Strategic Management Journal*, 2001, 22 (02): 125 - 139.

［29］ Holman Walter. R, New. J. Randolph, Singer Daniel. The Impact of Corporate Social Responsiveness on Shareholder Wealth ［J］. *Research in*

Corporate Social Performance and Policy, 1985 (07): 137 - 152

[30] I. E. Nikolaou, K. I. Evangelinos, S. Allan. A reverse logistics so-cial responsibility evaluation framework based on the triple bottom line ap-proach [J]. *Journal of Cleaner Production*, 2011 (12): 1 - 12.

[31] Ingram, Jesse C, Dixon, et al. Problem Solving as a Function of Race and Incarceration [J]. *Journal of Social Psychology*, 1983, 120 (01): 83 - 90.

[32] Johnson, Homer H. Does it pay to be good? Social responsibility and financial performance [J]. *Business Horizons*, 2003: 34 - 40.

[33] Jose M. Cruz. Modeling the relationship of globalized supply chains and corporate social responsibility [J]. *Journal of Cleaner Production*, 2011 (09): 1 - 13.

[34] Kotter J P, Heskett J L. Corporate Culture and Perform ance [J]. *The Free Press, Communication-Based Model*, 1992.

[35] K. H. Lee, R. S. Farzipoor. Measuring corporate sustainability management: A data envelopment analysis approach [J]. *International Jour-nal of Production Economics*, 2012 (140): 219 - 226.

[36] Lindgreen, A. & Swaen, V, Corporate Social Responsibility [J]. *International Journal of Management Reviews*, 2010, 12 (01): 1 - 105.

[37] Liker, J. K, Kamath, R. R, Supplier involvement in Automotive Component Design: are there really Large US Japan differences? [J]. *Re-search Poliey*, 1996 (25): 59 - 89.

[38] L. Xu, D. T. Kumar, K. M. Shankar, et al. Analyzing criteria and sub-criteria for the corporate social responsibility-based supplier selection process using AHP [J]. *The International Journal of Advanced Manufacturing Technology*, 2013 (04): 1 - 10.

[39] Matten, D. , J. Moon. "Implicit" and "Explicit" CSR: A Con-ceptual Framework for A Comparative Understanding of Corporate Social Re-sponsibility [J]. *Academy of Management Review*, 2008, 33 (02): 404 - 424.

　　[40] Margolis, J. D. & Walsh, J. P., Misery Loves Companies: Rethinking Social Initiatives by Business [J]. *Administrative Science Quarterly*, 2003, 48 (02): 268 – 305.

　　[41] Maon, F., Lindgreen, A., Swaen, V. Designing and Implementing Corporate Social Responsibility: An Integrative Framework Grounded in Theory and Practice [J]. *Journal of Business Ethics*, 2009 (01), 87.

　　[42] Moskowitz, Milton. Choosing Socially Responsible Stocks [J]. *Business and Society Review*, 1972, (01): 71 – 75.

　　[43] Milgrom P, Roberts J. Price and Advertising Signals of Product Quality [J]. *Cowles Foundation Discussion Papers*, 1984, 94 (04): 796 – 821.

　　[44] McWilliams, A., Siegel, D. Corporate Social Responsibility: A Theory of the Firm Perspective [J]. *Academy of Management Review*, 2001, 26 (03): 117 – 127.

　　[45] Mc Guire J B, Sundgren A, Schneeweis T. Corporate Social responsibility and Firm Financial Performance [J]. *Academy of Management Journal*, 1988, 31 (04): 854 – 872.

　　[46] Maignan, I. D. A. Ralston. Corporate Social Responsibility in Europe and the U. S.: Insights from Business' Self-presentations [J]. *Journal of International Business Studies*, 2002, 33 (03): 497 – 514.

　　[47] Mont, O. and Leire, C.. Socially responsible purchasing in supply chains: drivers and barriers in Sweden [J]. *Social Responsibility Journal*, 2009, 5 (03), 388 – 407.

　　[48] Navarro P. Why Do Corporations Give to Charity? [J]. *Journal of Business*, 1988, 61 (01): 65 – 93.

　　[49] New, S. Understanding Supply Chains: Concepts, Critiques, and Future [J]. *Oxford University Press, New York, NY*, 2004. 253 – 280.

　　[50] Noushi Rahman, Corinne Post. Measurement Issues in Environmental Corporate Social Responsibility (ECSR): Toward a Transparent, Reliable, and Construct Valid Instrument [J]. *Journal of Business Ethics*,

2012（105）：307 – 319.

［51］ Ouchi W. Theory Z： How American business can meet the Japanese challenge ［J］. *Business Horizons*, 1981, 24（6）：82 – 83.

［52］ Preston, Lee E. and O'Bannon, Douglas P. The Corporate Social-Financial Performance Relationship：A Typology and Analysis ［J］. *Business and Society*, 1997, 36（04）, 419 – 429.

［53］ Preston. Lee, Harry Sapienza, Robert Miller. Stakeholders, Shareholders, Managers：Who Gains What From Corporate Performance? ［J］. *Socio-Economics：Toward a New enthesis*, 1991.

［54］ Pelosza, J., & Shang, J., How Can Corporate Social Responsibility Activities Create Value for Stakeholders? A Systematic Review ［J］. *Journal of the Academy of Marketing Science*, 2011, 39：117 – 135.

［55］ P. K. Humphreysa, V. H. Y. Loa, R. T. Mclvorb. A Decision Support Framework for Strategic Purchasing ［J］. *Journal of Materials Processing Technology*, 2000,（107）：353 – 362.

［56］ Roman R M, Hayibor S, Agle B R. The Relationship Between Social and Financial Performance Repainting a Portrait ［J］. *Business & Society*, 1999, 38（01）：109 – 125.

［57］ Riehard Nixon. A Study of the effectiveness of Rover Group Post Launeh Supplier Development ［J］. MSC Dissertation, 1998.

［58］ Ramasamy, B. And Yeung, M. "Chinese consumers' perception of corporate social responsibility（CSR）" ［J］. *Journal of Business Ethics*, 2009（88）, 119 – 32.

［59］ Saiia D H, Cyphert D. The Public Discourse of the Corporate Citizen ［J］. *Corporate Reputation Review*, 2003, 6（1）：47 – 57（11）.

［60］ Stephen Brammer, Andrew Millington. Does it pay to be different? An analysis of the relationship between corporate social and financial performance ［J］. *Strategic Management Journal*, 29（12）：1325 – 1343.

［61］ Surroca, Triboja, Waddock. Corporate responsibility and financial performance：the role of intangible resources ［J］. *Strategic Management Journal*, 2010, 31（05）：463 – 490.

［62］Schealtegger S, Synnestvedt T. The Link between Green and Economic Sucess: Environmental Management as the Crucial Trigger between Environmental and Economic Performance ［J］. *Journal of Environmental Management*, 2002, 65（04）: 339 – 346.

［63］Turban D B, Greening D W. Corporate Social Performance And Organizational Attractiveness To Prospective Employees ［J］. *Academy of Management Journal*, 1997, 40（03）: 658 – 672.

［64］TB Chen, LT Chai. Attitude towards the Environment and Green Products: Consumers' Perspective, Management ［J］. *Science & Engineering*, 2010, 4（02）, 36 – 39.

［65］Teece D, Pisano G, Shuen A. Dynamic Capabilities and Strategic Management ［J］. *Strategic Management Journal*, 1997, 18（07）: 509 – 533.

［66］Vance, S. C. Are socially responsible corporations good investment risks? ［J］. *Management Review*, 1975, 64（08）: 18 – 24.

［67］Waddock S A, Graves S B. The Corporare Social Performance-erformance-financial performance link ［J］. *Strategic Management Journal*, 1998, 18（04）: 303 – 319.

［68］Weidenbaum, Murray, Sheldon Vogt. Takeovers and Stockholders: Winners Losers ［J］. *California Management Review*, 1987, 29（04）: 57 – 168.

［69］Weber M. The Business Case for Corporate Social Responsibility: A Company-Level Measurement Approach for CSR ［J］. *European Management Journal*, 2008, 26（04）: 247 – 261.

［70］Webbetal. Silver D. History, hype, and hope: an afterward ［J］. *First Monday*, 2008, 13（03）.

［71］Williamson, Olives E. The Economics of Discretionary Behavior: Managerial Objective in Theory of the Firm ［M］. *Chicago: Markham*, 1967.

［72］Williamson, Olives E. The Economic Institutions of Capitalism ［M］. *New York: Press*, 1985.

［73］W. H. Tsai, J. L. Hsu, C. H. Chen, W. R. Lin, S. P. Chen. An integrated approach for selecting corporate social responsibility programs and costs evaluation in the international tourist hotel ［J］. *International Journal of Hospitality Management*, 2010（29）：385－396.

［74］ David Burt、Donald Dobler、Stephen Starling：《世界级供应管理》第 7 版，何明珂、张海燕译，电子工业出版社 2003 年版。

［75］ 毕楠：《基于声誉资本的企业社会责任价值创造机理研究》，东北财经大学，2012 年。

［76］ 毕楠、冯琳：《企业社会责任的价值创造研究——一个三维概念模型的构建》，《财经问题研究》2011 年第 3 期。

［77］ 布莱尔：《所有权与控制》，中国社会科学出版社 1999 年版。

［78］ 陈玉清、马丽丽：《我国上市公司社会责任会计信息市场反应实证分析》，《会计研究》2005 年第 11 期。

［79］ 陈向军、冷凯君：《企业文化的标杆学习》，《光明日报》2013 年 08 月 07 日，013。

［80］ 程云喜、田炜巍：《企业社会责任对企业"软实力"的作用及影响机理研究》，《企业活力》2012 年第 6 期。

［81］ 曹培：《基于利益相关者的企业社会责任与企业价值关系研究》，南京大学，2012 年。

［82］ 崔征：《巴斯夫："1＋3"打造责任供应链》，《WTO 经济导刊》2007 年第 10 期。

［83］ 崔国胜、吴昱锦：《从人、机、料、法、环看科技馆展品的安全问题》，《科技创业月刊》2014 年第 12 期。

［84］ 蔡月祥：《企业社会责任评价模型及标准研究》，《生态经济》2011 年第 12 期。

［85］ 董淑兰、冯舒慧：《利益相关者视角下企业社会责任价值创造能力研究——来自钢铁行业的经验数据》，《经济研究导刊》2015 年第 15 期。

［86］ 大卫·威勒、玛丽亚·西兰芭：《利益相关者公司》，经济管理出版社 2002 年版。

［87］ 戴明德、毛新述、邓蟠：《上市公司战略选择弹性与业绩关系的实证研究》，《南开管理评论》2006 年第 9 期。

［88］郭红玲：《国外企业社会责任与企业财务绩效关联性研究综述》，《生态经济》2006 年第 4 期。

［89］谷奇峰、丁慧平：《企业能力理论研究综述》，《北京交通大学学报（社会科学版）》2009 年第 1 期。

［90］龚颖彩、梁显刚：《供应链管理下的供应商管理分析》，《管理百科》2002 年第 4 期。

［91］霍艳芳、臧运杰：《内资企业与跨国公司履行企业社会责任的比较研究》，《科技管理研究》2013 年第 16 期。

［92］黄珺、郭志娇：《社会责任履行与企业价值提升——基于技术创新中介作用的实证研究》，《华东经济管理》2015 年第 3 期。

［93］黄娟、冯建、任兴文：《四川省国有控股上市公司社会责任综合评价》，《财经科学》2010 年第 4 期。

［94］胡娜博：《建筑施工安全生产管理系统的研究》，湖南大学，2005 年。

［95］洪旭、杨锡：《中国企业社会责任评价体系的构建》，《东北大学学报》2011 年第 11 期。

［96］纪建悦、吕帅：《利益相关者满足与企业价值的相关性研究——基于我国酒店餐饮上市公司面板数据的实证分析》，《中国工业经济》2009 年第 251 期。

［97］［日］金原达夫等：《环境经营分析》，葛建华译，中国政法大学出版社 2011 年版。

［98］刘建秋、宋献中：《社会责任、信誉资本与企业价值创造》，《财贸研究》2010 年第 6 期。

［99］刘建秋、宋献中：《社会责任与企业价值创造研究：回顾与展望》，《中南财经政法大学学报》2010 年第 3 期。

［100］刘建秋、宋献中：《社会责任活动、社会责任沟通与企业价值》，《财经论丛》2011 年第 2 期。

［101］刘藏岩：《民营企业社会责任推进机制研究》，《经济经纬》2008 年第 5 期。

［102］刘学文：《基于 AHP-Fuzzy 法的上市公司环境信息披露质量评价》，《山东大学学报》2012 年第 4 期。

［103］刘儒昀:《心理契约视角下国有企业环境责任的博弈分析》,《低碳经济》2012 年第 4 期。

［104］刘刚:《先秦儒家义利观与企业社会责任建设标准》,《中国人民大学学报》2008 年第 2 期。

［105］李伟阳:《基于企业本质的企业社会责任边界研究》,《中国工业经济》2010 年第 9 期。

［106］李建明:《论公司多边治理》,南京师范大学,2009 年。

［107］李伟阳、肖红军:《"全面社会责任管理"是一场前所未有的变革》,《WTO 经济导刊》2010 年第 4 期。

［108］李伟阳、肖红军:《走出"丛林":企业社会责任新探索》,经济管理出版社 2012 年版。

［109］李国刚、许明华:《联想并购以后》,北京大学出版社 2010 年版。

［110］李海舰:《从经营企业到经营社会——从经营社会的视角经营企业》,《中国工业经济》2008 年第 5 期。

［111］李正:《企业社会责任与企业价值的相关性研究——来自沪市上市公司的经验证据》,《中国工业经济》2006 年第 2 期。

［112］李勤:《社会责任对企业价值创造影响的实证研究——来自上市公司 2009 年社会责任报告的经验证据》,《会计之友》2012 年第 2 期。

［113］李艳华:《企业社会责任表现对员工组织行为的影响研究》,《当代经济管理》2008 年第 8 期。

［114］李宏旺:《基于管理者激励的财务经济学研究》,《财会通讯》2008 年第 3 期。

［115］李士华、唐德善:《奶粉事件下供应链危机研究》,《商业经济与管理》2009 年第 5 期。

［116］李光:《基于 ERP 的 HG 化工企业生产管理系统研究》,吉林大学,2013 年。

［117］林军:《企业社会责任与法人治理结构》,《新华文摘》2004 年第 24 期。

［118］兰芳:《社会责任运动促进企业可持续发展的机理与对策研

究》，《武汉金融》2010 年第 4 期。

　　［119］马克思：《1844 年经济学哲学手稿》，人民出版社 2000
年版。

　　［120］茅宁：《无形资产在企业价值创造中的作用与机理分析》，
《外国经济与管理》2001 年第 7 期。

　　［121］那保国：《粗糙集—模糊积分模型：一种评价企业社会责任
的新方法》，《统计与决策》2012 年第 3 期。

　　［122］麦影：《基于 DEA 快递企业社会责任评价》，《物流工程与
管理》2012 年第 3 期。

　　［123］彭华岗：《央企应做履行社会责任的表率》，《中国标准化》
2011 年第 12 期。

　　［124］切斯特·巴纳德：《经理人员的职能》，中国社会科学出版
社 1997 年版。

　　［125］邱明星：《企业社会责任履行对企业价值影响的实证研
究——以沪市 A 股 593 家上市公司为样本》，扬州大学，2009 年。

　　［126］齐二石、朱永明、焦馨锐：《基于灰色理论的煤炭企业社会
责任绩效评价研究》，《商业研究》2011 年第 10 期。

　　［127］沈洪涛：《公司社会责任与公司财务业绩关系研究——基于
相关利益者理论的分析》，厦门大学管理学院，2005 年。

　　［128］邵兴东：《企业社会责任战略研究》，《开发研究》2009 年
第 5 期。

　　［129］孙键：《基于 GIS 的煤炭企业社会责任评价平台建设初探》，
《中国市场》2011 年第 12 期。

　　［130］陶一桃：《需求与供给之间的选择——供给学派对扩大"内
需"的启示》，《学习与探索》2000 年第 3 期。

　　［131］唐东会：《政府采购促进自主创新的机理探析》，《地方财政
研究》2008 年第 5 期。

　　［132］谭术：《基于熵模型的供电企业社会责任测评体系初探》，
《价值工程》2013 年第 7 期。

　　［133］王欣：《社会责任融合视角的企业价值创造机理》，《经济管
理》2013 年第 12 期。

［134］王晓巍、陈慧：《基于利益相关者的企业社会责任与企业价值关系研究》，《管理科学》2011 年第 6 期。

［135］王世权：《试论价值创造的本原性质、内在机理与治理要义——基于利益相关者治理视角》，《外国经济与管理》2010 年第 8 期。

［136］王玲：《租金视角下供应链竞合的价值创造途径》，《商业经济与管理》2010 年第 4 期。

［137］王敏、肖红军、李伟阳：《企业社会责任指标体系构建——目的、原则、依据和框架模型》，《WTO 经济导刊》2008 年第 7 期。

［138］王佳凡：《基于平衡计分卡的企业社会责任评价体系构建》，《研究与探索》2010 年第 6 期。

［139］吴照云、王宇露：《企业文化与企业竞争力——一个基于价值创造和价值实现的分析视角》，《中国工业经济》2003 年第 12 期。

［140］威勒、西兰瑟：《利益相关者公司——利益相关者价值最大化之蓝图》，经济管理出版社 2002 年版。

［141］肖红军、郑若娟、李伟阳：《企业社会责任的综合价值创造机理研究》，《中国社会科学院研究生院学报》2014 年第 6 期。

［142］肖红军、胡叶琳、许英杰：《企业社会责任能力成熟度评价——以中国上市公司为例》，《经济管理》2015 年第 2 期。

［143］谢佩洪：《企业履行社会责任的动因及对策建议》，《中国人力资源开发》2008 年第 7 期。

［144］许金杰：《社会责任会计信息披露对企业绩效的影响研究》，中南大学，2010 年。

［145］徐然：《面向 ERP/MES 的钢铁行业集成化生产管理系统的研究和应用》，大连理工大学，2003 年。

［146］易开刚：《企业社会责任研究：现状及趋势》，《光明日报（理论版）》，2012 年 4 月 20 日。

［147］易开刚：《企业社会责任管理新理念：从社会责任到社会资本》，《经济理论与经济管理》2007 年第 11 期。

［148］易开刚、刘培、厉飞芹：《社会责任视角下企业技术创新向度与边界》，《科技进步与对策》2014 年第 18 期。

［149］易开刚：《论不同时空下企业技术创新的三维伦理边界》，

《自然辨证法研究》2007 年第 2 期。

［150］易开刚：《企业社会责任教程》，浙江工商大学出版社 2014 年版。

［151］易开刚、厉飞芹：《基于企业社会责任理念的四大管理创新》，《光明日报（理论版）》2014 年 4 月 9 日。

［152］余东华、芮明杰：《模块化、企业价值网络与企业边界变动》，《中国工业经济》2005 年第 10 期。

［153］杨一飞：《论采购成本的有效控制》，《中南民族大学学报（人文社会科学版）》2005 年第 S1 期。

［154］杨信廷、钱建平、孙传恒、赵春江、王俊英、台社红、侯彦林：《蔬菜安全生产管理及质量追溯系统设计与实现》，《农业工程学报》2008 年第 3 期。

［155］姚瑞、邹国庆：《我国企业社会责任战略研究》，《经济纵横》2010 年第 11 期。

［156］阳秋林、王娜：《我国企业社会责任审计评价体系的构建》，《价值工程》2010 年第 5 期。

［157］朱雅琴、姚海鑫：《企业社会责任与企业价值关系的实证研究》，《财经问题研究》2010 年第 2 期。

［158］张福君：《国有企业承担社会责任的战略价值》，《光明日报》2014 年 9 月 8 日。

［159］张宝建、胡海青、张道宏：《企业创新网络的生成与进化——基于社会网络理论的视角》，《中国工业经济》2011 年第 1 期。

［160］张兆国、梁志刚、赵寿文：《企业社会责任与企业价值的关系：理论解释与经验证据》，《财会月刊》2010 年第 36 期。

［161］张维迎：《产权、激励与公司治理》，经济科学出版社 2005 年版。

［162］张士元、刘丽：《论公司的社会责任》，《法商研究：中南财经政法大学学报》2001 年第 6 期。

［163］张德、吴剑平：《企业文化与 CI 策划（第三版）》，清华大学出版社 2008 年版。

［164］张向前：《和谐社会企业社会责任管理研究》，《经济界》

2005 年第 6 期。

［165］钟向东、樊行健：《企业社会责任，财务业绩与盈余管理关系的研究》，西南财经大学，2011 年。

［166］卓华夏：《中小企业板上市公司无形资产价值相关性研究》，西南财经大学，2009 年。

［167］赵公民、吉秀琴：《我国银行业上市公司社会责任分析》，《财政与金融》2012 年第 5 期。

［168］浙江海正集团 2013 年企业社会责任报告。

［169］盾安控股集团官方网站信息数据，http：//www.chinadunan.com/。

［170］海康威视官方网站，http：//www.hikvision.com/cn/index.html？jmode＝j1。

［171］投资界，《中国企业 500 强 VS 世界 500 强：制造业研发投入较低》，http：//pe.pedaily.cn/201509/20150901387747.shtml。

［172］浙江科技新闻，赵磊，《浙江最牛高企都在这了！2014 浙江省高新技术企业百强出炉》，http：//st.zjol.com.cn/system/2015/03/20/020563685.shtml。

［173］慧聪安防网，http：//info.secu.hc360.com/2015/07/24110-5831018.shtml。

［174］网易财经，http：//quotes.money.163.com/f10/cwbbzy_002415.html，以下图中数据来源于同一出处。

［175］海康威视官网，《海康威视入选全球安防 50 强》http：//www.hikvision.com/cn/news_ detail_ 63_ i50.html。

［176］海康威视官网，《海康威视冲入全球安防 50 强前 10 位》ht-tp：//www.hikvision.com/cn/news_ detail_ 63_ i205.html。

［177］海康威视官网，《海康威视晋升 A&S 2013 年全球安防 50 强排行榜第 4 名》http：//www.hikvision.com/cn/news_ detail_ 63_ i750.html。

［178］海康威视官网，《海康威视跃居 2014 年度"全球安防 50 强"排行榜第 3 名》http：//www.hikvision.com/cn/news_ detail_ 63_ i1197.html。

［179］海康威视官网，《海康威视跃居 2015 年度"全球安防 50

强"第二名》http：//www. hikvision. com/cn/news_ detail_ 63_ i1685. html。

［180］中国新闻网，www. chinanews. com/cj/2014/01 – 20/5755211. shtml。

［181］杭州三替集团有限公司官方网站 – 公司简介，www. cnsanti. com/introduction/index. aspx。

［182］浙江在线：edu. zjol. com. cn/system/2013/09/12/019591708. shtml。

［183］杭州三替集团有限公司官方网站 – 搬家服务，www. cnsanti. com/service/bcby/introduction. aspx。

［184］杭州三替集团有限公司官方网站 – 新闻中心，www. cnsanti. com/news/report. aspx。

［185］杭州三替集团有限公司官方网站 – 集团荣誉，www. cnsanti. com/introduction/honor. aspx。

［186］三替职业技能培训学校官方网站，www. santischool. com/ App_ Templet/Default/zt-chef. html。

［187］杭州三替集团有限公司官方网站 – 集团新闻，www. cnsanti. com/news/show_ 1579. aspx。

［188］杭州三替集团有限公司官方网站 – 集团新闻，www. cnsanti. com/news/show_ 1696. aspx。

［189］三替集团有限公司官方网站 – 公司荣誉，www. 3tgroup. cn/ site/aboutus4/。

［190］三替集团有限公司官方网站 – 新闻中心，www. 3tgroup. cn/ site/news/。

［191］三替集团有限公司官方网站 – 新闻中心，www. 3tgroup. cn/ site/news_ detail/id/56。

［192］三替家政品牌总经理陶晓莺访谈，www. maigoo. com/fangtan/ 284372. html。

［193］《中英核电合作，"华龙一号"紧密设备供应商盾安环境再迎发展契机》，http：// www. dunan. net/ news_ detail/ newsId = 232. html。

［194］王晓雅，《盾安环境炫酷 2015 中国制冷展》。http：//www. dunan. net/news_ detail/newsId = 224. htm。

［195］《盾安环境成为核电暖通行业标准制定者》，http：//www. dunan. net/news_ detail2/newsId = 218. html。

［196］《盾安集团 2010—2012 年社会责任报告》。

［197］《盾安新能源总工程师庄树鹏问鼎中国风能产业杰出贡献奖》，http：//www. chinadunan. com/News/Event/index/show - 2459. html。

［198］王一鸣、于骁：《工业余热利用，实现多方共赢》，http：//www. cnepaper. net/file/dunanbao/2013 - 12 - 5/html/894954. html。

［199］人民网，《2014 "中国时间" 年度经济盘点：十大经济热词》，http：//finance. people. com. cn/n/2015/0104/c1004 - 26317268. html。

［200］《阿里巴巴 CEO 引咎辞职，马云铁腕整肃价值观》，http：//tech. ifeng. com/internet/special/weizhe/content - 1/detail_ 2011_ 02/21/4775132_ 0. shtml。

［201］《阿里巴巴 2013—2014 年社会责任报告》《阿里巴巴 2014—2015 年社会责任报告》。

［202］《阿里巴巴 CEO 引咎辞职，马云铁腕整肃价值观》，http：//tech. ifeng. com/internet/special/weizhe/content - 1/detail_ 2011_ 02/21/4775132_ 0. shtml。

［203］《阿里巴巴 2014 年企业年报》。

［204］《李克强赞 "创客" 充分展示大众创业、万众创新活力》，http：//news. ifeng. com/a/20150104/42856081_ 0. shtml。

［205］同程官网，http：//www. ly. com/about/about17u/intro. html。

［206］蘑菇街官网，http：//www. mogujie. com/us/？ ptp = 1. Bt-WxRgdy._ foot. 4. kpxaKp。

［207］《吉利集团 2012—2014 社会责任报告》。

［208］浙商网，《吉利汽车转型背后的故事》，http：//biz. zjol. com. cn/system/2014/06/13/020079604. shtml。

［209］《吉利红色引擎系列》。

［210］封飞行：《吉利红色引擎，激发创新活力》，天堂硅谷报，

http：//epaper. hhtznews. com. cn/shtml/ttgg/20150820/11088. shtml。

［211］中商情报网，《2014 年自主车企销量第五名：吉利汽车销量下滑 22. 50%》。http：//www. askci. com/news/chanye/2015/02/02/161417md6d. shtml。

［212］网易汽车，《杨坚：销量大跌对吉利也许不是坏事》，http：//auto. 163. com/14/0221/09/9LJLIF0R00084TV6. html。

［213］京华时报，《吉利上半年销量逆势增长 35%》，http：//epaper. jinghua. cn/html/2015 – 07/16/content_ 215936. htm。

［214］浙江吉利控股集团官网，http：//www. geely. com/introduce/intro/index. html。

［215］江莹：《国家电网公司推动节能减排 取得显著效果》，《国家电网报》，http：//www. indaa. com. cn/xwzx/nydl/201506/t20150619_1607487. html。

［216］李毅中：谈谈我国的安全生产问题［EB/OL］. http：//www. coalinfo. net. cn/zxdt/shownews. asp？newsid =56328。

［217］郝小亮：《工业 4. 0 时代的海尔：以"透明工厂"展示自信》，http：//www. ikanchai. com/2015/0811/32535. shtml。

［218］房策网，《"责任营销"为何要成为企业的一种战略》，http：//www. fangce. net/Article/yingxiao/jingying/201010/46930. html。